SCRIPTORVM CLASSICORVM

BIBLIOTHECA OXONIENSIS

OXONII

E TYPOGRAPHEO CLARENDONIANO

CORNELII TACITI

HISTORIARVM LIBRI

RECOGNOVIT
BREVIQVE ADNOTATIONE CRITICA INSTRVXIT

C. D. FISHER

AEDIS CHRISTI ALVMNVS

OXONII

E TYPOGRAPHEO CLARENDONIANO

Oxford University Press, Walton Street, Oxford OX2 6DP

London Glasgow New York Toronto
Delhi Bombay Calcutta Madras Karachi
Kuala Lumpur Singapore Hong Kong Tokyo
Nairobi Dar es Salaam Cape Town
Melbourne Auckland
and associates in
Beirut Berlin Ibadan Mexico City Nicosia

ISBN 0 19 814634 5

First edition 1911
Reprinted 1924, 1930, 1937, 1949, 1953, 1956, 1959,
1962, 1967, 1977, 1982

Printed in Great Britain
at the University Press, Oxford
by Eric Buckley
Printer to the University

PRAEFATIO

Taciti historica scripta triginta libris teste Hieronymo [1] olim constabant, ex quo numero verisimile octodecim Annalis duodecim Historias [2] habuisse. Non est cur de fide Hieronymi dubites, et iactura in utroque opere facta facile agnoscitur ; Historiarum quidem superstites hodie quattuor tantum libros cum initio quinti habemus.

Quemadmodum librorum xi–xvi Annalium et Historiarum fons unicus [3] codex Mediceus sive Laurentianus alter (68. 2), saeculo undecimo exaratus, in praefatione nostra ad Annalis diximus. Nunc de codicis fortuna et condicione pauca repetere, pauca addere consilium est. Ex Monasterio Cassinensi, ubi iussu Abbatis Desiderii (1053–1087) scriptus est, codicem Boccaccius Florentiam furto, ut videtur, transtulit. Exstat apud Benvenutum de Imola locus in quo illius bibliothecae sordis, codicum indiligentiam facete Boccaccius αὐτόπτης narrat, et iam inde ab anno 1362 ex libris Annalium xi–xvi Historiisque (ita primum in lucem atque notitiam post multos annos reductis [4]) plurima sine dubio hausit. Quin etiam ex catalogo bibliothecae Sancti Spiritus exemplar Florentiae faciendum curasse eum constat : haud igitur ultra fidem conservatoris

---

[1] *Ad Zachariam*, c. 14.

[2] De titulo Historiarum vide Tertullianum *apol. adversus Gent.* c. 16, Plin. *Ep.* vii. 33 ; de numero librorum Wölfflin, *die hexadische composition des Tacitus, Hermes* xxi, pp. 157-159, ubi haud suffecisse regni Neroniani reliquiis narrandis sextum decimum Annalium librum demonstratur.

[3] Cf. *H.* i. 8 ubi in rasura manu xiv vel xv saeculi domino pro dono (Puteolanus) habet Mediceus ; domino omnes repetunt deteriores.

[4] Post annalium Fuldensium scriptores (circa annum 1106) usque ad Boccaccium Annalium xi–xvi et Historiarum nobis defecere lectores ; vide E. Cornelius, *quomodo Tacitus in hominum memoria versatus sit usque ad renascentes litteras saeculis xiv et xv*, pp. 35-40.

potius quam furis partis egisse, et secum codicem, quo nunc utimur, abstulisse. Postea qua ratione ad Sancti Marci conventum pervenerit codex incertum ; sed fraude per Niccolaum de Niccolis illatum credibile. In Bibliothecam Laurentianam, ubi nunc est, serius migravit [1].

Codex ipse Lombardicis litteris perscriptus in ea parte quae Historiarum libros continet plus solito evanidus est, neque solum crebris transpositionibus sed etiam gravi duobus in locis (i. 69–75, i. 86—ii. 2) lacuna laborat. Mos est lacunas supplere auxilio duorum codicum Laurentianorum (68 a, 68 b) quorum *a* solum libros i, ii continet, *b* non ante finem ipsius codicis desinit ; potior est auctoritas codicis *b* [2]. Ab ipso Mediceo ambo descriptos statim cuivis apparebit [3]. Sunt alii quoque sedecim deteriores codices, longius ferme omnes a Mediceo profecti, xv saeculi omnes, et coniecturis quos vocant humanistarum scatentes. His freti sunt plerique ex editoribus antiquis, lectionumque varietas satis apte in Waltheri editione aestimabitur. De codice Agricolae hoc monendum censeo. Etsi saepissime ab editoribus adhibetur, lectiones ex ingenio ipsius Agricolae fere omnes pendent. Agricola enim, sic fama, codicem nescio quem secum habuit et plurimis correctionibus inlustravit. Postea qui eo libro usi sunt promisce ex utroque fonte prompserunt, promisce citaverunt [4].

[1] Rostagno, in praefatione ad codicem 68. 2 phototypice editum pp. ii–vii, Sabbadini, *le scoperte dei codici Latini e Greci ne' secoli xiv e xv*, pp. 29, 30.

[2] Meiser, *Jahrbücher für Philol.* 1882, pp. 139, 140. Cf. ii. 3 et cinare certamina *a*, et cilicen tamiran *b*.

[3] In locis evanidis secundae manus lectiones (M^2) ante oculos habet *b*, et plerumque sequitur, e. g. saeva momenta, mos est pro Mosae (v. 23). Sed nonnumquam secunda manu melior, recte enim scripsit levium (*om.* $M \cdot$) ad eundem locum. Interdum ipsum Mediceum (M) correxit, e. g. saginatus (iv. 42) et plures (v. 25).

[4] Vide Ryckius, ad *A*. xv. 51 ; cf. Modius, *Novantiquae lectiones*, 'exemplar collatum Lipsio nostro cum notis passim in eundem (*sc.* Tacitum) Rodolphi Agricolae missurus sum' p. 64, 'nisi quod Agricola incertum ex libris an ingenio emendabat ante annos plus minus centum, p. 441 ; Allen, *English Historical Review*, April 1906, p. 307. De ceteris codicibus deterioribus vide Ernesti praef. pp. v–xix, Walther, praef.

Ego quidem recentiorum omnium exemplum secutus Medicei auctoritatem semper pro summa feci, et quidem plurimis locis [1] contra Halmium revocavi. Librum ipsum inspexi Florentiae, photographice depictum semper mecum habui.[2] In apparatu critico hunc recepi morem, ut Medicei lectiones fere omnis indicarem, omissis tantum iis quae mihi nullius esse ponderis videbantur; quarum si quis totam, vel quae sunt levissimae, supellectilem requirit, is Meiseri apparatum adeat. Inter emendationes autem quarum amplior apud nos quam in editione Halmiana numerus, tris proprias ipse inferre ausus sum. De duobus locis alibi (*Classical Review*, Nov. 1909) satis dixi. Tertiae emendationis (i. 52) rationem in ipso apparatu inveniet lector. De loco (iv. 56) ubi cum Willelmo Heraeus ut glossam 'extra commentum' includere statui,[3] verissimum mihi videtur quod de historiarum Taciti glossematis a docto illo viro enuntiatum est [4] (*Hermes*, xxi, pp. 424–438) et tale exemplum secutus ego 'fidei commissum' (iii. 5) eiusdem

[1] e. g. i. 2 haustae et obrutae urbes; 9 cunctantur; 14 accersiri; 27 gladiis; 31 Amullio; 38 aperire; 48 proconsulatu; 49 prioribus; 51 hauserunt; 67 Caecina hausit; 76 manebat; 87 immutatus: ii. 8 propior; 17 bellumque; 29 occultare; 35 praelabebantur; 41 venerunt; 47 illic; 50 Ferentio; 55 cessisse; 56 tantum; 66 arsisset; 78 videbatur; 82 quaeque; 86 quietis; 95 magna et misera; 100 proditionis, 101 ipsum: iii. 5 posita; 9 exercitu; 15 luem, curabant; 16 ultimus, acciderant; 24 infensus; 43 adfertur; 44 et . . . inditus; 68 redit; 77 Vergilii: iv. 2 pressere, fratris; 4 bonum; 17 Galliam; 26 dei, permansit; 33 funduntur; 38 inierunt; 39 redit; 40 iudicium; 49 omnia; 55 scrutari: v. 7 solitam; 16 sperabatur; 17 silentem struxit; 20 defendere; 21 et iussum erat.

pp. xv–xxii. Singillatim de Malatestiana, ut duo exempla proferam, vide Zazzeri, *codici e libri a stampa della Bibliotheca Malatestiana di Cesena*, p. 365; de Parmensi, Sabbadini, *spogli Ambrosiani*; *studi Italiani di filologia classica*, vol. xi, pp. 203–211.

[2] In codicis interpretatione maxime me adiuverunt Georgii Andresen *in Taciti historias studia critica et palaeographica*, 1899, 1900; nec non eiusdem viri annuae relationes in *Jahresberichte der Zeitschrift für Gymnasialwesen.*

[3] In Papiae glossario sic amandandi verbum explicatur; amendare: abscondere: extra commandare, vide Goetz, *Corpus Glossariorum Latinorum*, vol. vi, sub voce 'amendare'.

[4] Septem alios Heraeus protulit locos glossematis inquinatos, i. 89; ii. 20, 28, 98; iii. 20; iv. 56; v. 23, quorum omnium fons apud glossographos servatur.

generis errorem censeo [1]. Verborum 'forte victi' (iii. 18)
aliam suspicor originem. Credo enim 'victi' commentatorem
sensus ignarum pro 'victor' (*infra*, v. 8) in margine, addito
'forte' dubitationis signo, adscripsisse ; serius in ipsum textum
sed in alienum locum migravit coniectura, quam iure quidem
inclusit Eussner, sed quibus adductus causis nescio. Vnum de
Madvigii emendatione 'non cupisse' pro 'concupisse' (ii. 76).
addiderim. Est ipsa corruptela, ut monet Madvigius, satis
frequens, et huius manuscripti quasi propria. 'Concupisse'
enim ex 'confugiendum' natum esse sicut 'inservientium' ex
'ingens' (ii. 81) et 'conlaceratum' ex 'confossum' (iii. 74) ad-
firmaverim. Cf. Andresen, *Studia Critica*, ii. 9.

Postremo ne quis credat pro fragmento Historiarum habenda
ea quae Benvenutus de Imola in Commentario ad Dantis
Infern. Cant. V pro Taciti verbis refert, cautio est. In illo enim
commentario haec verba scripta sunt. 'Dicendum est breviter
quod auctor bene dicit et quod merito appellat eam luxurio-
sam, quoniam Cleopatra adulterata est cum omnibus regibus
Orientalibus, ut dicit Cornelius Tacitus' (vide Ramorino,
Cornelio Tacito nella storia della Coltura, p. 93). Qua de re
bene monuit M. Lehnerdt (*Hermes*, xxxv, pp. 530, 531) ea
verba esse Boccaccii non Taciti, et in libro de claris mulieribus
(c. 86) legi.

Libet commemorare quibus sum maxime innisus Historiarum editoribus in hac editione comparanda. Vt omit-
tam antiquiores, quos interdum consului, ex recentioribus
mihi semper Walther, Ritter, Halm, Meiser, C. Heraeus (i,
ii, 1905, iii–v, 1899), Müller (Tempsky, 1906), Valmaggi

---

[1] In Papiae glossario hoc legitur : 'fidei commissum dictum est ut fiat
quod a defuncto committitur.' Ex his ipsis verbis errorem ortum esse
dicere non ausim, ex formula tamen haud dissimili, forensi scilicet interpretatione (vide Sandys, *Hist. Cl. Scholarship*, p. 521) ortum esse credo.
Fortasse etiam in i. 2 opimum (*a b*) opibus (*M*) plenum (*superscr. m.
recentior*) aliquod simile fieri potuit ; in glossis enim Vergilianis (saec.
ix) hoc repperi : opimam : divitem : opibus plenam; cf. tamen ad locum.

PRAEFATIO

(i–iii), Novák (i–ii) praesto fuerunt. Multum quoque me
Lexicon Taciteum (Gerber-Greef) et Onomasticon Taciteum
(Fabia) adiuverunt. Proferre etiam contigit ineditas adhuc
aliquas emendationes Aluredi Godley, Aluredi Gudeman et
Ioannis Phillimore, literarum Humaniorum apud Glasguensis
Professoris, qui mihi et consilio subvenit ; his viris gratis ago.

C. D. F.

Dabam Oxonii
Mense Iulio M DCCCC X

SIGLA

CORNELII TACITI

HISTORIARVM

LIBER I

Initivm mihi operis Servius Galba iterum Titus Vinius 1
consules erunt. nam post conditam urbem octingentos et
viginti prioris aevi annos multi auctores rettulerunt, dum res
populi Romani memorabantur pari eloquentia ac libertate :
postquam bellatum apud Actium atque omnem potentiam ad 5
unum conferri pacis interfuit, magna illa ingenia cessere ;
simul veritas pluribus modis infracta, primum inscitia rei
publicae ut alienae, mox libidine adsentandi aut rursus odio
adversus dominantis : ita neutris cura posteritatis inter infensos vel obnoxios. sed ambitionem scriptoris facile averse- 10
ris, obtrectatio et livor pronis auribus accipiuntur ; quippe
adulationi foedum crimen servitutis, malignitati falsa species
libertatis inest. mihi Galba Otho Vitellius nec beneficio nec
iniuria cogniti. dignitatem nostram a Vespasiano inchoatam,
a Tito auctam, a Domitiano longius provectam non abnuerim : 15
sed incorruptam fidem professis neque amore quisquam et
sine odio dicendus est. quod si vita suppeditet, principatum
divi Nervae et imperium Traiani, uberiorem securioremque
materiam, senectuti seposui, rara temporum felicitate ubi
sentire quae velis et quae sentias dicere licet. 20

Historiarum inscriptionem restituit Vertranius Maurus 1569 (Simar,
Musee Belge 1907), *nullam habet* Mediceus. *In subscriptione hic liber*
decimus septimus ab excessu divi Augusti *numeratur et sic deinceps.* a
fine Fabii Rustici *coni.* Seeck (*Rh. Mus.* 1901, pp. 227–232) : *de numero
librorum vide praefationem.*

I. 1 Vinius] Iunius *dett. et in ceteris locis*   9 fensos M   10
averseris *Pichena* : adverseris M

I

2   Opus adgredior †opimum casibus, atrox proeliis, dis-
cors seditionibus, ipsa etiam pace saevum. quattuor principes ferro interempti : trina bella civilia, plura externa ac plerumque permixta : prosperae in Oriente, adversae in Occi-
5 dente res : turbatum Illyricum, Galliae nutantes, perdomita
Britannia et statim omissa : coortae in nos Sarmatarum ac Sueborum gentes, nobilitatus cladibus mutuis Dacus, mota prope
etiam Parthorum arma falsi Neronis ludibrio. iam vero Italia
novis cladibus vel post longam saeculorum seriem repetitis
10 adflicta. haustae aut obrutae urbes, fecundissima Campaniae
ora ; et urbs incendiis vastata, consumptis antiquissimis delubris, ipso Capitolio civium manibus incenso. pollutae caeri-
moniae, magna adulteria : plenum exiliis mare, infecti caedibus scopuli. atrocius in urbe saevitum : nobilitas, opes,
15 omissi gestique honores pro crimine et ob virtutes certissi-
mum exitium. nec minus praemia delatorum invisa quam scelera, cum alii sacerdotia et consulatus ut spolia adepti, pro-
curationes alii et interiorem potentiam, agerent verterent
cuncta odio et terrore. corrupti in dominos servi, in patro-
20 nos liberti ; et quibus deerat inimicus per amicos oppressi.

3   Non tamen adeo virtutum sterile saeculum ut non et
bona exempla prodiderit. comitatae profugos liberos matres,
secutae maritos in exilia coniuges : propinqui audentes,
constantes generi, contumax etiam adversus tormenta ser-
5 vorum fides ; supremae clarorum virorum necessitates fortiter

2. 1 opimum *ab* : opibus *M* : plenum *superscripsit manus recentissima* :
grave *Novák, qui recte, ut videtur,* opibus *ex* opus *repetitum iudicavit* : rapidum *Madvig, Adversaria* ii. 559 : opimum *obelo notavi*   2 saevom *M*
4 prospere Inorientem adversae in occi|dentes. returbatum *M*   6 brit-
tannia *M²* : britanniae *M et sic* (britt) *ubique*   omissa *Lipsius* :
missa *M*   coortae *Lipsius* : cohorte *M*   in nos *M, alteram* n *puncto
notavit M¹*   8 etiam| prope etiam *M, corr. M¹* : etiam prope *Halm*
10 hausta aut obruta fecundissima *Wölfflin, Halm*   11 et *del. Pichena.*
tacite omisit Halm   aantiquissimis *M*   de|bris *M*, lu *add. M²*
13 infecta *M*

3. 1 sterile *M¹* : steriles *M*   3 audientes *M, sed littera* i *evanida* : *super*
au *scripsit* obe *manus recentissima*   4 constates *M*   5 necessitates

toleratae et laudatis antiquorum mortibus pares exitus. praeter
multiplicis rerum humanarum casus caelo terraque prodigia
et fulminum monitus et futurorum praesagia, laeta tristia,
ambigua manifesta; nec enim umquam atrocioribus populi
Romani cladibus magisve iustis indiciis adprobatum est non 10
esse curae deis securitatem nostram, esse ultionem.

Ceterum antequam destinata componam, repetendum 4
videtur qualis status urbis, quae mens exercituum, quis habitus provinciarum, quid in toto terrarum orbe validum, quid
aegrum fuerit, ut non modo casus eventusque rerum, qui
plerumque fortuiti sunt, sed ratio etiam causaeque noscan- 5
tur. finis Neronis ut laetus primo gaudentium impetu fuerat,
ita varios motus animorum non modo in urbe apud patres aut
populum aut urbanum militem, sed omnis legiones ducesque
conciverat, evulgato imperii arcano posse principem alibi
quam Romae fieri. sed patres laeti, usurpata statim libertate 10
licentius ut erga principem novum et absentem; primores
equitum proximi gaudio patrum; pars populi integra et magnis domibus adnexa, clientes libertique damnatorum et exulum in spem erecti: plebs sordida et circo ac theatris sueta,
simul deterrimi servorum, aut qui adesis bonis per dedecus 15
Neronis alebantur, maesti et rumorum avidi.

Miles urbanus longo Caesarum sacramento imbutus et 5
ad destituendum Neronem arte magis et impulsu quam suo
ingenio traductus, postquam neque dari donativum sub nomine Galbae promissum neque magnis meritis ac praemiis
eundem in pace quem in bello locum praeventamque gra- 5

---

fortiter toleratae *b*: necessitates ipsa necessitas fortiter tolerata *M*:
necessitates ipsa necessitate f. toleratae *Madvig*: n. ipsae neces f.
toleratae *Heraeus*: n. ipsa necis necessitas *Meiser*: ipsa . . . tolerata
secl. Ritter   6 et *om. b*   pares *M²*: pare *M*: par *a, Wurm*   8
tristitia *M*   10 magisve iustis *Rhenanus*: magis vetu|stis *M*   vindictis
Meiser   11 de his *M, corr. M², cf.* c. 71. 10
    4. 10 laetius usurpatam statim libertatē *M notam del. M¹*   12 in-
tegram *M*
    5. 3 donativom *M*

tiam intellegit apud principem a legionibus factum, pronus
ad novas res scelere insuper Nymphidii Sabini praefecti imperium sibi molientis agitatur. et Nymphidius quidem in ipso
conatu oppressus, set quamvis capite defectionis ablato ma-
10 nebat plerisque militum conscientia, nec deerant sermones
senium atque avaritiam Galbae increpantium. laudata olim et
militari fama celebrata severitas eius angebat aspernantis veterem disciplinam atque ita quattuordecim annis a Nerone ad-
suefactos ut haud minus vitia principum amarent quam olim
15 virtutes verebantur. accessit Galbae vox pro re publica honesta, ipsi anceps, legi a se militem, non emi; nec enim ad
hanc formam cetera erant.

6   Invalidum senem Titus Vinius et Cornelius Laco, alter
deterrimus mortalium, alter ignavissimus, odio flagitiorum
oneratum contemptu inertiae destruebant. tardum Galbae
iter et cruentum, interfectis Cingonio Varrone consule de-
5 signato et Petronio Turpiliano consulari : ille ut Nymphidii
socius, hic ut dux Neronis, inauditi atque indefensi tamquam
innocentes perierant. introitus in urbem trucidatis tot milibus inermium militum infaustus omine atque ipsis etiam qui
occiderant formidolosus. inducta legione Hispana, rema-
10 nente ea quam e classe Nero conscripserat, plena urbs exercitu insolito ; multi ad hoc numeri e Germania ac Britannia et
Illyrico, quos idem Nero electos praemissosque ad claustra
Caspiarum et bellum, quod in Albanos parabat, opprimendis
Vindicis coeptis revocaverat : ingens novis rebus materia, ut
15 non in unum aliquem prono favore ita audenti parata.

7   Forte congruerat ut Clodii Macri et Fontei Capitonis
caedes nuntiarentur. Macrum in Africa haud dubie turban-
tem Trebonius Garutianus procurator iussu Galbae, Capito-

8 agitatus *I. F. Gronovius*   9 set *Rhenanus* : et *M*
   6. 3 oneratum *secl. Valmaggi*   4 ciconio barrone *M*   5 nim-
phydi *M*   8 homine *M*   9 legione *M*[1] : legiones *M*   Hispanica
Ritter   12 illirico   13 Alanos *coni. Mommsen, conf. Täubler
Klio* 1909, p. 14   14 caepti *M*   15 audienti *M*

4

nem in Germania, cum similia coeptaret, Cornelius Aquinus
et Fabius Valens legati legionum interfecerant antequam 5
iuberentur. fuere qui crederent Capitonem ut avaritia et libidine foedum ac maculosum ita cogitatione rerum novarum
abstinuisse, sed a legatis bellum suadentibus, postquam impellere nequiverint, crimen ac dolum ultro compositum, et
Galbam mobilitate ingenii, an ne altius scrutaretur, quoquo 10
modo acta, quia mutari non poterant, comprobasse. ceterum
utraque caedes sinistre accepta, et inviso semel principi seu
bene seu male facta parem invidiam adferebant. venalia
cuncta, praepotentes liberti, servorum manus subitis avidae
et tamquam apud senem festinantes, eademque novae aulae 15
mala, aeque gravia, non aeque excusata. ipsa aetas Galbae
inrisui ac fastidio erat adsuetis iuventae Neronis et imperatores forma ac decore corporis, ut est mos vulgi, compa-
rantibus.

    Et hic quidem Romae, tamquam in tanta multitudine, 8
habitus animorum fuit. e provinciis Hispaniae praeerat Cluvius Rufus, vir facundus et pacis artibus, bellis inexpertus.
Galliae super memoriam Vindicis obligatae recenti dono Romanae civitatis et in posterum tributi levamento. proximae 5
tamen Germanicis exercitibus Galliarum civitates non eodem
honore habitae, quaedam etiam finibus ademptis pari dolore
commoda aliena ac suas iniurias metiebantur. Germanici exercitus, quod periculosissimum in tantis viribus, solliciti et
irati, superbia recentis victoriae et metu tamquam alias par- 10
tis fovissent. tarde a Nerone desciverant, nec statim pro
Galba Verginius. an imperare noluisset dubium : delatum ei

7. 13 parem invidiam *Bezzenberger* : praeminuit Iam *M* : perniciem
Meiser   17 |adsuetis *M* : suetis *malebat Novák*   18 volgi *M*
et sic plerumque
    8. 2 fuit] fit *M*   3 artibus| *M* : artibus clarus *Agricola*   belli *Rhe-*
nanus   4 domino *in rasura M a manu recentiore*   6 Germanicis
Agricola : germa|nis *M*   exercitibus *secl. Van der Vliet*   8 ger-
mani *M*   10 metus *M*   12 vergenius *M*

a milite imperium conveniebat. Fonteium Capitonem occisum etiam qui queri non poterant, tamen indignabantur. dux
15 deerat abducto Verginio per simulationem amicitiae ; quem
non remitti atque etiam reum esse tamquam suum crimen ac-
cipiebant.

9   Superior exercitus legatum Hordeonium Flaccum sper-
nebat, senecta ac debilitate pedum invalidum, sine constantia, sine auctoritate : ne quieto quidem milite regimen ; adeo
furentes infirmitate retinentis ultro accendebantur. inferioris
5 Germaniae legiones diutius sine consulari fuere, donec missu
Galbae A. Vitellius aderat, censoris Vitellii ac ter consulis
filius : id satis videbatur. in Britannico exercitu nihil irarum.
non sane aliae legiones per omnis civilium bellorum motus
innocentius egerunt, seu quia procul et Oceano divisae, seu
10 crebris expeditionibus doctae hostem potius odisse. quies
et Illyrico, quamquam excitae a Nerone legiones, dum in
Italia cunctantur, Verginium legationibus adissent : sed longis spatiis discreti exercitus, quod saluberrimum est ad con-
tinendam militarem fidem, nec vitiis nec viribus misce-
15 bantur.

10   Oriens adhuc immotus. Syriam et quattuor legiones
obtinebat Licinius Mucianus, vir secundis adversisque iuxta
famosus. insignis amicitias iuvenis ambitiose coluerat ; mox
attritis opibus, lubrico statu, suspecta etiam Claudii iracun-
5 dia, in secretum Asiae sepositus tam prope ab exule fuit
quam postea a principe. luxuria industria, comitate adrogantia, malis bonisque artibus mixtus : nimiae voluptates, cum
vacaret ; quotiens expedierat, magnae virtutes : palam lau-
dares, secreta male audiebant : sed apud subiectos, apud pro-

---

13 haud conveniebat *Gudeman, cf. Dio* lxiii. 25   15 vergenio *M*
   9. 5 consulari *M*[1] : consularis *M*   8 omnes *M*[2] : omne *M*   12
cunctatur *Classen, Halm*   14 viribus] virtutibus *Kraffert*
   10. 4 attritis *M*[1] : atteritis *M*   5 sepositus *Acidalius* : repositus
M, quod tuebatur Onions, Journal of Philology xvii, p. 289   8 se expedierat *Ritter, probante Madvig*

ximos, apud collegas variis inlecebris potens, et cui expedi- 10
tius fuerit tradere imperium quam obtinere. bellum Iudaicum Flavius Vespasianus (ducem eum Nero delegerat) tribus legionibus administrabat. nec Vespasiano adversus Galbam votum aut animus : quippe Titum filium ad venerationem
cultumque eius miserat, ut suo loco memorabimus. occulta 15
fati et ostentis ac responsis destinatum Vespasiano liberis-
que eius imperium post fortunam credidimus.

    Aegyptum copiasque, quibus coerceretur, iam inde 11
a divo Augusto equites Romani obtinent loco regum : ita visum expedire, provinciam aditu difficilem, annonae fecundam, superstitione ac lascivia discordem et mobilem, insciam
legum, ignaram magistratuum, domi retinere. regebat tum 5
Tiberius Alexander, eiusdem nationis. Africa ac legiones in
ea interfecto Clodio Macro contenta qualicumque principe
post experimentum domini minoris. duae Mauretaniae, Raetia, Noricum, Thraecia et quae aliae procuratoribus cohi-
bentur, ut cuique exercitui vicinae, ita in favorem aut odium 10
contactu valentiorum agebantur. inermes provinciae atque
ipsa in primis Italia, cuicumque servitio exposita, in pretium
belli cessurae erant. hic fuit rerum Romanarum status, cum
Servius Galba iterum Titus Vinius consules inchoavere annum
sibi ultimum, rei publicae prope supremum.   15

    Paucis post kalendas Ianuarias diebus Pompei Pro- 12
pinqui procuratoris e Belgica litterae adferuntur, superioris
Germaniae legiones rupta sacramenti reverentia imperatorem

---

10 et] set *Madvig*   11 Iudei cum *M*, a *superscripsit M*[2] : Iudaei-
cum *Halm hic et deinceps*   13 amministrabat *M*   16 fati vi
Madvig
   11. 1 aegiptum *M*   coercetur *Ernesti*   3 difficile *M*   4 super-
stitione *M*[1] : superstitionem *M*   a|ac *M, pr.* a *del. M*[1]   5 ignara
M   domui *Ricklefs, Halm*   6 legio *Lipsius, Halm, at vide Cagnat,
Armée Romaine d' Afrique*, pp. 149 sqq.   8 mauritaniae *M, at cf.* ii.
58, 59   retia *M*   9 thracia *M*   aliae provinciae *W. Heraeus* .   13
cessura *M*
   12. 2 a *Halm, tamquam Medicei*

alium flagitare et senatui ac populo Romano arbitrium eli-
5 gendi permittere quo seditio mollius acciperetur.　maturavit ea res consilium Galbae iam pridem de adoptione secum
et cum proximis agitantis.　non sane crebrior tota civitate
sermo per illos mensis fuerat, primum licentia ac libidine
talia loquendi, dein fessa iam aetate Galbae.　paucis iudi-
10 cium aut rei publicae amor : multi stulta spe, prout quis amicus vel cliens, hunc vel illum ambitiosis rumoribus destinabant, etiam in Titi Vinii odium, qui in dies quanto potentior
eodem actu invisior erat.　quippe hiantis in magna fortuna
amicorum cupiditates ipsa Galbae facilitas intendebat, cum
15 apud infirmum et credulum minore metu et maiore praemio
peccaretur.

13　　　Potentia principatus divisa in Titum Vinium consulem Cornelium Laconem praetorii praefectum ; nec minor
gratia Icelo Galbae liberto, quem anulis donatum equestri
nomine Marcianum vocitabant.　hi discordes et rebus minori-
5 bus sibi quisque tendentes, circa consilium eligendi succes-
soris in duas factiones scindebantur.　Vinius pro M. Othone,
Laco atque Icelus consensu non tam unum aliquem fovebant
quam alium.　neque erat Galbae ignota Othonis ac Titi Vinii
amicitia ; et rumoribus nihil silentio transmittentium, quia Vi-
10 nio vidua filia, caelebs Otho, gener ac socer destinabantur.
credo et rei publicae curam subisse, frustra a Nerone trans-
latae si apud Othonem relinqueretur.　namque Otho pueri-
tiam incuriose, adulescentiam petulanter egerat, gratus Neroni aemulatione luxus.　eoque Poppaeam Sabinam, princi-
15 pale scortum, ut apud conscium libidinum deposuerat, donec
Octaviam uxorem amoliretur.　mox suspectum in eadem Pop-

4 arbitrium M^1 : arbitrio M　　10 militis tulta M　　11 ambitiosis
Agricola : ambitionis M　　12 et Iam In titi|vinio dium M : etiam Titi
Vini odio *Acidalius*　　13 auctu *Lectius*, *Meiser*
　　13. 2 et Cornelium *dett.*, *Halm*　　7 consensū M　　8 ignotā M
10 caeleps M　　14 Poppaeam *Acidalius* : iam poppe M, *addidit* ā *super*
e M^2　　principale M^1 : principalē M　　principale scortum *suspicatur*
Novák　　16 poppea M

paea in provinciam Lusitaniam specie legationis seposuit.
Otho comiter administrata provincia primus in partis transgressus nec segnis et, donec bellum fuit, inter praesentis
splendidissimus, spem adoptionis statim conceptam acrius 20
in dies rapiebat, faventibus plerisque militum, prona in eum
aula Neronis ut similem.

    Sed Galba post nuntios Germanicae seditionis, quam- 14
quam nihil adhuc de Vitellio certum, anxius quonam exercituum vis erumperet, ne urbano quidem militi confisus, quod
remedium unicum rebatur, comitia imperii transigit ; adhibi-
toque super Vinium ac Laconem Mario Celso consule desi- 5
gnato ac Ducenio Gemino praefecto urbis, pauca praefatus de
sua senectute, Pisonem Licinianum accersiri iubet, seu propria electione sive, ut quidam crediderunt, Lacone instante,
cui apud Rubellium Plautum exercita cum Pisone amicitia ;
sed callide ut ignotum fovebat, et prospera de Pisone fama 10
consilio eius fidem addiderat. Piso M. Crasso et Scribonia
genitus, nobilis utrimque, vultu habituque moris antiqui et
aestimatione recta severus, deterius interpretantibus tristior
habebatur : ea pars morum eius quo suspectior sollicitis
adoptanti placebat.   15

    Igitur Galba, adprehensa Pisonis manu, in hunc mo- 15
dum locutus fertur : 'si te privatus lege curiata apud pontifi-
ces, ut moris est, adoptarem, et mihi egregium erat Cn.
Pompei et M. Crassi subolem in penatis meos adsciscere, et
tibi insigne Sulpiciae ac Lutatiae decora nobilitati tuae adie- 5
cisse : nunc me deorum hominumque consensu ad imperium
vocatum praeclara indoles tua et amor patriae impulit ut

17 provincia M   19 nec segnis donec bellum fuit et *Acidalius* :
nec, donec bellum fuit, segnis et *Heraeus*   21 indie *M* : indiem *M²*
    14. 3 erumperet et *Ritter*   4 transsigit *M*   7 accersi *det.* :
arcessi *I. F. Gronovius* : acciri *coni. Meiser*   12 voltu *M ut plerumque*
et] ex *Wurm, Halm*   13 aestimatione *Beroaldus* : extimatione *M*
    15. 3 Cn. *Freinsheim* : nunc *M*   5 gentis Sulpiciae *Ernesti* : Sul-
picia ac Lutatia *Freinsheim*   nobilitatis *Hoffmann*

principatum, de quo maiores nostri armis certabant, bello
adeptus quiescenti offeram, exemplo divi Augusti qui soro-
10 ris filium Marcellum, dein generum Agrippam, mox nepotes
suos, postremo Tiberium Neronem privignum in proximo
sibi fastigio conlocavit. sed Augustus in domo successorem
quaesivit, ego in re publica, non quia propinquos aut socios
belli non habeam, sed neque ipse imperium ambitione accepi,
15 et iudicii mei documentum sit non meae tantum necessitudi-
nes, quas tibi postposui, sed et tuae. est tibi frater pari nobilitate, natu maior, dignus hac fortuna nisi tu potior esses.
ea aetas tua quae cupiditates adulescentiae iam effugerit, ea
vita in qua nihil praeteritum excusandum habeas. fortunam
20 adhuc tantum adversam tulisti: secundae res acrioribus stimulis animos explorant, quia miseriae tolerantur, felicitate
corrumpimur. fidem, libertatem, amicitiam, praecipua humani
animi bona, tu quidem eadem constantia retinebis, sed alii
per obsequium imminuent: inrumpet adulatio, blanditiae *et*
25 pessimum veri adfectus venenum, sua cuique utilitas. etiam
si ego ac tu simplicissime inter nos hodie loquimur, ceteri
libentius cum fortuna nostra quam nobiscum ; nam suadere
principi quod oporteat multi laboris, adsentatio erga quemcumque principem sine adfectu peragitur.'

16   'Si immensum imperii corpus stare ac librari sine rectore posset, dignus eram a quo res publica inciperet: nunc
eo necessitatis iam pridem ventum est ut nec mea senectus
conferre plus populo Romano possit quam bonum successo-
5 rem, nec tua plus iuventa quam bonum principem. sub Tiberio et Gaio et Claudio unius familiae quasi hereditas fui-

15 '*malim* sint' *Rhenanus*   16 est] et *M*   22 praecipua *M*[1]:
praecipuā *M*   24 blanditiae et *Freudenburg, cf. Plin. Panegyr.* 85 :
blanditiae *M, probante Müller* : blanditia et *W. Heraeus*   25 etiam
si *Halm* : etiam *M, probante Müller sed cf.* ii. 32. 19 : etenim *Agricola* : etiam utilitas *Meiser*
    16. 4 possit *Rhenanus* : posset *M, Meiser*   6 claudio| *M* : Claudio
ac Nerone *Ritter, cf.* ii. 76

mus : loco libertatis erit quod eligi coepimus ; et finita Iuliorum
Claudiorumque domo optimum quemque adoptio inveniet.
nam generari et nasci a principibus fortuitum, nec ultra aestimatur : adoptandi iudicium integrum et, si velis eligere, 10
consensu monstratur. sit ante oculos Nero quem longa Caesarum serie tumentem non Vindex cum inermi provincia aut
ego cum una legione, sed sua immanitas, sua luxuria cervicibus publicis depulerunt ; neque erat adhuc damnati principis exemplum. nos bello et ab aestimantibus adsciti cum 15
invidia quamvis egregii erimus. ne tamen territus fueris si
duae legiones in hoc concussi orbis motu nondum quiescunt :
ne ipse quidem ad securas res accessi, et audita adoptione
desinam videri senex, quod nunc mihi unum obicitur. Nero
a pessimo quoque semper desiderabitur : mihi ac tibi provi- 20
dendum est ne etiam a bonis desideretur. monere diutius
neque temporis huius, et impletum est omne consilium si te
bene elegi. utilissimus idem ac brevissimus bonarum mala-
rumque rerum dilectus est, cogitare quid aut volueris sub
alio principe aut nolueris ; neque enim hic, ut gentibus quae 25
regnantur, certa dominorum domus et ceteri servi, sed im-
peraturus es hominibus qui nec totam servitutem pati possunt nec totam libertatem.' et Galba quidem haec ac talia,
tamquam principem faceret, ceteri tamquam cum facto loquebantur.   30

    Pisonem ferunt statim intuentibus et mox coniectis 17
in eum omnium oculis nullum turbati aut exultantis animi
motum prodidisse. sermo erga patrem imperatoremque re-
verens, de se moderatus ; nihil in vultu habituque mutatum,
quasi imperare posset magis quam vellet. consultatum inde, 5
pro rostris an in senatu an in castris adoptio nuncuparetur.

---

7 elegi cepimus *M*   9 a] e *Halm tacite*   aestimatur *Beroal-*
dus : extimatur *M*   14 depulerit *M*   23 idem] bonarum
idem *M*   24 a|aut *M, pr.* a *del. M*[1]   25 ut in gentibus *ed.*
Spirensis

II

iri in castra placuit: honorificum id militibus fore, quorum
favorem ut largitione et ambitu male adquiri, ita per bonas
artis haud spernendum. circumsteterat interim Palatium pu-
10 blica expectatio, magni secreti impatiens; et male coercitam
famam supprimentes augebant.

18   Quartum idus Ianuarias, foedum imbribus diem, toni-
trua et fulgura et caelestes minae ultra solitum turbaverunt.
observatum id antiquitus comitiis dirimendis non terruit Galbam quo minus in castra pergeret, contemptorem talium ut
5 fortuitorum; seu quae fato manent, quamvis significata, non
vitantur. apud frequentem militum contionem imperatoria
brevitate adoptari a se Pisonem exemplo divi Augusti et more
militari, quo vir virum legeret, pronuntiat. ac ne dissimulata
seditio in maius crederetur, ultro adseverat quartam et duoet-
10 vicensimam legiones, paucis seditionis auctoribus, non ultra
verba ac voces errasse et brevi in officio fore. nec ullum
orationi aut lenocinium addit aut pretium. tribuni tamen centurionesque et proximi militum grata auditu respondent: per
ceteros maestitia ac silentium, tamquam usurpatam etiam in
15 pace donativi necessitatem bello perdidissent. constat potuisse conciliari animos quantulacumque parci senis liberali-
tate: nocuit antiquus rigor et nimia severitas, cui iam pares
non sumus.

19   Inde apud senatum non comptior Galbae, non lon-
gior quam apud militem sermo: Pisonis comis oratio. et patrum favor aderat: multi voluntate, effusius qui noluerant,
medii ac plurimi obvio obsequio, privatas spes agitantes sine
5 publica cura. nec aliud sequenti quadriduo, quod medium
inter adoptionem et caedem fuit, dictum a Pisone in publico

18. 1 Idus *M*[1]: Idum *M*   2 et *post* fulgura *del. Spengel*   4
contemptore *M*   5 fata monent *Vogel*   signi facta *M*   6 imperatoria *M*[1]: imperatoriā *M*   7 exemplo ... more *Ferretus*: more
... exemplo *M*   9 duoetvicensimam *Pichena*: duodevicensimam *M*.
de *in rasura M*[2]   13 audito *M*   14 etiam *M*[1]: et iam *M*
19. 4 medii *Freinsheim*: me|die *M*

factumve. crebrioribus in dies Germanicae defectionis nuntiis et facili civitate ad accipienda credendaque omnia nova
cum tristia sunt, censuerant patres mittendos ad Germanicum
exercitum legatos. agitatum secreto num et Piso proficisce- 10
retur, maiore praetextu, illi auctoritatem senatus, hic dignationem Caesaris laturus. placebat et Laconem praetorii praefectum simul mitti : is consilio intercessit. legati quoque
(nam senatus electionem Galbae permiserat) foeda inconstan-
tia nominati, excusati, substituti, ambitu remanendi aut eundi, 15
ut quemque metus vel spes impulerat.

Proxima pecuniae cura ; et cuncta scrutantibus iustis- 20
simum visum est inde repeti ubi inopiae causa erat. bis et
viciens miliens sestertium donationibus Nero effuderat : appellari singulos iussit, decima parte liberalitatis apud quemque eorum relicta. at illis vix decimae super portiones 5
erant, isdem erga aliena sumptibus quibus sua prodegerant,
cum rapacissimo cuique ac perditissimo non agri aut faenus
sed sola instrumenta vitiorum manerent. exactioni triginta
equites Romani praepositi, novum officii genus et ambitu ac
numero onerosum : ubique hasta et sector, et inquieta urbs 10
actionibus. ac tamen grande gaudium quod tam pauperes
forent quibus donasset Nero quam quibus abstulisset. exau-
ctorati per eos dies tribuni, e praetorio Antonius Taurus et
Antonius Naso, ex urbanis cohortibus Aemilius Pacensis, e
vigilibus Iulius Fronto. nec remedium in ceteros fuit, sed me- 15
tus initium, tamquam per artem et formidine singuli pellerentur, omnibus suspectis.

Interea Othonem, cui compositis rebus nulla spes, 21

7 Indie *M*   11 praetextu *M*[1]: praetextū *M* : praetexto *Wölfflin*
ille *M*   13 his *M*   15 excusati *M*[1]: excusatis *M*
  20. 3 milies *Lipsius*: mille *M*   4 Galba iussit *Ritter*   5 illi
M   8 exactioni *M*[1]: exactionis *M*   quinquaginta *malebat Lambinus
ex Suet. Galba* 15   11 auctionibus *det. in margine, Rhenanus, Meiser*
12 donassent *M*, n *punctis notavit M*[2]   13 taurus *M*[1]: tauros *M*
14 evigilibus *M*[1]: evigilius *M*   16 formidine *Heraeus*: formidinem *M*

omne in turbido consilium, multa simul extimulabant,
luxuria etiam principi onerosa, inopia vix privato toleranda, in
Galbam ira, in Pisonem invidia; fingebat et metum quo magis
5 concupisceret: praegravem se Neroni fuisse, nec Lusitaniam
rursus et alterius exilii honorem expectandum. suspectum
semper invisumque dominantibus qui proximus destinaretur.
nocuisse id sibi apud senem principem, magis nociturum
apud iuvenem ingenio trucem et longo exilio efferatum: oc-
10 cidi Othonem posse. proinde agendum audendumque, dum
Galbae auctoritas fluxa, Pisonis nondum coaluisset. oppor-
tunos magnis conatibus transitus rerum, nec cunctatione opus,
ubi perniciosior sit quies quam temeritas. mortem omnibus
ex natura aequalem oblivione apud posteros vel gloria di-
15 stingui; ac si nocentem innocentemque idem exitus maneat,
acrioris viri esse merito perire.

22   Non erat Othonis mollis et corpori similis animus.
et intimi libertorum servorumque, corruptius quam in privata
domo habiti, aulam Neronis et luxus, adulteria, matrimonia
ceterasque regnorum libidines avido talium, si auderet, ut
5 sua ostentantes, quiescenti ut aliena exprobrabant, urgen-
tibus etiam mathematicis, dum novos motus et clarum Othoni
annum observatione siderum adfirmant, genus hominum po-
tentibus infidum, sperantibus fallax, quod in civitate nostra
et vetabitur semper et retinebitur. multos secreta Poppaeae
10 mathematicos. pessimum principalis matrimonii instrumentum,
habuerant: e quibus Ptolemaeus Othoni in Hispania comes,
cum superfuturum eum Neroni promisisset, postquam ex
eventu fides, coniectura iam et rumore senium Galbae et

21. 4 galba *M*   8 nocuisse *M*[1]: nocuisset *M*   9 occidi Othonem
posse *secl. Urlichs*   lacunam ante occidi *statuit Van der Vliet suppletque*
non minus facile quam Petronium   10 audiendumque *M*   11
oportunos *M et sic plerumque*
22. 1 Othoni *Pichena*   3 adultera *Lipsius*   matrimonia *seclusit
Urlichs*   8 sper|nantibus *M*   9 poppeae ma|mathematicos *M, pr.
ma delevit M*[2]   11 ptoloms *item v.* 17   ' Hispaniam *Acidalius*:
provincia *Urlichs*

iuuentam Othonis computantium persuaserat fore ut in imperium adscisceretur. sed Otho tamquam peritia et monitu fa- 15
torum praedicta accipiebat, cupidine ingenii humani libentius
obscura credendi. nec deerat Ptolemaeus, iam et sceleris
instinctor, ad quod facillime ab eius modi uoto transitur.

    Sed sceleris cogitatio incertum an repens : studia mi- 23
litum iam pridem spe successionis aut paratu facinoris adfe-
ctauerat, in itinere, in agmine, in stationibus uetustissimum
quemque militum nomine uocans ac memoria Neroniani comitatus contubernalis appellando ; alios agnoscere, quos- 5
dam requirere et pecunia aut gratia iuuare, inserendo saepius querelas et ambiguos de Galba sermones quaeque alia
turbamenta uulgi. labores itinerum, inopia commeatuum, du-
ritia imperii atrocius accipiebantur, cum Campaniae lacus et
Achaiae urbes classibus adire soliti Pyrenaeum et Alpes et 10
immensa uiarum spatia aegre sub armis eniterentur.

    Flagrantibus iam militum animis uelut faces addide- 24
rat Maeuius Pudens, e proximis Tigellini. is mobilissimum
quemque ingenio aut pecuniae indigum et in nouas cupiditates praecipitem adliciendo eo paulatim progressus est ut
per speciem conuiuii, quotiens Galba apud Othonem epula- 5
retur, cohorti excubias agenti uiritim centenos nummos diui-
deret ; quam uelut publicam largitionem Otho secretioribus
apud singulos praemiis intendebat, adeo animosus corruptor
ut Cocceio Proculo speculatori, de parte finium cum uicino
ambigenti, uniuersum uicini agrum sua pecunia emptum dono 10
dederit, per socordiam praefecti, quem nota pariter et occulta fallebant.

    Sed tum e libertis Onomastum futuro sceleri praefe- 25
cit, a quo Barbium Proculum tesserarium speculatorum et

17 credendi *Pichena* : cre|di *M*
   23. 3 in itinere et agmine *coni. Nipperdey* : in itinere *seclusit Valmaggi*
8 inopiā *M*   10 pyreneum *M*
   24. 1 animis *M*[1] : animum *M*   2 tigillini *M*   5 conuii *M,*
corr. M[2]

Veturium optionem eorundem perductos, postquam vario sermone callidos audacisque cognovit, pretio et promissis one-
5 rat, data pecunia ad pertemptandos plurium animos. susce-
pere duo manipulares imperium populi Romani transferen-
dum et transtulerunt. in conscientiam facinoris pauci adsciti :
suspensos ceterorum animos diversis artibus stimulant, primores militum per beneficia Nymphidii ut suspectos, vulgus
10 et ceteros ira et desperatione dilati totiens donativi. erant
quos memoria Neronis ac desiderium prioris licentiae ac-
cenderet : in commune omnes metu mutandae militiae terre-
bantur.

26 Infecit ea tabes legionum quoque et auxiliorum mo-
tas iam mentis, postquam vulgatum erat labare Germanici
exercitus fidem. adeoque parata apud malos seditio, etiam
apud integros dissimulatio fuit, ut postero iduum die re-
5 deuntem a cena Othonem rapturi fuerint, ni incerta noctis
et tota urbe sparsa militum castra nec facilem inter temulentos consensum timuissent, non rei publicae cura, quam foedare principis sui sanguine sobrii parabant, sed ne per tenebras, ut quisque Pannonici vel Germanici exercitus militibus
10 oblatus esset, ignorantibus plerisque, pro Othone destinaretur. multa erumpentis seditionis indicia per conscios oppressa : quaedam apud Galbae auris praefectus Laco elusit,
ignarus militarium animorum consiliique quamvis egregii, quod
non ipse adferret, inimicus et adversus peritos pervicax.

27 Octavo decimo kalendas Februarias sacrificanti pro
aede Apollinis Galbae haruspex Vmbricius tristia exta et in-
stantis insidias ac domesticum hostem praedicit, audiente
Othone (nam proximus adstiterat) idque ut laetum e contra-

25. 3 eorūndem *M notam del. M*[1]   10 et ceteros *seclusit Hertz*
12 commune *Rhenanus* : communi *M*
26. 1 legionariorum *Ritter*   4 Ian. *post* iduum *add. Pichena, Halm*
die *M*[1] : dierum *M* : dierum *superscripsit M*[2]   6 emulentos *M*   11
erumpentibus, *sed super* b *scripsit* s *M*[1]   12 galba *M*
27. 2 tristitia *M*   4 adsisterat *M*

rio et suis cogitationibus prosperum interpretante. nec multo 5
post libertus Onomastus nuntiat expectari eum ab architecto
et redemptoribus, quae significatio coeuntium iam militum et
paratae coniurationis convenerat. Otho, causam digressus
requirentibus, cum emi sibi praedia vetustate suspecta eoque
prius exploranda finxisset, innixus liberto per Tiberianam do- 10
mum in Velabrum, inde ad miliarium aureum sub aedem Saturni pergit. ibi tres et viginti speculatores consalutatum imperatorem ac paucitate salutantium trepidum et sellae festi-
nanter impositum strictis mucronibus rapiunt ; totidem ferme
milites in itinere adgregantur, alii conscientia, plerique mi- 15
raculo, pars clamore et gladiis, pars silentio, animum ex
eventu sumpturi.

　　Stationem in castris agebat Iulius Martialis tribunus. 28
is magnitudine subiti sceleris, an corrupta latius castra et, si
contra tenderet, exitium metuens, praebuit plerisque suspicionem conscientiae ; anteposuere ceteri quoque tribuni centurionesque praesentia dubiis et honestis, isque habitus ani- 5
morum fuit ut pessimum facinus auderent pauci, plures vellent, omnes paterentur.

　　Ignarus interim Galba et sacris intentus fatigabat 29
alieni iam imperii deos, cum adfertur rumor rapi in castra
incertum quem senatorem, mox Othonem esse qui rapere-
tur, simul ex tota urbe, ut quisque obvius fuerat, alii formidine augentes, quidam minora vero, ne tum quidem obliti 5
adulationis. igitur consultantibus placuit pertemptari animum
cohortis, quae in Palatio stationem agebat, nec per ipsum
Galbam, cuius integra auctoritas maioribus remediis serva-
batur. Piso pro gradibus domus vocatos in hunc modum adlocutus est : 'sextus dies agitur, commilitones, ex quo igna- 10

5 interpretante M^1: interpretantes M 11 eadem M, corr. M^1
13 et *delevit Tjsendijk*   16 gaudiis *Faernus, Halm* : gaudio *Pichena* :
et gladiis *post* mucronibus *posuit Urlichs, seclusit Ritter*
28. 2 his M ratus *post* castra *coni. Lendrum*   5 hisque M
29. 3 incertumq; M

17

rus futuri, et sive optandum hoc nomen sive timendum erat,
Caesar adscitus sum. quo domus nostrae aut rei publicae fato
in vestra manu positum est, non quia meo nomine tristiorem
casum paveam, ut qui adversas res expertus cum maxime
15 discam ne secundas quidem minus discriminis habere : patris
et senatus et ipsius imperii vicem doleo, si nobis aut perire
hodie necesse est aut, quod aeque apud bonos miserum est,
occidere. solacium proximi motus habebamus incruentam
urbem et res sine discordia translatas : provisum adoptione vi-
20 debatur ut ne post Galbam quidem bello locus esset.'

30   'Nihil adrogabo mihi nobilitatis aut modestiae ; neque
enim relatu virtutum in comparatione Othonis opus est. vitia, quibus solis gloriatur, evertere imperium, etiam cum
amicum imperatoris ageret. habitune et incessu an illo mu-
5 liebri ornatu mereretur imperium ? falluntur quibus luxuria
specie liberalitatis imponit : perdere iste sciet, donare ne-
sciet. stupra nunc et comissationes et feminarum coetus vol-
vit animo : haec principatus praemia putat, quorum libido ac
voluptas penes ipsum sit, rubor ac dedecus penes omnis ;
10 nemo enim umquam imperium flagitio quaesitum bonis artibus exercuit. Galbam consensus generis humani, me Galba
consentientibus vobis Caesarem dixit. si res publica et senatus et populus vacua nomina sunt, vestra, commilitones,
interest ne imperatorem pessimi faciant. legionum seditio
15 adversus duces suos audita est aliquando : vestra fides famaque inlaesa ad hunc diem mansit. et Nero quoque vos desti-
tuit, non vos Neronem. minus triginta transfugae et deser-
tores, quos centurionem aut tribunum sibi eligentis nemo
ferret, imperium adsignabunt ? admittitis exemplum et quie-

12 re p. *M*   fato *Puteolanus* : fatū *M, nota fortasse a M²*   15
discam *Freinsheim* : dicam *M*   18 incruentas *M²* : incruenta *M*
19 res *M²* : re *M*

   30. 2 comparationem *Eussner*   5 meretur *Acidalius*   6 specie
Rhenanus : speciē *M*   7 comessationes *M*   9 dedecus *M²* :
decus *M*   13 vana *dett.*   15 fide *M*

18

scendo commune crimen facitis ? transcendet haec licentia in 20
provincias, et ad nos scelerum exitus, bellorum ad vos per-
tinebunt. nec est plus quod pro caede principis quam quod
innocentibus datur, sed proinde a nobis donativum ob fidem
quam ab aliis pro facinore accipietis.'

Dilapsis speculatoribus cetera cohors non aspernata 31
contionantem, ut turbidis rebus evenit, forte magis et nullo
adhuc consilio rapit signa *quam*, quod postea creditum est,
insidiis et simulatione. missus et Celsus Marius ad electos
Illyrici exercitus, Vipsania in porticu tendentis ; praeceptum 5
Amullio Sereno et Domitio Sabino primipilaribus, ut Germanicos milites e Libertatis atrio accerserent. legioni classicae
diffidebatur, infestae ob caedem commilitonum, quos primo
statim introitu trucidaverat Galba. pergunt etiam in castra
praetorianorum tribuni Cetrius Severus, Subrius Dexter, 10
Pompeius Longinus, si incipiens adhuc et necdum adulta
seditio melioribus consiliis flecteretur. tribunorum Subrium
et Cetrium adorti milites minis, Longinum manibus coercent
exarmantque, quia non ordine militiae, sed e Galbae amicis,
fidus principi suo et desciscentibus suspectior erat. legio 15
classica nihil cunctata praetorianis adiungitur ; Illyrici exercitus electi Celsum infestis pilis proturbant. Germanica vexilla diu nutavere, invalidis adhuc corporibus et placatis animis, quod eos a Nerone Alexandriam praemissos atque inde
rursus longa navigatione aegros impensiore cura Galba re- 20
fovebat.

20 trascendet *M, Halm*   23 perinde *Rhenanus*   donativo *M, cf.*
c. 5. 3
     31. 2 evenit forte *Pichena* : eventior te *M*   nullo *Freinsheim* : non-
nullo *M*   3 rapit signa *Meiser* : par signas *M* : parat signa *Agri-*
cola : pars ingens *al.* : pars magna *Madvig*   quam *addidit Heinsius*
4 missus . . . tendentis *post* accerserent *transposuit Acidalius*   6
Amulio *vulgo*   8 diffidebatur *Acidalius* : diffidebat *M*   11 et
necdum] et nondum *dett.* : necdum *Nipperdey*   12 tribunorum *seclusit*
Nipperdey   13 adhorti *M*   longinus *M*   14 ordine *M*   militiae provectus, sed *Nipperdey*   15 principi *M*¹ : principis *M*   et
ante fidus *transponendum coni. Meiser*   16 exercitus *M*² : exercitu *M*
17 festum incestis *M*   20 rursus] reversos *Döderlein, Halm*

32   Vniversa iam plebs Palatium implebat, mixtis servi-
tiis et dissono clamore caedem Othonis et coniuratorum exitium poscentium ut si in circo aut theatro ludicrum aliquod
postularent : neque illis iudicium aut veritas, quippe eodem
5 die diversa pari certamine postulaturis, sed tradito more
quemcumque principem adulandi licentia adclamationum et
studiis inanibus.

Interim Galbam duae sententiae distinebant : Titus Vinius
manendum intra domum, opponenda servitia, firmandos adi-
10 tus, non eundum ad iratos censebat : daret malorum paenitentiae, daret bonorum consensui spatium : scelera impetu,
bona consilia mora valescere, denique eundi ultro, si ratio
sit, eandem mox facultatem, regressum, si paeniteat, in aliena
potestate.

33   Festinandum ceteris videbatur antequam cresceret
invalida adhuc coniuratio paucorum : trepidaturum etiam Othonem, qui furtim digressus, ad ignaros inlatus, cunctatione
nunc et segnitia terentium tempus imitari principem discat.
5 non expectandum ut compositis castris forum invadat et pro-
spectante Galba Capitolium adeat, dum egregius imperator
cum fortibus amicis ianua ac limine tenus domum cludit, ob-
sidionem nimirum toleraturus. et praeclarum in servis auxilium si consensus tantae multitudinis et, quae plurimum va-
10 let, prima indignatio elanguescat. proinde intuta quae indecora ; vel si cadere necesse sit, occurrendum discrimini :
id Othoni invidiosius et ipsis honestum. repugnantem huic
sententiae Vinium Laco minaciter invasit, stimulante Icelo
privati odii pertinacia in publicum exitium.

32. 1 implerat *Acidalius*   2 exitium *Acidalius* : exitum *M*   3
aut *ed. Spirensis* : a *M* : ac *dett.*   5 diē *M, corr. M¹*   12 bona]
mora *coeperat scribere M*   spiratio *M*   13 regressum *Ritter* : regressus
M, Halm

33. 2 paucorum *suspicatur Novák*   5 non] num *I. Gronovius*   7
tenus] se tuens *Nicholson*   domus *M*   obsidione nimirum toleraturos *M*   9 consensū *M*   valeat *Ritter*   10 indignatio elanguescat *I. Gronovius* : indignatione languescat *M* : indignatio languescat
det., Novák : indignatio relanguescat *Halm*   perinde *Nipperdey*   13
hicẹlo *M*

20

Nec diutius Galba cunctatus speciosiora suadentibus 34
accessit. praemissus tamen in castra Piso, ut iuvenis magno
nomine, recenti favore et infensus Tito Vinio, seu quia erat
seu quia irati ita volebant; et facilius de odio creditur. vixdum egresso Pisone occisum in castris Othonem vagus pri- 5
mum et incertus rumor: mox, ut in magnis mendaciis, inter-
fuisse se quidam et vidisse adfirmabant, credula fama inter
gaudentis et incuriosos. multi arbitrabantur compositum auctumque rumorem mixtis iam Othonianis, qui ad evocandum
Galbam laeta falso vulgaverint.   10

Tum vero non populus tantum et imperita plebs in 35
plausus et immodica studia sed equitum plerique ac senatorum, posito metu incauti, refractis Palatii foribus ruere intus
ac se Galbae ostentare, praereptam sibi ultionem querentes,
ignavissimus quisque et, ut res docuit, in periculo non 5
ausurus, nimii verbis, linguae feroces; nemo scire et omnes
adfirmare, donec inopia veri et consensu errantium victus
sumpto thorace Galba inruenti turbae neque aetate neque
corpore *re*sistens sella levaretur. obvius in Palatio Iulius Atticus speculator, cruentum gladium ostentans, occisum a se 10
Othonem exclamavit; et Galba 'commilito', inquit, 'quis iussit?' insigni animo ad coercendam militarem licentiam, mi-
nantibus intrepidus, adversus blandientis incorruptus.

Haud dubiae iam in castris omnium mentes tantusque 36
ardor ut non contenti agmine et corporibus in suggestu, in
quo paulo ante aurea Galbae statua fuerat, medium inter
signa Othonem vexillis circumdarent. nec tribunis aut centurionibus adeundi locus: gregarius miles caveri insuper prae- 5
positos iubebat. strepere cuncta clamoribus et tumultu et

34. 3 quia] qui *M*   7 adfirmabat *M, corr. M*[1]   8 multa *M*
arbitrantur *Urlichs*   10 volgaverit *M, corr. M*[1]
35. 3 revere *M, corr. M*[1]   6 lingua *Georges, Heraeus*   feroces
Lipsius: ferocis *M*   7 hortantium *Cornelissen*   9 resistens *Faernus,
Lipsius*: sistens *M. Halm*
36. 4 circumdaret *M, corr. M*[1]

exhortatione mutua, non tamquam in populo ac plebe, variis
segni adulatione vocibus, sed ut quemque adfluentium militum aspexerant, prensare manibus, complecti armis, conlo-
10 care iuxta, praeire sacramentum, modo imperatorem militibus, modo milites imperatori commendare. nec deerat Otho
protendens manus adorare vulgum, iacere oscula et omnia
serviliter pro dominatione. postquam universa classicorum
legio sacramentum eius accepit, fidens viribus, et quos ad-
15 huc singulos extimulaverat, accendendos in commune ratus
pro vallo castrorum ita coepit.

37   'Quis ad vos processerim commilitones, dicere non
possum, quia nec privatum me vocare sustineo princeps a
vobis nominatus, nec principem alio imperante. vestrum
quoque nomen in incerto erit donec dubitabitur imperato-
5 rem populi Romani in castris an hostem habeatis. auditisne
ut poena mea et supplicium vestrum simul postulentur? adeo
manifestum est neque perire nos neque salvos esse nisi una
posse; et cuius lenitatis est Galba, iam fortasse promisit, ut
qui nullo exposcente tot milia innocentissimorum militum tru-
10 cidaverit. horror animum subit quotiens recordor feralem
introitum et hanc solam Galbae victoriam, cum in oculis urbis decimari deditos iuberet, quos deprecantis in fidem acceperat. his auspiciis urbem ingressus, quam gloriam ad
principatum attulit nisi occisi Obultronii Sabini et Cornelii
15 Marcelli in Hispania, Betui Cilonis in Gallia, Fontei Capitonis in Germania, Clodii Macri in Africa, Cingonii in via, Tur-
piliani in urbe, Nymphidii in castris? quae usquam provincia,
quae castra sunt nisi cruenta et maculata aut, ut ipse prae-
dicat, emendata et correcta? nam quae alii scelera, hic re-
20 media vocat, dum falsis nominibus severitatem pro saevitia,
parsimoniam pro avaritia, supplicia et contumelias vestras

---

9 pressare *M, notam del. fortasse M*[1]   12 volgum *M*[1] : volgus *M*
  37. 1 processerit *M, corr. M*[1]   5 ad *M,* n *superscripsit M*[1]   15
Cilonis *Ritter* : chilonis *M*   18 castra] in castris *M repetita ex versu* 17

disciplinam appellat. septem a Neronis fine menses sunt,
et iam plus rapuit Icelus quam quod Polycliti et Vatinii et
Aegiali perdiderunt. minore avaritia ac licentia grassatus
esset T. Vinius si ipse imperasset: nunc et subiectos nos 25
habuit tamquam suos et vilis ut alienos. una illa domus sufficit donativo quod vobis numquam datur et cotidie expro-
bratur.'

  'Ac ne qua saltem in successore Galbae spes esset 38
accersit ab exilio quem tristitia et avaritia sui simillimum
iudicabat. vidistis, commilitones, notabili tempestate etiam
deos infaustam adoptionem aversantis. idem senatus, idem
populi Romani animus est: vestra virtus expectatur, apud 5
quos omne honestis consiliis robur et sine quibus quamvis
egregia invalida sunt. non ad bellum vos nec ad periculum
voco: omnium militum arma nobiscum sunt. nec una cohors
togata defendit nunc Galbam sed detinet: cum vos aspexe-
rit, cum signum meum acceperit, hoc solum erit certamen, 10
quis mihi plurimum imputet. nullus cunctationis locus est in
eo consilio quod non potest laudari nisi peractum.' aperire
deinde armamentarium iussit. rapta statim arma, sine more
et ordine militiae, ut praetorianus aut legionarius insignibus
suis distingueretur: miscentur auxiliaribus galeis scutisque, 15
nullo tribunorum centurionumve adhortante, sibi quisque dux
et instigator; et praecipuum pessimorum incitamentum quod
boni maerebant.

  Iam exterritus Piso fremitu crebrescentis seditionis 39
et vocibus in urbem usque resonantibus, egressum interim

23 etiam M   quod] ob quod Madvig: quo Haase, Nipperdey: quoad
Meiser et ante perierunt transtulit   24 Aegiali Orelli: aegialii M
ultima littera evanida: Helii Lipsius, Müller: Tigellini I. F. Gronovius:
Egnatii Bezzenberger   perdiderunt Ritter: perierunt M quod tuentur
Madvig Haase et Nipperdey: paraverant dett.: sibi pepererant Heinsius:
appetierant Andresen et alii alia   27 exprobatur M
  38. 2 accersivit Halm, Ritter: accersiit Sirker   4 aversantes
Agricola: adversantes M   6 oms M   11 cunctationi dett.   12
aperiri Muretus, Halm

Galbam et foro adpropinquantem adsecutus erat; iam Marius
Celsus haud laeta rettulerat, cum alii in Palatium redire,
5 alii Capitolium petere, plerique rostra occupanda censerent,
plures tantum sententiis aliorum contra dicerent, utque evenit in consiliis infelicibus, optima viderentur quorum tempus
effugerat. agitasse Laco ignaro Galba de occidendo Tito Vinio dicitur, sive ut poena eius animos militum mulceret, seu
10 conscium Othonis credebat, ad postremum vel odio. haesitationem attulit tempus ac locus, quia initio caedis orto diffi-
cilis modus; et turbavere consilium trepidi nuntii ac proximorum diffugia, languentibus omnium studiis qui primo alacres fidem atque animum ostentaverant.

40   Agebatur huc illuc Galba vario turbae fluctuantis
impulsu, completis undique basilicis ac templis, lugubri pro-
spectu. neque populi aut plebis ulla vox, sed attoniti vultus
et conversae ad omnia aures; non tumultus, non quies, quale
5 magni metus et magnae irae silentium est. Othoni tamen armari plebem nuntiabatur; ire praecipitis et occupare pericula iubet. igitur milites Romani, quasi Vologaesum aut Pa-
corum avito Arsacidarum solio depulsuri ac non imperatorem
suum inermem et senem trucidare pergerent, disiecta plebe,
10 proculcato senatu, truces armis, rapidi equis forum inrumpunt. nec illos Capitolii aspectus et imminentium templorum
religio et priores et futuri principes terruere quo minus facerent scelus cuius ultor est quisquis successit.

41   Viso comminus armatorum agmine vexillarius comitatae Galbam cohortis (Atilium Vergilionem fuisse tradunt)
dereptam Galbae imaginem solo adflixit: eo signo manifesta
in Othonem omnium militum studia, desertum fuga populi

---

39. 4 rediret *Nipperdey*   5 petere M^1: peteret *M, Nipperdey*
6 ut quae *M*   7 quorum] morum *M*   8 laco M^2: loco *M*   10
postremum *Rhenanus*: posterum *M*   14 ostentaverint *M*
    40. 2 trospectu *M*: aspectu *det.*   6 plebem M^2: plebe *M*:
plebes *Ritter*   10 rapidis *dett.*
    41. 2 galbae *M*   adilium *M*

forum, destricta adversus dubitantis tela. iuxta Curtii la- 5
cum trepidatione ferentium Galba proiectus e sella ac pro-
volutus est. extremam eius vocem, ut cuique odium aut admiratio fuit, varie prodidere. alii suppliciter interrogasse
quid mali meruisset, paucos dies exolvendo donativo depre-
catum : plures obtulisse ultro percussoribus iugulum : age- 10
rent ac ferirent, si ita *e* re publica videretur. non interfuit
occidentium quid diceret. de percussore non satis constat :
quidam Terentium evocatum, alii Laecanium ; crebrior fama
tradidit Camurium quintae decimae legionis militem impresso
gladio iugulum eius hausisse. ceteri crura brachiaque (nam 15
pectus tegebatur) foede laniavere ; pleraque vulnera feritate
et saevitia trunco iam corpori adiecta.

    Titum inde Vinium invasere, de quo et ipso ambigi- 42
tur consumpseritne vocem eius instans metus, an proclama-
verit non esse ab Othone mandatum ut occideretur. quod
seu finxit formidine seu conscientiam coniurationis confessus
est, huc potius eius vita famaque inclinat, ut conscius scele- 5
ris fuerit cuius causa erat. ante aedem divi Iulii iacuit primo
ictu in poplitem, mox ab Iulio Caro legionario milite in
utrumque latus transverberatus.

    Insignem illa die virum Sempronium Densum aetas 43
nostra vidit. centurio is praetoriae cohortis, a Galba custo-
diae Pisonis additus, stricto pugione occurrens armatis et scelus exprobrans ac modo manu modo voce vertendo in se per-
cussores quamquam vulnerato Pisoni effugium dedit. Piso 5
in aedem Vestae pervasit, exceptusque misericordia publici
servi et contubernio eius abditus non religione nec caerimo-

---

7 ammiratio *M*   8 variae prodere *M*   9 meruisset et *Halm*
10 hoc agerent *Muretus e Suet. Galba* 20   11 e *om. M*   13
lecanium *M, cf. A.* xv. 33
    42. 3 othone *M*[1]: othonē *M*   4 conscientiam *Acidalius* : con-
scientia *M*   7 ictus *Meiser*   Caro *Rhenanus* : cario *M*   in *del.*
I. F. Gronovius
    43. 1 illā *notam del. M*[1]   2 his *M*   a galbae custodiae a pisonis *M*

niis sed latebra inminens exitium differebat, cum advenere
missu Othonis nominatim in caedem eius ardentis Sulpi-
10 cius Florus e Britannicis cohortibus, nuper a Galba civitate
donatus, et Statius Murcus speculator, a quibus protractus
Piso in foribus templi trucidatur.

44   Nullam caedem Otho maiore laetitia excepisse, nullum caput tam insatiabilibus oculis perlustrasse dicitur, seu
tum primum levata omni sollicitudine mens vacare gaudio
coeperat, seu recordatio maiestatis in Galba, amicitiae in
5 Tito Vinio quamvis immitem animum imagine tristi confuderat, Pisonis ut inimici et aemuli caede laetari ius fasque credebat. praefixa contis capita gestabantur inter signa cohortium iuxta aquilam legionis, certatim ostentantibus cruentas
manus qui occiderant, qui interfuerant, qui vere qui falso
10 ut pulchrum et memorabile facinus iactabant. plures quam
centum viginti libellos praemium exposcentium ob aliquam
notabilem illa die operam Vitellius postea invenit, omnisque conquiri et interfici iussit, non honori Galbae, sed tradito principibus more munimentum ad praesens, in posterum
15 ultionem.

45   Alium crederes senatum, alium populum : ruere cuncti in castra, anteire proximos, certare cum praecurrentibus,
increpare Galbam, laudare militum iudicium, exosculari Othonis manum ; quantoque magis falsa erant quae fiebant, tanto
5 plura facere. nec aspernabatur singulos Otho, avidum et
minacem militum animum voce vultuque temperans. Marium
Celsum, consulem designatum et Galbae usque in extremas
res amicum fidumque, ad supplicium expostulabant, indu-

9 ardentis *Heinsius* : ardentes *M*   10 a *om. M, superscripsit M²*
12 trucidatus *M* : trucidatus est *Halm*
   44. 3 vagare *M*   5 imaginē *M, corr. M¹*   *sic distinxit*
Acidalius : confuderat : Pisonis *vulgo*   9 quive vere   12 illa die
M¹ : illo *in margine M¹* : illa diē *M*   vetellius *M*   13 honori
Nipperdey : honore *M, Halm*
   45. 2 ante hire *M*   4 flebant *M*   7 celso consulem | signatum *M*
8 ad *om. M*

26

striae eius innocentiaeque quasi malis artibus infensi.   caedis et praedarum initium et optimo cuique perniciem quaeri 10
apparebat, sed Othoni nondum auctoritas inerat ad prohiben-
dum scelus : iubere iam poterat.   ita simulatione irae vinciri
iussum et maiores poenas daturum adfirmans praesenti exitio
subtraxit.

    Omnia deinde arbitrio militum acta : praetorii praefe- **46**
ctos sibi ipsi legere, Plotium Firmum e manipularibus quondam, tum vigilibus praepositum et incolumi adhuc Galba partis Othonis secutum ; adiungitur Licinius Proculus, intima fa-
miliaritate Othonis suspectus consilia eius fovisse.   urbi Fla- 5
vium Sabinum praefecere, iudicium Neronis secuti, sub quo
eandem curam obtinuerat, plerisque Vespasianum fratrem in
eo respicientibus.   flagitatum ut vacationes praestari centurionibus solitae remitterentur ; namque gregarius miles ut tributum annuum pendebat.   quarta pars manipuli sparsa per 10
commeatus aut in ipsis castris vaga, dum mercedem centurioni exolveret, neque modum oneris quisquam neque genus
quaestus pensi habebat : per latrocinia et raptus aut servili-
bus ministeriis militare otium redimebant.   tum locupletissimus quisque miles labore ac saevitia fatigari donec vaca- 15
tionem emeret.   ubi sumptibus exhaustus socordia insuper
elanguerat, inops pro locuplete et iners pro strenuo in ma-
nipulum redibat, ac rursus alius atque alius, eadem egestate
ac licentia corrupti, ad seditiones et discordias et ad extremum bella civilia ruebant.   sed Otho ne vulgi largitione cen- 20
turionum animos averteret, fiscum suum vacationes annuas
exoluturum promisit, rem haud dubie utilem et a bonis postea principibus perpetuitate disciplinae firmatam.   Laco prae-

---

12 scelus, . . . poterat ; ita . . . iussum ; *potius distinxerim*   13 iussit
Weidner   auxilio *M* : exilio *M*[1]
  46. 5 suspecta *M*   6 savinum *M*   10 manipuli sparsa *Pichena*:
manipulis pars *M*   13 quaestūs *M, notam del. M*[1]   15 va|tionem
M, va *in fine paginae*   20 in bella *Heinsius*   21 averteret *I.*
Gronovius : averteret et *M*   23 profectus *Müller*

fectus, tamquam in insulam seponeretur, ab evocato, quem
25 ad caedem eius Otho praemiserat, confossus; in Marcianum
Icelum ut in libertum palam animadversum.

47   Exacto per scelera die novissimum malorum fuit laetitia. vocat senatum praetor urbanus, certant adulationibus
ceteri magistratus, adcurrunt patres : decernitur Othoni tri-
bunicia potestas et nomen Augusti et omnes principum honores,
5 adnitentibus cunctis abolere convicia ac probra, quae promisce iacta haesisse animo eius nemo sensit ; omisisset offensas an distulisset brevitate imperii in incerto fuit.   Otho
cruento adhuc foro per stragem iacentium in Capitolium atque inde in Palatium vectus concedi corpora sepulturae cre-
10 marique permisit. Pisonem Verania uxor ac frater Scribonianus, Titum Vinium Crispina filia composuere, quaesitis
redemptisque capitibus, quae venalia interfectores serva-
verant.

48   Piso unum et tricensimum aetatis annum explebat,
fama meliore quam fortuna. fratres eius Magnum Claudius,
Crassum Nero interfecerant : ipse diu exul, quadriduo Caesar, properata adoptione ad hoc tantum maiori fratri praela-
5 tus est ut prior occideretur.   Titus Vinius quinquaginta septem annos variis moribus egit. pater illi praetoria familia,
maternus avus e proscriptis.   prima militia infamis : legatum
Calvisium Sabinum habuerat, cuius uxor mala cupidine visendi situm castrorum, per noctem militari habitu ingressa,
10 cum vigilias et cetera militiae munia eadem lascivia temptasset, in ipsis principiis stuprum ausa, et criminis huius reus
Titus Vinius arguebatur. igitur iussu G. Caesaris oneratus
catenis, mox mutatione temporum dimissus, cursu honorum

---

24 seponeretur amotus *Nipperdey* : Ostiam amotus ibique *Andresen coll.*
A. xvi. 9   evocatoque ad *M*   26 in *del. Novák*
   47. 2 vacat *M*   6 omisisse tot fensas *M*   8 strage *M*   10
fratres *M per compendium*
   48. 3 interfecerant *M*[1] : interfecerat *M*   exui *M*   10 temptasset
Puteolanus, coll. A. xv. 42 : temperasset *M* : temerasset *Rhenanus*   11
et] est *Ritter, Halm* : est et *Nipperdey*

inoffenso legioni post praeturam praepositus probatusque
servili deinceps probro respersus est tamquam scyphum au- 15
reum in convivio Claudii furatus, et Claudius postera die soli
omnium Vinio fictilibus ministrari iussit. sed Vinius proconsulatu Galliam Narbonensem severe integreque rexit ; mox
Galbae amicitia in abruptum tractus, audax, callidus, promptus et, prout animum intendisset, pravus aut industrius, 20
eadem vi. testamentum Titi Vinii magnitudine opum inritum,
Pisonis supremam voluntatem paupertas firmavit.

Galbae corpus diu neglectum et licentia tenebrarum 49
plurimis ludibriis vexatum dispensator Argius e prioribus servis humili sepultura in privatis eius hortis contexit.
caput per lixas calonesque suffixum laceratumque ante Pa-
trobii tumulum (libertus is Neronis punitus a Galba fuerat) 5
postera demum die repertum et cremato iam corpori admi-
xtum est. hunc exitum habuit Servius Galba, tribus et septua-
ginta annis quinque principes prospera fortuna emensus et
alieno imperio felicior quam suo. vetus in familia nobilitas,
magnae opes : ipsi medium ingenium, magis extra vitia quam 10
cum virtutibus. famae nec incuriosus nec venditator ; pecuniae alienae non adpetens, suae parcus, publicae avarus ;
amicorum libertorumque, ubi in bonos incidisset, sine re-
prehensione patiens, si mali forent, usque ad culpam ignarus. sed claritas natalium et metus temporum obtentui, ut, 15
quod segnitia erat, sapientia vocaretur. dum vigebat aetas
militari laude apud Germanias floruit. pro consule Africam
moderate, iam senior citeriorem Hispaniam pari iustitia continuit, maior privato visus dum privatus fuit, et omnium consensu capax imperii nisi imperasset.   20

Trepidam urbem ac simul atrocitatem recentis sce- 50

17 proconsul *Muretus* : pro consule *Ritter*   19 calidus *M*   20
pravus] ignavus *Nipperdey*   22 supraema *M*
   49. 2 primoribus *Faernus, Halm*   4 confixum *Halm, errore*   5
his *M*   10 magnis *M*   14 ab *M*, d *in margine add. M²*   ignavus *Acidalius*   19 consensū *M, notam del. M¹*

29

leris, simul veteres Othonis mores paventem novus insuper
de Vitellio nuntius exterruit, ante caedem Galbae suppres-
sus ut tantum superioris Germaniae exercitum descivisse
5 crederetur. tum duos omnium mortalium impudicitia ignavia
luxuria deterrimos velut ad perdendum imperium fataliter
electos non senatus modo et eques, quis aliqua pars et cura
rei publicae, sed vulgus quoque palam maerere. nec iam
recentia saevae pacis exempla sed repetita bellorum civi-
10 lium memoria captam totiens suis exercitibus urbem, vasti-
tatem Italiae, direptiones provinciarum, Pharsaliam Philippos
et Perusiam ac Mutinam, nota publicarum cladium nomina,
loquebantur. prope eversum orbem etiam cum de principatu inter bonos certaretur, sed mansisse G. Iulio, mansisse
15 Caesare Augusto victore imperium; mansuram fuisse sub
Pompeio Brutoque rem publicam : nunc pro Othone an pro
Vitellio in templa ituros? utrasque impias preces, utraque
detestanda vota inter duos, quorum bello solum id scires,
deteriorem fore qui vicisset. erant qui Vespasianum et arma
20 Orientis augurarentur, et ut potior utroque Vespasianus, ita
bellum aliud atque alias cladis horrebant. et ambigua de
Vespasiano fama, solusque omnium ante se principum in
melius mutatus est.

51   Nunc initia causasque motus Vitelliani expediam.
caeso cum omnibus copiis Iulio Vindice ferox praeda gloriaque exercitus, ut cui sine labore ac periculo ditissimi belli
victoria evenisset, expeditionem et aciem, praemia quam
5 stipendia malebat. diu infructuosam et asperam militiam
toleraverant ingenio loci caelique et severitate disciplinae,
quam in pace inexorabilem discordiae civium resolvunt, pa-

50. 4 exercitum M^1: exercitus M 11 pars aliam M 12
persiam M, u *superscripsit* M^2 ac Mutinam *ante* Philippos *transposuit*
Bonnet : et Perusiam ac Mutinam *secl. Grunauer*   claudium M 15
caesarē M, *corr.* M^1 16 othonē M, *corr.* M^1 17 templo M
22 principum Imelius mu|tus M
    51. 5 mallebat M

ratis utrimque corruptoribus et perfidia impunita.   viri, arma,
equi ad usum et ad decus supererant.   sed ante bellum centurias tantum suas turmasque noverant ; exercitus finibus pro- 10
vinciarum discernebantur : tum adversus Vindicem contractae
legiones, seque et Gallias expertae, quaerere rursus arma
novasque discordias ; nec socios, ut olim, sed hostis et victos vocabant.   nec deerat pars Galliarum, quae Rhenum
accolit, easdem partis secuta ac tum acerrima instigatrix 15
adversum Galbianos ; hoc enim nomen fastidito Vindice indiderant.   igitur Sequanis Aeduisque ac deinde, prout opulentia civitatibus erat, infensi expugnationes urbium, populatio-
nes agrorum, raptus penatium hauserunt animo, super avaritiam et adrogantiam, praecipua validiorum vitia, contumacia 20
Gallorum inritati, qui remissam sibi a Galba quartam tributorum partem et publice donatos in ignominiam exercitus
iactabant.   accessit callide vulgatum, temere creditum, decimari legiones et promptissimum quemque centurionum di-
mitti.   undique atroces nuntii, sinistra ex urbe fama ; infensa 25
Lugdunensis colonia et pertinaci pro Nerone fide fecunda
rumoribus ; sed plurima ad fingendum credendumque mate-
ries in ipsis castris, odio metu et, ubi viris suas respexe-
rant, securitate.

   Sub ipsas superioris anni kalendas Decembris Aulus 52
Vitellius inferiorem Germaniam ingressus hiberna legionum
cum cura adierat : redditi plerisque ordines, remissa ignomi-
nia, adlevatae notae ; plura ambitione, quaedam iudicio, in
quibus sordis et avaritiam Fontei Capitonis adimendis adsi- 5
gnandisve militiae ordinibus integre mutaverat.   nec consula-

---

9 dedecus *M, quod solus inter recentiores probat Ritter, cf.* c. 30   11
contractae *Rhenanus* : confractae *M*   12 rursus *M* [1] : rursum *M*
14 qua herenum *M*   15 acerrimā *M. corr. M* [1]   16 Galbanos *Wölfflin,
cf. Suet. Galba* 3   19 hauserant *Haase, Halm*   26 lugdonensis *M*
facunda *M*
   52. 1 ipsa *M*   4 *sic distinxit Müller* : notae, plura *alii*   5
sordes *Acidalius* : sorde *M* : sordem *dett.*   adimendis . . . ordinibus
seclusit Nipperdey

ris legati mensura sed in maius omnia accipiebantur. et *ut*
Vitellius apud severos humilis, ita comitatem bonitatemque
faventes vocabant, quod sine modo, sine iudicio donaret sua,
10 largiretur aliena; simul aviditate imperitandi ipsa vitia pro
virtutibus interpretabantur. multi in utroque exercitu sicut
modesti quietique ita mali et strenui. sed profusa cupidine et
insigni temeritate legati legionum Alienus Caecina et Fabius
Valens; e quibus Valens infensus Galbae, tamquam detectam
15 a se Verginii cunctationem, oppressa Capitonis consilia in-
grate tulisset, instigare Vitellium, ardorem militum ostentans:
ipsum celebri ubique fama, nullam in Flacco Hordeonio
moram; adfore Britanniam, secutura Germanorum auxilia:
male fidas provincias, precarium seni imperium et brevi trans-
20 iturum: panderet modo sinum et venienti Fortunae occurreret. merito dubitasse Verginium equestri familia, ignoto
patre, imparem si recepisset imperium, tutum si recusasset:
Vitellio tris patris consulatus, censuram, collegium Caesaris
et imponere iam pridem imperatoris dignationem et auferre
25 privati securitatem. quatiebatur his segne ingenium ut concupisceret magis quam ut speraret.

53   At in superiore Germania Caecina, decorus iuventa,
corpore ingens, animi immodicus, scito sermone, erecto incessu, studia militum inlexerat. hunc iuvenem Galba, quae-
5 storem in Baetica impigre in partis suas transgressum, legioni praeposuit: mox compertum publicam pecuniam aver-
tisse ut peculatorem flagitari iussit. Caecina aegre passus
miscere cuncta et privata vulnera rei publicae malis operire
statuit. nec deerant in exercitu semina discordiae, quod et

---

7 ut *hic supplevit Rhenanus post* Vitellius *Acidalius, om.* M   10 imperitandi *scripsi coll.* iv. 25: imperandi M, *syllaba* ra *evanida vel erasa*:
impetrandi *Agricola*: imperi dandi *Nipperdey*: ei parendi *Meiser, coll.*
Germ. c. 44   13 et | bius M   17 nulla M   18 adforē M   secuturā
M, *corr.* M¹   20 fortuna M, e *superscripsit* M¹   22 titum M
53. 1 ad M   decorus *Baiter*: decori M: decora *dett.*   2 scito
Lipsius: cito M   3 iuvenem *seclusit Nipperdey*   galbā M, *corr.* M¹
6 iussit| M   id Caecina *Heinsius, Halm*

bello adversus Vindicem universus adfuerat, nec nisi occiso
Nerone translatus in Galbam atque in eo ipso sacramento 10
vexillis inferioris Germaniae praeventus erat. et Treviri ac
Lingones, quasque alias civitates atrocibus edictis aut damno
finium Galba perculerat, hibernis legionum propius miscentur: unde seditiosa colloquia et inter paganos corruptior
miles; et in Verginium favor cuicumque alii profuturus.   15

Miserat civitas Lingonum vetere instituto dona le- 54
gionibus dextras, hospitii insigne. legati eorum in squalo-
rem maestitiamque compositi per principia per contubernia
modo suas iniurias, modo vicinarum civitatium praemia, et
ubi pronis militum auribus accipiebantur, ipsius exercitus 5
pericula et contumelias conquerentes accendebant animos.
nec procul seditione aberant cum Hordeonius Flaccus abire
legatos, utque occultior digressus esset, nocte castris excedere iubet. inde atrox rumor, adfirmantibus plerisque inter-
fectos, ac ni sibi ipsi consulerent, fore ut acerrimi militum et 10
praesentia conquesti per tenebras et inscitiam ceterorum
occiderentur. obstringuntur inter se tacito foedere legiones,
adsciscitur auxiliorum miles, primo suspectus tamquam cir-
cumdatis cohortibus alisque impetus in legiones pararetur,
mox eadem acrius volvens, faciliore inter malos consensu 15
ad bellum quam in pace ad concordiam.

Inferioris tamen Germaniae legiones sollemni kalen- 55
darum Ianuariarum sacramento pro Galba adactae, multa
cunctatione et raris primorum ordinum vocibus, ceteri silentio proximi cuiusque audaciam expectantes, insita mortalibus natura, propere sequi quae piget inchoare. sed ipsis 5
legionibus inerat diversitas animorum: primani quintanique

10 galba *M*   11 inferioris *M*[1]: inferioribus *M*   treveri *M*   15
vergenium *M*
    54. 1 lingonum *M*[1]: longonum *M*   4 Insuas *M*   10 ni sibi ipsi
Halm: nisi ipsi *M, cf.* v. 8. 12 *ubi* si ipsi *M pro* sibi ipsi: ni sibi *Rhenanus*   11 inscitia *det., Rhenanus*   14 legione *M*
    55. 5 pigit *M*: piguit *tentabat Halm*

turbidi adeo ut quidam saxa in Galbae imagines iecerint :
quinta decima ac sexta decima legiones nihil ultra fremitum
et minas ausae initium erumpendi circumspectabant. at in
10 superiore exercitu quarta ac duetvicensima legiones, isdem
hibernis tendentes, ipso kalendarum Ianuariarum die dirum-
punt imagines Galbae, quarta legio promptius, duetvicensima cunctanter, mox consensu. ac ne reverentiam imperii
exuere viderentur, senatus populique Romani oblitterata iam
15 nomina sacramento advocabant, nullo legatorum tribuno-
rumve pro Galba nitente, quibusdam, ut in tumultu, nota-
bilius turbantibus. non tamen quisquam in modum contionis
aut suggestu locutus ; neque enim erat adhuc cui imputaretur.

56   Spectator flagitii Hordeonius Flaccus consularis
legatus aderat, non compescere ruentis, non retinere dubios,
non cohortari bonos ausus, sed segnis pavidus et socordia
innocens. quattuor centuriones duetvicensimae legionis,
5 Nonius Receptus, Donatius Valens, Romilius Marcellus,
Calpurnius Repentinus, cum protegerent Galbae imagines,
impetu militum abrepti vinctique. nec cuiquam ultra fides aut
memoria prioris sacramenti, sed quod in seditionibus accidit,
unde plures erant omnes fuere.

10   Nocte quae kalendas Ianuarias secuta est in coloniam
Agrippinensem aquilifer quartae legionis epulanti Vitellio
nuntiat quartam et duetvicensimam legiones proiectis Galbae imaginibus in senatus ac populi Romani verba iurasse.
id sacramentum inane visum : occupari nutantem fortunam
15 et offerri principem placuit. missi a Vitellio ad legiones legatosque qui descivisse a Galba superiorem exercitum nuntiarent : proinde aut bellandum adversus desciscentis aut,

8 fremitu M   10 ac] et Halm tacite   hisdem M   11 dirrum-
punt M : diruunt vel deripiunt Acidalius : rumpunt Ritter 1848   12
promptus M, i superscripsit M² 14 obliterata M   15 sacramento
M¹ : sacramenta M   18 e suggestu Heinsius : pro suggestu Kiessling
   56. 3 cohartari M   4 nocens I. F. Gronovius   7 abrecti M
9 inde M

si concordia et pax placeat, faciendum imperatorem: et
minore discrimine sumi principem quam quaeri.

Proxima legionis primae hiberna erant et prom- 57
ptissimus e legatis Fabius Valens. is die postero coloniam
Agrippinensem cum equitibus legionis auxiliariorumque ingressus imperatorem Vitellium consalutavit. secutae ingenti
certamine eiusdem provinciae legiones; et superior exerci- 5
tus, speciosis senatus populique Romani nominibus relictis,
tertium nonas Ianuarias Vitellio accessit: scires illum priore
biduo non penes rem publicam fuisse. ardorem exercituum
Agrippinenses, Treviri, Lingones aequabant, auxilia equos,
arma pecuniam offerentes, ut quisque corpore opibus inge- 10
nio validus. nec principes modo coloniarum aut castrorum,
quibus praesentia ex affluenti et parta victoria magnae spes,
sed manipuli quoque et gregarius miles viatica sua et balteos
phalerasque, insignia armorum argento decora, loco pecuniae tradebant, instinctu et impetu et avaritia. 15

Igitur laudata militum alacritate Vitellius ministeria 58
principatus per libertos agi solita in equites Romanos dispo-
nit, vacationes centurionibus ex fisco numerat, saevitiam
militum plerosque ad poenam exposcentium saepius adpro-
bat, raro simulatione vinculorum frustratur. Pompeius Pro- 5
pinquus procurator Belgicae statim interfectus; Iulium Bur-
donem Germanicae classis praefectum astu subtraxit. exarserat in eum iracundia exercitus tamquam crimen ac mox
insidias Fonteio Capitoni struxisset. grata erat memoria Capitonis, et apud saevientis occidere palam, ignoscere non 10
nisi fallendo licebat: ita in custodia habitus et post victoriam

19 queri *M*
57. 2 al. postero *M*[1] *in margine, in textu* proximo *M ex superiore versu
ortum* 3 agrippiensem *M* gressus *M* 7 tertio *ed. Spirensis*
9 agrippienses *M* 10 pecunias *M, corr. M*[1] corporeo *M, corr.
M*[1] 11 validis *M* 14 falerasque *M* 15 vel avaritia
Wölfflin: aut avaritia *coni. Halm, probat Valmaggi*
58. 5 raro *Jacob*: paro *M* 6 belligicae *M* burdunem *M*

demum, stratis iam militum odiis, dimissus est. interim ut
piaculum obicitur centurio Crispinus. sanguine Capitonis *se*
cruentaverat eoque et postulantibus manifestior et punienti
15 vilior fuit.

59   Iulius deinde Civilis periculo exemptus, praepotens
inter Batavos, ne supplicio eius ferox gens alienaretur. et
erant in civitate Lingonum octo Batavorum cohortes, quartae decimae legionis auxilia, tum discordia temporum a le-
5 gione digressae, prout inclinassent, grande momentum sociae
aut adversae. Nonium, Donatium, Romilium, Calpurnium
centuriones, de quibus supra rettulimus, occidi iussit, damna-
tos fidei crimine, gravissimo inter desciscentis. accessere
partibus Valerius Asiaticus, Belgicae provinciae legatus, quem
10 mox Vitellius generum adscivit, et Iunius Blaesus, Lugdunensis Galliae rector, cum Italica legione et ala Tauriana
Lugduni tendentibus. nec in Raeticis copiis mora quo minus
statim adiungerentur: ne in Britannia quidem dubitatum.

60   Praeerat Trebellius Maximus, per avaritiam ac sordis contemptus exercitui invisusque. accendebat odium
eius Roscius Coelius legatus vicensimae legionis, olim dis-
cors, sed occasione civilium armorum atrocius proruperant.
5 Trebellius seditionem et confusum ordinem disciplinae Coelio, spoliatas et inopes legiones Coelius Trebellio obiectabat,
cum interim foedis legatorum certaminibus modestia exercitus corrupta eoque discordiae ventum ut auxiliarium quoque
militum conviciis proturbatus et adgregantibus se Coelio co-
10 hortibus alisque desertus Trebellius ad Vitellium perfugerit.
quies provinciae quamquam remoto consulari mansit: rexere
legati legionum, pares iure, Coelius audendo potentior.

---

12 statis *M* : sedatis *Döderlein* : satiatis *Freinsheim*   13 qui se sanguine *al.* : is sanguine *Haase, Halm*   14 se *hic addidit I. Gronovius*,
om. *M*

59. 5 sociae aut adversae *seclusit Novák*   10 blesus *M*   12 reticis *M*
60. 1 trebellinus *M*   sorde *M, cf.* c. 52   3 Coelius *W. Heraeus* :
celius *M, cf.* c. 77 : Caelius *vulgo*   4 proruperant *M*[1] : proruperat *M*
5 caelio *M*   6 celius *M*   tribellio *M*   7 faedus *M*   9 celio *M*
12 caelius *M*   audiendo *M*

Adiuncto Britannico exercitu ingens viribus opibus- **61**
que Vitellius duos duces, duo itinera bello destinavit: Fabius Valens adlicere vel, si abnuerent, vastare Gallias et
Cottianis Alpibus Italiam inrumpere, Caecina propiore transitu Poeninis iugis degredi iussus. Valenti inferioris exerci- 5
tus electi cum aquila quintae legionis et cohortibus alisque,
ad quadraginta milia armatorum data; triginta milia Caecina
e superiore Germania ducebat, quorum robur legio unaetvicensima fuit. addita utrique Germanorum auxilia, e quibus Vitellius suas quoque copias supplevit, tota mole belli 10
secuturus.

Mira inter exercitum imperatoremque diversitas: in- **62**
stare miles, arma poscere, dum Galliae trepident, dum
Hispaniae cunctentur: non obstare hiemem neque ignavae
pacis moras: invadendam Italiam, occupandam urbem; nihil
in discordiis civilibus festinatione tutius, ubi facto magis 5
quam consulto opus esset. torpebat Vitellius et fortunam
principatus inerti luxu ac prodigis epulis praesumebat, medio diei temulentus et sagina gravis, cum tamen ardor et vis
militum ultro ducis munia implebat, ut si adesset imperator
et strenuis vel ignavis spem metumve adderet. instructi in- 10
tentique signum profectionis exposcunt. nomen Germanici
Vitellio statim additum: Caesarem se appellari etiam victor
prohibuit. laetum augurium Fabio Valenti exercituique, quem
in bellum agebat, ipso profectionis die aquila leni meatu,
prout agmen incederet, velut dux viae praevolavit, longum- 15

---

61. 3 abnuerent *Rhenanus*: abnuerint *M*   4 italia *M*   priore
scripturus librarius in propiore *mutavit*   5 Poeninis *Rhenanus*:
paennis *M*   6 aquila *M*[1]: aquilae *M*   8 una et vicesima *det.*, *cf.*
c. 67: una prima et vicensima *M*: una, prima et vicesima *Lipsius*: unetvicesima *Sirker*
62. 1 Mira inter] mirante *M*   3 ignave *M*   5 vilibus *M*
festinatione *M*[1]: festinatius|ne *M*   6 fortuna *M*   7 ininerti *M*
10 metumque *scripturus librarius in* metumve *mutavit*   11 nomine ...
addito *dett.*, *Halm*   12 addito *M*, ū *superscripsit M*[2]   13 valenti *M*[1]:
valentē *M*   14 profectionis *M*[1]: profectione *M*   leni *Acidalius*:
levi *M*

que per spatium is gaudentium militum clamor, ea quies in-
territae alitis fuit ut haud dubium magnae et prosperae rei
omen acciperetur.

63   Et Treviros quidem ut socios securi adiere: Divo-
duri (Mediomatricorum id oppidum est) quamquam omni
comitate exceptos subitus pavor terruit, raptis repente
armis ad caedem innoxiae civitatis, non ob praedam aut
5 spoliandi cupidine, sed furore et rabie et causis incertis
eoque difficilioribus remediis, donec precibus ducis mitigati
ab excidio civitatis temperavere; caesa tamen ad quattuor
milia hominum. isque terror Gallias invasit ut venienti mox
agmini universae civitates cum magistratibus et precibus
10 occurrerent, stratis per vias feminis puerisque: quaeque alia
placamenta hostilis irae, non quidem in bello sed pro pace
tendebantur.

64   Nuntium de caede Galbae et imperio Othonis Fabius
Valens in civitate Leucorum accepit. nec militum animus in
gaudium aut formidine permotus: bellum volvebat. Gallis
cunctatio exempta est: in Othonem ac Vitellium odium par,
5 ex Vitellio et metus. proxima Lingonum civitas erat, fida
partibus. benigne excepti modestia certavere, sed brevis
laetitia fuit cohortium intemperie, quas a legione quarta decima, ut supra memoravimus, digressas exercitui suo Fabius
Valens adiunxerat. iurgia primum, mox rixa inter Batavos
10 et legionarios, dum his aut illis studia militum adgregantur,
prope in proelium exarsere, ni Valens animadversione paucorum oblitos iam Batavos imperii admonuisset. frustra ad-

---

18 nomen *M*   accipiretur *M*
     63. 3 raptis *M*[1] : rapente| *M*   5 cupidinē et *corr.*, *ut videtur*, *M*[1]
furore *M*[1]: furorē *M*   7 ad] a *M*   9 et precibus *suspicatur*
Ernesti: et principibus *Wex*: et proceribus *Cornelissen*   10 *ita di-*
stinxit Davies, puerisque, quaeque *vulgo*   11 non quidem ... tendebantur *ut glossam suspicatur Novák*, *cf. c.* 23
     64. 2 leucorum *ed. Spirensis*: leuchrorum *M*   3 formidine *M*[2],
dubio signo   volvebant *Heinsius*   4 est *Halm*: et *M*: etenim
Nipperdey   7 quat|tuordecim *M*   9 rixae *Güthling*   10 is *M*
11 animadversionē *M*, *corr*, *M*[1]

versus Aeduos quaesita belli causa: iussi pecuniam atque
arma deferre gratuitos insuper commeatus praebuere. quod
Aedui formidine Lugdunenses gaudio fecere. sed legio Ita- 15
lica et ala Tauriana abductae: cohortem duodevicensimam
Lugduni, solitis sibi hibernis, relinqui placuit. Manlius Valens legatus Italicae legionis, quamquam bene de partibus
meritus, nullo apud Vitellium honore fuit: secretis eum criminationibus infamaverat Fabius ignarum et, quo incautior 20
deciperetur, palam laudatum.

Veterem inter Lugdunensis *et Viennensis* discordiam 65
proximum bellum accenderat. multae in vicem clades,
crebrius infestiusque quam ut tantum propter Neronem Gal-
bamque pugnaretur. et Galba reditus Lugdunensium occasione irae in fiscum verterat; multus contra in Viennensis 5
honor: unde aemulatio et invidia et uno amne discretis co-
nexum odium. igitur Lugdunenses extimulare singulos militum et in eversionem Viennensium impellere, obsessam ab
illis coloniam suam, adiutos Vindicis conatus, conscriptas
nuper legiones in praesidium Galbae referendo. et ubi cau- 10
sas odiorum praetenderant, magnitudinem praedae ostende-
bant, nec iam secreta exhortatio, sed publicae preces: irent
ultores, excinderent sedem Gallici belli: cuncta illic externa
et hostilia: se, coloniam Romanam et partem exercitus et
prosperarum adversarumque rerum socios, si fortuna contra 15
daret, iratis ne relinquerent.

His et pluribus in eundem modum perpulerant ut 66
ne legati quidem ac duces partium restingui posse iracun-

14 deferret *M*: deferrent *ed. Spirensis*   16 taurina *M, cf.* c. 59   xviii
M: tertiam decimam *Mommsen*   17 lugdi|ni *M*   solitis ibi *editores
antiqui, cf. A.* xv. 28   20 ignarūs *M*, s *del. M*[1]
   65. 1 et Viennensis *om. M*: et vienenses *supplevit in margine b*[2]:
Vienensesque *Puteolanus*   11 magnitudine *M*   12 exortatio *M
versus* 14–16 *ita distinxit Andresen*: se coloniam . . . socios; . . . relinquerentur. *vulgo*   14 coloniam *M, sed* o *post* l *corr. ex* j *M*[1]   15
contraderet *M*   16 relinquerentur *M, sed* tur *del. et in margine* nt
addidit M[1]
   66. 2 ne *I. F. Gronovius*: nec *M*   2 posset *M*

diam exercitus arbitrarentur, cum haud ignari discriminis sui
Viennenses, velamenta et infulas praeferentes, ubi agmen
5 incesserat, arma genua vestigia prensando flexere militum
animos ; addidit Valens trecenos singulis militibus sestertios.
tum vetustas dignitasque coloniae valuit et verba Fabi salutem incolumitatemque Viennensium commendantis aequis
auribus accepta ; publice tamen armis multati, privatis et
10 promiscis copiis iuvere militem.　sed fama constans fuit ipsum
Valentem magna pecunia emptum.　is diu sordidus, repente
dives mutationem fortunae male tegebat, accensis egestate
longa cupidinibus immoderatus et inopi iuventa senex pro-
digus.　lento deinde agmine per finis Allobrogum ac Vocon-
15 tiorum ductus exercitus, ipsa itinerum spatia et stativorum
mutationes venditante duce, foedis pactionibus adversus
possessores agrorum et magistratus civitatum, adeo minaciter
ut Luco (municipium id Vocontiorum est) faces admoverit,
donec pecunia mitigaretur.　quotiens pecuniae materia dees-
20 set, stupris et adulteriis exorabatur.　sic ad Alpis perventum.

67　　　Plus praedae ac sanguinis Caecina hausit. inritave-
rant turbidum ingenium Helvetii, Gallica gens olim armis
virisque, mox memoria nominis clara, de caede Galbae
ignari et Vitellii imperium abnuentes.　initium bello fuit
5 avaritia ac festinatio unaetvicensimae legionis ; rapuerant
pecuniam missam in stipendium castelli quod olim Helvetii
suis militibus ac stipendiis tuebantur.　aegre id passi Helvetii,
interceptis epistulis, quae nomine Germanici exercitus ad
Pannonicas legiones ferebantur, centurionem et quosdam
10 militum in custodia retinebant.　Caecina belli avidus proximam
quamque culpam, antequam paeniteret, ultum ibat : mota

3 ignaris *M*　　7 vetusta *M*　　8 viensium *M*　　9 auribus] |saxuri-
bus *M*　　12 mutatio|tionem *M*　　14 agminine *M*　　vocantiorum
M, in margine conti *addidit M* [1]
　　67. 1 p̄ (*repetita ex* pdae) Caecina hausit *M* : per Caecinam haustum
Meiser, Halm　　2 helveti *M*　　olim *Rhenanus* : solim *M*　　5
unetvicesimae *Pichena*　　6 mis|ssam *M*　　in stipendium *M*[1] : in sti-
pendio *M* : missam stipendio *Van der Vliet*

propere castra, vastati agri, direptus longa pace in modum
municipii extructus locus, amoeno salubrium aquarum usu
frequens ; missi ad Raetica auxilia nuntii ut versos in legionem Helvetios a tergo adgrederentur.   15

 Illi ante discrimen feroces, in periculo pavidi, quam- 68
quam primo tumultu Claudium Severum ducem legerant, non
arma noscere, non ordines sequi, non in unum consulere.
exitiosum adversus veteranos proelium, intûta obsidio dilapsis vetustate moenibus ; hinc Caecina cum valido exercitu, 5
inde Raeticae alae cohortesque et ipsorum Raetorum iuventus, sueta armis et more militiae exercita. undique populatio
et caedes : ipsi mediô vagi, abiectis armis, magna pars
saucii aut palantes, in montem Vocetium perfugere. ac statim
immissa cohorte Thraecum depulsi et consectantibus Ger- 10
manis Raetisque per silvas atque in ipsis latebris trucidati.
multa hominum milia caesa, multa sub corona venundata.
cumque dirutis omnibus Aventicum gentis caput infesto agmine
peteretur, missi qui dederent civitatem, et deditio accepta.
in Iulium Alpinum e principibus ut concitorem belli 15
Caecina animadvertit : ceteros veniae vel saevitiae Vitellii
reliquit.

 Haud facile dictu est, legati Helvetiorum minus 69
placabilem imperatorem an militem invenerint. civitatis excidium poscunt, tela ac manus in ora legatorum intentant. ne

---

14 retica *M*   15 helvitios *M*
 68. 6 reticae *M*   rethorum *M*   7 more Romanae militiae *Ritter* :
Romanae more militiae *Heinsius* : more nostrae militiae *Sirker*   unde-
que *M*   8 in medio *Puteolanus*   10 cohortē *M, corr. M*[1]
thracum *M*   11 rhetisque *M*   13 infesto *Andresen* : in|sto *M* :
iusto *vulgo*   14 dederunt *M*   16 caecinā *M, corr. M*[1]   animā
advertit *M*

 69. 2 *quae sequuntur post* placa *usque ad* incertum c. 75. 10 *desunt
in Mediceo, uno folio iam ante annum* MCCCCLII *deperdito* (*Sabbadini
studi italiani di filologia classica* vol. xi), *lectiones discrepantes sunt codicum
Florentinorum* lxviii. 4, lxviii. 5 (*sigla a, b*) *ex Mediceo descriptorum prius-
quam illud folium periisset. aliorum librorum lectiones signo al. indicavi*
civitatis] novitatis *ab*

Vitellius quidem verbis et minis temperabat, cum Claudius
5 Cossus, unus ex legatis, notae facundiae sed dicendi artem
apta trepidatione occultans atque eo validior, militis animum
mitigavit. ut est mos, vulgus mutabile subitis et tam pronum in
misericordiam quam immodicum saevitia fuerat: effusis lacrimis et meliora constantius postulando impunitatem salutemque
10 civitati impetravere.

70   Caecina paucos in Helvetiis moratus dies dum sententiae Vitellii certior fieret, simul transitum Alpium parans,
laetum ex Italia nuntium accipit alam Silianam circa Padum
agentem sacramento Vitellii accessisse. pro consule Vitel-
5 lium Siliani in Africa habuerant; mox a Nerone, ut in Aegyptum praemitterentur, exciti et ob bellum Vindicis revo-
cati ac tum in Italia manentes, instinctu decurionum, qui
Othonis ignari, Vitellio obstricti robur adventantium legionum
et famam Germanici exercitus attollebant, transiere in partis
10 et ut donum aliquod novo principi firmissima transpadanae
regionis municipia, Mediolanum ac Novariam et Eporediam
et Vercellas, adiunxere. id Caecinae per ipsos compertum.
et quia praesidio alae unius latissima Italiae pars defendi
nequibat, praemissis Gallorum Lusitanorumque et Britanno-
15 rum cohortibus et Germanorum vexillis cum ala Petriana, ipse
paulum cunctatus est num Raeticis iugis in Noricum flecteret
adversus Petronium Vrbicum procuratorem, qui concitis auxiliis et interruptis fluminum pontibus fidus Othoni putabatur.

4 ac *a*   minis ac verbis *al.*   5 cossutianus *b*   e *ab*   7 mox (*det.*,
Agricola) vulgus ut est *W*. *Heraeus qui* et *ante* pronum *delebat*: ut est
vulgus *Weissenborn*: ut est mos vulgo mutabilem (*al.*) ... inmodicus
Freinsheim, Meiser: mox ut est vulgus mutabile subitis, tam proni ...
inmodici fuerant, effusis *Heraeus*   8 misericordia *ab*   saevitiae
Heinsius   10 legati impetravere *Paetzolt*
    70. 3 accepit *b*   Silianam *et v.* 5 Siliani *Bipontini*: silanum *et*
silani *ab*   4 proconsulem *b*   6 acciti (*super* ac *scripsit* ex) *a*:
exactiti *b*: exacciti *b*²: acciti *Van der Vlict, probat Andresen*   pro vocati
a: provocati *b*   9 transire *ab*   10 donum *b*²: domum *ab*   11
Epopediam *ab*   15 ala Petriana *Böcking*: alpe triaria *ab*: ala Petrina
Savilius   16 num *al.*: ut *ab*   rethicis *ab*   17 Vrbicum *Freinsheim*: urbi *ab*

sed metu ne amitteret praemissas iam cohortis alasque, simul
reputans plus gloriae retenta Italia et, ubicumque cer- 20
tatum foret, Noricos in cetera victoriae praemia cessuros,
Poenino itinere subsignanum militem et grave legionum
agmen hibernis adhuc Alpibus transduxit.

Otho interim contra spem omnium non deliciis neque 71
desidia torpescere : dilatae voluptates, dissimulata luxuria
et cuncta ad decorem imperii composita, eoque plus formi-
dinis adferebant falsae virtutes et vitia reditura. Marium
Celsum consulem designatum, per speciem vinculorum sae- 5
vitiae militum subtractum, acciri in Capitolium iubet ; clementiae titulus e viro claro et partibus inviso petebatur. Celsus
constanter servatae erga Galbam fidei crimen confessus,
exemplum ultro imputavit. nec Otho quasi ignosceret sed
deos testis mutuae reconciliationis adhibens, statim inter 10
intimos amicos habuit et mox bello inter duces delegit, man-
sitque Celso velut fataliter etiam pro Othone fides integra
et infelix. laeta primoribus civitatis, celebrata in vulgus
Celsi salus ne militibus quidem ingrata fuit, eandem virtutem
admirantibus cui irascebantur.   15

Par inde exultatio disparibus causis consecuta 72
impetrato Tigellini exitio. Ofonius Tigellinus obscuris
parentibus, foeda pueritia, impudica senecta, praefecturam
vigilum et praetorii et alia praemia virtutum, quia velocius
erat, vitiis adeptus, crudelitatem mox, deinde avaritiam, vi- 5
rilia scelera, exercuit, corrupto ad omne facinus Nerone, quae-

19 simul reputans b^2 : simulare putans *ab*   21 cetera *al.*: certa *ab*
22 pennino *ab*   legionum *seclusit Nipperdey*   23 traduxit *al.*

71. 10 deos testes mutuae reconciliationis *Nipperdey, Heraeus*: ne hostes
metueret (metuere *ed. Spirensis*) conciliationis *ab, nisi quod* moetueret *et*
consiliationis *b* : ne hostem metueret conciliationes *Halm*, consiliatorem
Meiser, vide Andresen studia critica in Hist. i, p. 18   13 primoribus
Rhenanus : pro moribus *a* : promoribus *b*   15 ammirantibus *ab*

72. 2 tigillini *ab et sic deinceps*   Ofonius *Prosop.* iii. 250 : Ophonius
ab : Sophonius *Lipsius*   5 mox crudelitatem *Wölfflin*   deinde *del.*
Novák   et virilia *al.*

dam ignaro ausus, ac postremo eiusdem desertor ac proditor : unde non alium pertinacius ad poenam flagitaverunt,
diverso adfectu, quibus odium Neronis inerat et quibus desi-
10 derium. apud Galbam Titi Vinii potentia defensus, praetexen-
tis servatam ab eo filiam. haud dubie servaverat, non cle-
mentia, quippe tot interfectis, sed effugium in futurum, quia
pessimus quisque diffidentia praesentium mutationem pavens
adversus publicum odium privatam gratiam praeparat : unde
15 nulla innocentiae cura sed vices impunitatis. eo infensior
populus, addita ad vetus Tigellini odium recenti Titi Vinii
invidia, concurrere ex tota urbe in Palatium ac fora et, ubi
plurima vulgi licentia, in circum ac theatra effusi seditiosis
vocibus strepere, donec Tigellinus accepto apud Sinuessanas
20 aquas supremae necessitatis nuntio inter stupra concubinarum
et oscula et deformis moras sectis novacula faucibus infamem
vitam foedavit etiam exitu sero et inhonesto.

73   Per idem tempus expostulata ad supplicium Calvia
Crispinilla variis frustrationibus et adversa dissimulantis
principis fama periculo exempta est. magistra libidinum Neronis, transgressa in Africam ad instigandum in arma Clo-
5 dium Macrum, famem populo Romano haud obscure molita,
totius postea civitatis gratiam obtinuit, consulari matrimonio
subnixa et apud Galbam Othonem Vitellium inlaesa, mox
potens pecunia et orbitate, quae bonis malisque temporibus
iuxta valent.

74   Crebrae interim et muliebribus blandimentis infectae
ab Othone ad Vitellium epistulae offerebant pecuniam et
gratiam et quemcumque *e* quietis locis prodigae vitae legis-

7 ac] at *ab*   8 flagitavere *al.*   10 defensus est *Nipperdey*
11 et haud dubie *al.*   17 ex tota *Heraeus* : e tota *al.* : in palatium
et tota urbe *ab*   18 ac] et *b*   seditionibus *ab, corr. b²*   19
obstrepere *al.*

73. 1 Calvia *Lipsius* : galvia *a* : Gallura *b*   5 et famem *Ritter*
7 innixa *al.*

74. 2 epulae *item* epulas *v.* 13 *ab*   offerebant *Rhenanus* : offerebantur *ab*   3 quaecunque *ab*   e *add. Madvig*   locis *ab*   quemcumque
quietis locum *al. et vulgo*

set. paria Vitellius ostentabat, primo mollius, stulta utrimque et indecora simulatione, mox quasi rixantes stupra ac 5
flagitia in vicem obiectavere, neuter falso. Otho, revocatis
quos Galba miserat legatis, rursus ad utrumque Germanicum exercitum et ad legionem Italicam easque quae
Lugduni agebant copias specie senatus misit. legati apud
Vitellium remansere, promptius quam ut retenti viderentur ; 10
praetoriani, quos per simulationem officii legatis Otho adiunxerat, remissi antequam legionibus miscerentur. addidit
epistulas Fabius Valens nomine Germanici exercitus ad praetorias et urbanas cohortis de viribus partium magnificas et
concordiam offerentis ; increpabat ultro quod tanto ante 15
traditum Vitellio imperium ad Othonem vertissent.

     Ita promissis simul ac minis temptabantur, ut bello **75**
impares, in pace nihil amissuri ; neque ideo praetorianorum
fides mutata. sed insidiatores ab Othone in Germaniam, a
Vitellio in urbem missi. utrisque frustra fuit, Vitellianis in-
pune, per tantam hominum multitudinem mutua ignorantia 5
fallentibus : Othoniani novitate vultus, omnibus in vicem
gnaris, prodebantur. Vitellius litteras ad Titianum fratrem
Othonis composuit, exitium ipsi filioque eius minitans ni
incolumes sibi mater ac liberi servarentur. et stetit domus
utraque, sub Othone incertum an metu : Vitellius victor 10
clementiae gloriam tulit.

     Primus Othoni fiduciam addidit ex Illyrico nuntius **76**
iurasse in eum Dalmatiae ac Pannoniae et Moesiae legiones.
idem ex Hispania adlatum laudatusque per edictum Cluvius
Rufus : set statim cognitum est conversam ad Vitellium
Hispaniam. ne Aquitania quidem, quamquam ab Iulio Cordo 5

5 et] ac *a*   7 rursus alios *al.*   8 quas *ab*   12 addit *b*   15
increpat *b*   tanto *om. a*
    75. 1 tendebatur *a*   2 in] ita *Acidalius*   2 missuri *b²* : admis-
suri *ab*   3 sed et *Heraeus* : est et *Müller*   7 gnaris *Rhenanus* : ignaris *ab*   titianum *det.* : tutianum *ab*   9 incolumis *ab*
10 an metu] *hic redit Mediceus cf.* 69. 2
    76. 4 set *Ritter* : et *M*

in verba Othonis obstricta, diu mansit. nusquam fides aut
amor: metu ac necessitate huc illuc mutabantur. eadem formido provinciam Narbonensem ad Vitellium vertit, facili
transitu ad proximos et validiores. longinquae provinciae
10 et quidquid armorum mari dirimitur penes Othonem manebat, non partium studio, sed erat grande momentum in nomine urbis ac praetexto senatus, et occupaverat animos prior
auditus. Iudaicum exercitum Vespasianus, Syriae legiones
Mucianus sacramento Othonis adegere; simul Aegyptus om-
15 nesque versae in Orientem provinciae nomine eius tenebant-
tur. idem Africae obsequium, initio Carthagine orto neque
expectata Vipstani Aproniani proconsulis auctoritate: Crescens Neronis libertus (nam et hi malis temporibus partem
se rei publicae faciunt) epulum plebi ob laetitiam recentis
20 imperii obtulerat, et populus pleraque sine modo festinavit.
Carthaginem ceterae civitates secutae.

77   Sic distractis exercitibus ac provinciis Vitellio
quidem ad capessendam principatus fortunam bello opus erat,
Otho ut in multa pace munia imperii obibat, quaedam ex
dignitate rei publicae, pleraque contra decus ex praesenti
5 usu properando. consul cum Titiano fratre in kalendas Martias ipse; proximos mensis Verginio destinat ut aliquod
exercitui Germanico delenimentum; iungitur Verginio Pompeius Vopiscus praetexto veteris amicitiae; plerique Viennensium honori datum interpretabantur. ceteri consulatus ex
10 destinatione Neronis aut Galbae mansere, Caelio ac Flavio
Sabinis in Iulias, Arrio Antonino et Mario Celso in Septem-
bris, quorum honoribus ne Vitellius quidem victor intercessit-
sit. sed Otho pontificatus auguratusque honoratis iam senibus

---

10 manebant *dett.*, *Halm*   13 Iudeicum *M*   15 versam *M*   tenebatur *M*   16 *ita distinxit Heraeus*: orto. neque ... auctoritate
Crescens *vulgo*   17 Vipstani *Ryckius*: vipsani *M*
  77. 1 *post* distractis civi! *M, del. M*[1]   10 coelio ac flabio savinis
M   11 Kal. Iulias *Ritter*   Antonino *Lipsius*: antonio *M*   12
honoribus *Haase*: honoris *M*: honori *dett.*

cumulum dignitatis addidit, aut recens ab exilio reversos
nobilis adulescentulos avitis ac paternis sacerdotiis in sola- 15
cium recoluit. redditus Cadio Rufo, Pedio Blaeso, †Saevino
P . . . senatorius locus. repetundarum criminibus sub Claudio
ac Nerone ceciderant : placuit ignoscentibus verso nomine,
quod avaritia fuerat, videri maiestatem, cuius tum odio etiam
bonae leges peribant.   20

     Eadem largitione civitatum quoque ac provinciarum 78
animos adgressus Hispalensibus et Emeritensibus familiarum
adiectiones, Lingonibus universis civitatem Romanam, provinciae Baeticae Maurorum civitates dono dedit ; nova iura
Cappadociae, nova Africae, ostentata magis quam mansura. 5
inter quae necessitate praesentium rerum et instantibus curis
excusata ne tum quidem immemor amorum statuas Poppaeae
per senatus consultum reposuit ; creditus est etiam de cele-
branda Neronis memoria agitavisse spe vulgum adliciendi.
et fuere qui imagines Neronis proponerent : atque etiam 10
Othoni quibusdam diebus populus et miles, tamquam nobilitatem ac decus adstruerent, Neroni Othoni adclamavit. ipse
in suspenso tenuit, vetandi metu vel agnoscendi pudore.

     Conversis ad civile bellum animis externa sine cura 79
habebantur. eo audentius Rhoxolani, Sarmatica gens, priore
hieme caesis duabus cohortibus, magna spe Moesiam
inruperant, ad novem milia equitum, ex ferocia et successu
praedae magis quam pugnae intenta. igitur vagos et incurio- 5
sos tertia legio adiunctis auxiliis repente invasit. apud Romanos omnia proelio apta : Sarmatae dispersi aut cupidine prae-

16 *nomen incertum* Scaevino *det.*, *Hirschfeld* : Scaevinio *Dessau*   17
P . . .] prom-se *M* : promquo *M*[1] *fortasse* : Propinquo *Andresen* : promptius *m. vetere* : Pontio *dett.* : Proculo *Dessau et alii alia*
  78. 2 Hispalensibus *Faernus* : hispaniensibus *M*   3 Lusonibus
vel Illurconibus *Lipsius*   4 va iura *M, corr. M*[1]   5 ostentata
Ernesti : ostentai *M, sed littera* i *incertissima* : ostentui *vulgo*   9
volgus *Ritter, Heraeus*   13 metū . . . pudorē *M*
  79. 2 Rhoxolani *Beroaldus* : rhosolanis *M, poster.* s *del. M*[1]   3
Moesiam inruperant ad *Acidalius* : ad moesiam inruperant *M* : ad *secl.*
Halm   7 sarmata *M*   cupidine praedae aut *Acidalius, Halm*

dae graves onere sarcinarum et lubrico itinerum adempta
equorum pernicitate velut vincti caedebantur. namque mirum
10 dictu ut sit omnis Sarmatarum virtus velut extra ipsos. nihil
ad pedestrem pugnam tam ignavum: ubi per turmas advenere vix ulla acies obstiterit. sed tum umido die et soluto
gelu neque conti neque gladii, quos praelongos utraque
manu regunt, usui, lapsantibus equis et catafractarum pon-
15 dere. id principibus et nobilissimo cuique tegimen, ferreis
lamminis aut praeduro corio consertum, ut adversus ictus
impenetrabile ita impetu hostium provolutis inhabile ad
resurgendum; simul altitudine et mollitia nivis hauriebantur.
Romanus miles facilis lorica et missili pilo aut lanceis adsul-
20 tans, ubi res posceret, levi gladio inermem Sarmatam (neque enim scuto defendi mos est) comminus fodiebat, donec
pauci qui proelio superfuerant paludibus abderentur. ibi
saevitia hiemis aut vulnerum absumpti. postquam id Romae
compertum, M. Aponius Moesiam obtinens triumphali statua,
25 Fulvus Aurelius et Iulianus Tettius ac Numisius Lupus,
legati legionum, consularibus ornamentis donantur, laeto
Othone et gloriam in se trahente, tamquam et ipse felix bello
et suis ducibus suisque exercitibus rem publicam auxisset.

80   Parvo interim initio, unde nihil timebatur, orta
seditio prope urbi excidio fuit. septimam decimam cohortem
e colonia Ostiensi in urbem acciri Otho iusserat; armandae
eius cura Vario Crispino tribuno e praetorianis data. is quo
5 magis vacuus quietis castris iussa exequeretur, vehicula
cohortis incipiente nocte onerari aperto armamentario iubet.
tempus in suspicionem, causa in crimen, adfectatio quietis
in tumultum evaluit, et visa inter temulentos arma cupidinem
sui movere. fremit miles et tribunos centurionesque pro-

11 ignavom *M*   17 impetrabile *M*, ne *superscr. M²*   23 hiemis aut
Schneider: hic m̄ia *M*.: hiemis et *Nipperdey*: hiemis ac *Döderlein*   25
Fulvus *Borghesi*: fulvius *M*   Tettius *Ritter*: et titius *M*
  80. 1 inte|rim interim *M*   3 coloniā *M*   7 spicionem *M* su
superscr. M²   9 centurionesque *M¹*: et centurionesque *M*

ditionis arguit, tamquam familiae senatorum ad perniciem 10
Othonis armarentur, pars ignari et vino graves, pessimus
quisque in occasionem praedarum, vulgus, ut mos est,
cuiuscumque motus novi cupidum; et obsequia meliorum nox
abstulerat. resistentem seditioni tribunum et severissimos
centurionum obtruncant; rapta arma, nudati gladii; insidentes 15
equis urbem ac Palatium petunt.

Erat Othoni celebre convivium primoribus feminis 81
virisque; qui trepidi, fortuitusne militum furor an dolus
imperatoris, manere ac deprehendi an fugere et dispergi
periculosius foret, modo constantiam simulare, modo formidine detegi, simul Othonis vultum intueri; utque evenit in- 5
clinatis ad suspicionem mentibus, cum timeret Otho, timebatur.
sed haud secus discrimine senatus quam suo territus et
praefectos praetorii ad mitigandas militum iras statim miserat
et abire propere omnis e convivio iussit. tum vero passim
magistratus proiectis insignibus, vitata comitum et servorum 10
frequentia, senes feminaeque per tenebras diversa urbis
itinera, rari domos, plurimi amicorum tecta et ut cuique
humillimus cliens, incertas latebras petivere.

Militum impetus ne foribus quidem Palatii coercitus 82
quo minus convivium inrumperent, ostendi sibi Othonem
expostulantes, vulnerato Iulio Martiale tribuno et Vitellio
Saturnino praefecto legionis, dum ruentibus obsistunt. undique arma et minae, modo in centuriones tribunosque, modo 5
in senatum universum, lymphatis caeco pavore animis, et
quia neminem unum destinare irae poterant, licentiam in
omnis poscentibus, donec Otho contra decus imperii toro
insistens precibus et lacrimis aegre cohibuit, redieruntque
in castra inviti neque innocentes. postera die velut capta 10
urbe clausae domus, rarus per vias populus, maesta plebs;
deiecti in terram militum vultus ac plus tristitiae quam

---

13 cupidum M^1: cupidus M 14 seditionē M
  81. 6 adspicionem M 11 frequentias M, *corr.* M^1

paenitentiae.　manipulatim adlocuti sunt Licinius Proculus et
Plotius Firmus praefecti, ex suo quisque ingenio mitius aut
15 horridius.　finis sermonis in eo ut quina milia nummum
singulis militibus numerarentur : tum Otho ingredi castra
ausus.　atque illum tribuni centurionesque circumsistunt,
abiectis militiae insignibus otium et salutem flagitantes.　sensit invidiam miles et compositus in obsequium auctores
20 seditionis ad supplicium ultro postulabat.

83　　　　　Otho, quamquam turbidis rebus et diversis militum
animis, cum optimus quisque remedium praesentis licentiae
posceret, vulgus et plures seditionibus et ambitioso imperio
laeti per turbas et raptus facilius ad civile bellum impelle-
5 rentur, simul reputans non posse principatum scelere quaesitum subita modestia et prisca gravitate retineri, sed
discrimine urbis et periculo senatus anxius, postremo ita
disseruit : 'neque ut adfectus vestros in amorem mei accen-
derem, commilitones, neque ut animum ad virtutem cohor-
10 tarer (utraque enim egregie supersunt), sed veni postulatu-
rus a vobis temperamentum vestrae fortitudinis et erga me
modum caritatis.　tumultus proximi initium non cupiditate
vel odio, quae multos exercitus in discordiam egere, ac ne
detrectatione quidem aut formidine periculorum : nimia pietas
15 vestra acrius quam considerate excitavit ; nam saepe honestas rerum causas, ni iudicium adhibeas, perniciosi exitus
consequuntur.　imus ad bellum.　num omnis nuntios palam audiri, omnia consilia cunctis praesentibus tractari ratio rerum
aut occasionum velocitas patitur ?　tam nescire quaedam mi-
20 lites quam scire oportet : ita se ducum auctoritas, sic rigor
disciplinae habet, ut multa etiam centuriones tribunosque

---

82. 13 Proculus *Rhenanus* : et procu|lus *M*　　　20 postulavat *M* :
postulavit *Weissenborn*

83. 12 cupidite *M* : cupidine *Agricola*　　13 egre *M*　　14 *ita*
distinxit Acidalius : *sine distinctione priores* : ortum *post* periculorum *vel* a
ante cupiditate *excidisse putabat Ernesti*　　15 considerate *Walther* :
considerat *M* : consideratius *dett.*

tantum iuberi expediat. si cur iubeantur quaerere singulis
liceat, pereunte obsequio etiam imperium intercidit. an et
illic nocte intempesta rapientur arma? unus alterve perditus
ac temulentus (neque enim pluris consternatione proxima 25
insanisse crediderim) centurionis ac tribuni sanguine manus
imbuet, imperatoris sui tentorium inrumpet?'

    'Vos quidem istud pro me : sed in discursu ac te- 84
nebris et rerum omnium confusione patefieri occasio etiam
adversus me potest. si Vitellio et satellitibus eius eligendi
facultas detur, quem nobis animum, quas mentis imprecen-
tur, quid aliud quam seditionem et discordiam optabunt? 5
ne miles centurioni, ne centurio tribuno obsequatur, ut con-
fusi pedites equitesque in exitium ruamus. parendo potius,
commilitones, quam imperia ducum sciscitando res militares
continentur, et fortissimus in ipso discrimine exercitus est
qui ante discrimen quietissimus. vobis arma et animus sit : 10
mihi consilium et virtutis vestrae regimen relinquite. paucorum culpa fuit, duorum poena erit : ceteri abolete memoriam foedissimae noctis. nec illas adversus senatum voces
ullus usquam exercitus audiat. caput imperii et decora
omnium provinciarum ad poenam vocare non hercule illi, 15
quos cum maxime Vitellius in nos ciet, Germani audeant.
ulline Italiae alumni et Romana vere iuventus ad sanguinem
et caedem depoposcerit ordinem, cuius splendore et gloria
sordis et obscuritatem Vitellianarum partium praestringimus?
nationes aliquas occupavit Vitellius, imaginem quandam 20
exercitus habet, senatus nobiscum est : sic fit ut hinc res
publica, inde hostes rei publicae constiterint. quid? vos

22 si cur *Ryckius utpote* si quur *codicis Agricolae secutus* : sic ubi *M* :
si ubi *det.*, *Nipperdey* : sicubi *al.*, *Ritter*   iuve|antur *M*   si singulis
Ritter   23 intercidet *Heinsius*   26 tribuni *M¹*: tribunis *M*
   84. 4 quem] quae *M*   6 nec centurio *M*   ut *M¹* : |ut *M, litteris
evanidis* : hinc *vulgo*   10 est *vel* sunt *coni. Gudeman*   13
senatum *M¹* : senatus *M*   18 depoposcerint *I. Gronovius, Halm*
19 praestringimus *I. F. Gronovius* : perstringimus *M*   22 inde]
in *M*

pulcherrimam hanc urbem domibus et tectis et congestu
lapidum stare creditis? muta ista et inanima intercidere ac
25 reparari promisca sunt: aeternitas rerum et pax gentium et
mea cum vestra salus incolumitate senatus firmatur. hunc
auspicato a parente et conditore urbis nostrae institutum et
a regibus usque ad principes continuum et immortalem, sicut
a maioribus accepimus, sic posteris tradamus; nam ut ex
30 vobis senatores, ita ex senatoribus principes nascuntur.'

85   Et oratio ad perstringendos mulcendosque militum
animos et severitatis modus (neque enim in pluris quam
in duos animadverti iusserat) grate accepta compositique ad
praesens qui coerceri non poterant. non tamen quies urbi
5 redierat: strepitus telorum et facies belli, [et] militibus ut
nihil in commune turbantibus, ita sparsis per domos occulto
habitu, et maligna cura in omnis, quos nobilitas aut opes
aut aliqua insignis claritudo rumoribus obiecerat: Vitellianos
quoque milites venisse in urbem ad studia partium noscenda
10 plerique credebant: unde plena omnia suspicionum et vix
secreta domuum sine formidine. sed plurimum trepidationis
in publico, ut quemque nuntium fama attulisset, animum
vultumque conversis, ne diffidere dubiis ac parum gaudere
prosperis viderentur. coacto vero in curiam senatu arduus
15 rerum omnium modus, ne contumax silentium, ne suspecta
libertas; et privato Othoni nuper atque eadem dicenti nota
adulatio. igitur versare sententias et huc atque illuc tor-
quere, hostem et parricidam Vitellium vocantes, providen-

24 multa *M*   inanima *Lipsius*: inania *M*   25 promiscue possunt
dett.   26 incolumi|te *M*   27 conditores *M*   28 sicut a maioribus]
sicamatoribus *M*   30 exenatoribus *M*

85. 1 oratioperodperstringendos *M*: oratio apta ad perstringendos
Meiser, Halm: o. accommodata ad perstringendos *Ritter*: o. prona *vel*
prompta *Gudeman*   4 urbi *Rhenanus*: urbis *M*   5 belli
Döderlein: belli et *M*   7 et *del. Classen, Spengel*   8 aliquas
M   12 ut] vim *M*   13 conversi *Rhenanus*   ac] aut *Ursinus*
14 senatū *M, corr. M*[1]   arduum *M*   16 dicenti *Lipsius*:
dicen|di *M*

tissimus quisque vulgaribus conviciis, quidam vera probra
iacere, in clamore tamen et ubi plurimae voces, aut tumultu 20
verborum sibi ipsi obstrepentes.

Prodigia insuper terrebant diversis auctoribus vul- 86
gata: in vestibulo Capitolii omissas habenas bigae, cui Victoria institerat, erupisse cella Iunonis maiorem humana speciem, statuam divi Iulii in insula Tiberini amnis sereno et
immoto die ab occidente in orientem conversam, prolocutum 5
in Etruria bovem, insolitos animalium partus, et plura alia
rudibus saeculis etiam in pace observata, quae nunc tantum
in metu audiuntur. sed praecipuus et cum praesenti exitio
etiam futuri pavor subita inundatione Tiberis, qui immenso
auctu proruto ponte sublicio ac strage obstantis molis refu- 10
sus, non modo iacentia et plana urbis loca, sed secura eius
modi casuum implevit: rapti e publico plerique, plures in
tabernis et cubilibus intercepti. fames in vulgus inopia quaestus et penuria alimentorum. corrupta stagnantibus aquis
insularum fundamenta, dein remeante flumine dilapsa. utque 15
primum vacuus a periculo animus fuit, id ipsum quod paranti
expeditionem Othoni campus Martius et via Flaminia iter
belli esset obstructum, a fortuitis vel naturalibus causis in
prodigium et omen imminentium cladium vertebatur.

Otho lustrata urbe et expensis bello consiliis, quando 87
Poeninae Cottiaeque Alpes et ceteri Galliarum aditus Vitellianis exercitibus claudebantur, Narbonensem Galliam adgredi statuit classe valida et partibus fida, quod reliquos
caesorum ad pontem Mulvium et saevitia Galbae in custodia 5

86. 1 terrebat *M, corr. M*[1]   2 vigae *M*   3 specie   6
insolitas *M, corr. in textu et in margine M*[1]   10 proruto *I. F. Gronovius*:
prorupto *M*   11 adiacentia *Ritter*   13 et] ex *M*   in vulgus]
quae sequuntur 'inopia quaestus' *usque ad* 'Cyprum' ii. 2. 7 *desunt in
Mediceo, vide ad cap.* 69. 1   15 utque *b*[2]: utqui *ab*   16 quod] quidem
ab: quidem quod *b*[2]   17 campus Martius et via Flaminia *secl. Ritter*
  87. 1 et *om. b*   belli *Rhenanus*   2 poeninae *det.*: penninae
ab   cottiaeque *Rhenanus*: coctiaeque *ab*: Cottianaeque *Ritter*   5
caesorum *b*[2]: caesarum *ab*   Mulvium *Bekker*: milvium *a*: milinum *b*
custodia *b*[2]: custodiam *ab*

habitos in numeros legionis composuerat, facta et ceteris
spe honoratae in posterum militiae. addidit classi urbanas
cohortis et plerosque e praetorianis, viris et robur exercitus atque ipsis ducibus consilium et custodes. summa expe-
10 ditionis Antonio Novello, Suedio Clementi primipilaribus,
Aemilio Pacensi, cui ademptum a Galba tribunatum reddiderat, permissa. curam navium Moschus libertus retinebat
ad observandam honestiorum fidem immutatus. peditum
equitumque copiis Suetonius Paulinus, Marius Celsus, Annius
15 Gallus rectores destinati, sed plurima fides Licinio Proculo
praetorii praefecto. is urbanae militiae impiger, bellorum
insolens, auctoritatem Paulini, vigorem Celsi, maturitatem
Galli, ut cuique erat, criminando, quod facillimum factu est,
pravus et callidus bonos et modestos anteibat.

88   Sepositus per eos dies Cornelius Dolabella in coloniam Aquinatem, neque arta custodia neque obscura, nullum
ob crimen, sed vetusto nomine et propinquitate Galbae mon-
stratus. multos e magistratibus, magnam consularium partem
5 Otho non participes aut ministros bello, sed comitum specie
secum expedire iubet, in quis et Lucium Vitellium, eodem
quo ceteros cultu, nec ut imperatoris fratrem nec ut hostis.
igitur motae urbis curae; nullus ordo metu aut periculo vacuus. primores senatus aetate invalidi et longa pace desides,
10 segnis et oblita bellorum nobilitas, ignarus militiae eques,
quanto magis occultare et abdere pavorem nitebantur, manifestius pavidi. nec deerant e contrario qui ambitione sto-
lida conspicua arma, insignis equos, quidam luxuriosos
apparatus conviviorum et inritamenta libidinum ut instrumen-

7 spe *I. F. Gronovius*: spes *ab*   honoratioris *det.*, *vulgo*   8 et
robur *Lipsius*: ut robur *ab*   10 suelio *ab*   11 emulio *ab, in b*
i *superscripsit nescio quis*   12 Moschus *Orelli*: oschus *ab*   13
immutatus *secl. Muretus*: invitatus *vel* imitatus *al., cf.* immutabile *b pro*
imitabile V. 5 : impositus *Ernesti et alii alia*
    88. 2 aquinatem *b²*: equitantem *ab*   6 se secum *Ritter*   expediri
Faernus   et *b²*: ut *ab*   8 mota urbis cura *al.*   9 invalida *ab*,
Müller   10 bellorum *b in margine*, om. *a*   14 instrumenta *al.*

tum belli mercarentur. sapientibus quietis et rei publicae 15
cura; levissimus quisque et futuri improvidus spe vana tu-
mens; multi adflicta fide in pace anxii, turbatis rebus alacres et per incerta tutissimi.

Sed vulgus et magnitudine nimia communium cura- 89
rum expers populus sentire paulatim belli mala, conversa
in militum usum omni pecunia, intentis alimentorum pretiis,
quae motu Vindicis haud perinde plebem attriverant, secura
tum urbe et provinciali bello, quod inter legiones Galliasque 5
velut externum fuit. nam ex quo divus Augustus res Caesarum composuit, procul et in unius sollicitudinem aut decus
populus Romanus bellaverat; sub Tiberio et Gaio tantum pacis
adversa *ad* rem publicam pertinuere; Scriboniani contra Claudium incepta simul audita et coercita; Nero nuntiis magis et 10
rumoribus quam armis depulsus: tum legiones classesque et,
quod raro alias, praetorianus urbanusque miles in aciem de-
ducti, Oriens Occidensque et quicquid utrimque virium est a
tergo, si ducibus aliis bellatum foret, longo bello materia. fuere
qui proficiscenti Othoni moras religionemque nondum condito- 15
rum ancilium adferrent: aspernatus est omnem cunctationem
ut Neroni quoque exitiosam; et Caecina iam Alpes transgressus extimulabat.

Pridie idus Martias commendata patribus re publica 90
reliquias Neronianarum sectionum nondum in fiscum conversas revocatis ab exilio concessit, iustissimum donum et in
speciem magnificum, sed festinata iam pridem exactione usu

---

17 multis afflicta fides *ab*   anxii *Nolte* : ac si *ab* : ac *al.* : usi *Meiser* :
lapsi *Ritter*
   89. 1 magn. imperii nimia *Heraeus*   2 expers reipublicae
populus *Andresen*   3 usus *det.*   4 proinde ab^2 : provide *fortasse b*
5 et] a *al.*   7 in *om. ab, add.* b^1 9 ad rem publicam pertinuere *Halm* :
r. p. pertinuere *ab* : rei p. pertimuere *al.* : in rem publicam pertinuere
Oberlin : pertimuere (*sine* r. p.) *Lipsius*   10 incepta b^2 : inepta *ab*
16 ancilium] ancilium scutum vel arma caelestia *ab, glossam punctis
notavit* b^2 17 transgressurus *Unger*
   90. 4 iam pridem *om. al.* : pridie *b, corr.* b^2

5 sterile. mox vocata contione maiestatem urbis et consensum
populi ac senatus pro se attollens, adversum Vitellianas partis
modeste disseruit, inscitiam potius legionum quam audaciam
increpans, nulla Vitellii mentione, sive ipsius ea moderatio,
seu scriptor orationis sibi metuens contumeliis in Vitellium
10 abstinuit, quando, ut in consiliis militiae Suetonio Paulino
et Mario Celso, ita in rebus urbanis Galeri Trachali ingenio
Othonem uti credebatur; et erant qui genus ipsum orandi
noscerent, crebro fori usu celebre et ad implendas populi
auris latum et sonans. clamor vocesque vulgi ex more
15 adulandi nimiae et falsae : quasi dictatorem Caesarem aut
imperatorem Augustum prosequerentur, ita studiis votisque
certabant, nec metu aut amore, sed ex libidine servitii : ut
in familiis, privata cuique stimulatio, et vile iam decus publicum. profectus Otho quietem urbis curasque imperii Salvio
20 Titiano fratri permisit.

5 sterile *Lipsius* : sterili *ab*   12 Othonem *suspicabatur Acidalius*
13 et *om. ab*   17 *ita distinxit ed. Spirensis* : servitii, ut *vulgo* :   amore ;
sed *Nipperdey*   18 simulatio *ab*   20 Tatiano *b*

CORNELII TACITI

HISTORIARVM

LIBER II

STRVEBAT iam fortuna in diversa parte terrarum initia 1
causasque imperio, quod varia sorte laetum rei publicae aut
atrox, ipsis principibus prosperum vel exitio fuit. Titus Vespasianus, e Iudaea incolumi adhuc Galba missus a patre, causam profectionis officium erga principem et maturam peten- 5
dis honoribus iuventam ferebat, sed vulgus fingendi avidum
disperserat accitum in adoptionem. materia sermonibus senium et orbitas principis et intemperantia civitatis, donec
unus eligatur, multos destinandi. augebat famam ipsius Titi
ingenium quantaecumque fortunae capax, decor oris cum 10
quadam maiestate, prosperae Vespasiani res, praesaga responsa, et inclinatis ad credendum animis loco ominum etiam
fortuita. ubi Corinthi, Achaiae urbe, certos nuntios accepit
de interitu Galbae et aderant qui arma Vitellii bellumque
adfirmarent, anxius animo paucis amicorum adhibitis cuncta 15
utrimque perlustrat : si pergeret in urbem, nullam officii gratiam in alterius honorem suscepti, ac se Vitellio sive Othoni
obsidem fore : sin rediret, offensam haud dubiam victoris,
set incerta adhuc victoria et concedente in partis patre

I. 2 varia sorte *Lipsius* : varie ortum *ab*   3 vel] aut *al.*   4
e] a *b*   10 decor oris *Rhenanus* : decoris *ab* : decus oris *Ritter*   11
prospere *b*   Vespasiani res *om. al.*   prospere praesaga *tentabat*
Rhenanus, probante Bach : praesagia, responsa *I. F. Gronovius*   12
omnium *ab*   13 fortuita *Grotius* : fortuna *dett.*   Achaiae urbe *secl.*
Jacob   15 animi *Heinsius*   19 set *Rhenanus* : et *dett.*   incertam
adhuc victoris *ab* (incertum *b²*) : incertam adhuc victoriam *al.*

20 filium excusatum. sin Vespasianus rem publicam susciperet,
obliviscendum offensarum de bello agitantibus.

2   His ac talibus inter spem metumque iactatum spes
vicit. fuerunt qui accensum desiderio Berenices reginae ver-
tisse iter crederent; neque abhorrebat a Berenice iuvenilis
animus, sed gerendis rebus nullum ex eo impedimentum.
5 laetam voluptatibus adulescentiam egit, suo quam patris imperio moderatior. igitur oram Achaiae et Asiae ac laeva
maris praevectus, Rhodum et Cyprum insulas, inde Syriam
audentioribus spatiis petebat. atque illum cupido incessit
adeundi visendique templum Paphiae Veneris, inclitum per
10 indigenas advenasque. haud fuerit longum initia religionis,
templi ritum, formam deae (neque enim alibi sic habetur)
paucis disserere.

3   Conditorem templi regem Aeriam vetus memoria, quidam ipsius deae nomen id perhibent. fama recentior tradit
a Cinyra sacratum templum deamque ipsam conceptam mari
huc adpulsam; sed scientiam artemque haruspicum accitam
5 et Cilicem Tamiram intulisse, atque ita pactum ut familiae
utriusque posteri caerimoniis praesiderent. mox, ne honore
nullo regium genus peregrinam stirpem antecelleret, ipsa
quam intulerant scientia hospites cessere: tantum Cinyrades
sacerdos consulitur. hostiae, ut quisque vovit, sed mares
10 deliguntur: certissima fides haedorum fibris. sanguinem arae
obfundere vetitum: precibus et igne puro altaria adolentur,
nec ullis imbribus quamquam in aperto madescunt. simulacrum deae non effigie humana, continuus orbis latiore initio
tenuem in ambitum metae modo exurgens, set ratio in obscuro.

2. 1 et metumque *a*   2 fuere *al.*   Berenices *et v.* 3 Berenice
Lipsius: beronices . . . beronice *dett.*   6 modestior *al.*   7 insulas] *hic
redit Mediceus*   11 ritum *Dureau de Lamalle*: situm *M*
3. 1 Aeriam *Rhenanus*: verian; *M*: Aerian *I. Gronovius*   4
aruspicum *M*   5 et Cilicem *Rhenanus*: et cili|cen *M*: e Cilicia
Puteolanus   7 ipsa *M*[1]: ipsam *M*   8 intulerant *det.*: intulerat
M   14 ambitu meta| *M*   set *Wurm*: et *M*

Titus spectata opulentia donisque regum quaeque alia 4
laetum antiquitatibus Graecorum genus incertae vetustati
adfingit, de navigatione primum consuluit. postquam pandi
viam et mare prosperum accepit, de se per ambages interrogat caesis compluribus hostiis. Sostratus (sacerdotis id 5
nomen erat) ubi laeta et congruentia exta magnisque con-
sultis adnuere deam videt, pauca in praesens et solita re-
spondens, petito secreto futura aperit. Titus aucto animo ad
patrem pervectus suspensis provinciarum et exercituum
mentibus ingens rerum fiducia accessit.   10

Profligaverat bellum Iudaicum Vespasianus, obpugna-
tione Hierosolymorum reliqua, duro magis et arduo opere
ob ingenium montis et pervicaciam superstitionis quam quo
satis virium obsessis ad tolerandas necessitates superesset.
tres, ut supra memoravimus, ipsi Vespasiano legiones erant, 15
exercitae bello : quattuor Mucianus obtinebat in pace, sed
aemulatio et proximi exercitus gloria depulerat segnitiam,
quantumque illis roboris discrimina et labor, tantum his
vigoris addiderat integra quies et inexperti belli † labor.
auxilia utrique cohortium alarumque et classes regesque ac 20
nomen dispari fama celebre.

Vespasianus acer militiae anteire agmen, locum 5
castris capere, noctu diuque consilio ac, si res posceret,
manu hostibus obniti, cibo fortuito, veste habituque vix a
gregario milite discrepans; prorsus, si avaritia abesset, antiquis ducibus par. Mucianum e contrario magnificentia et opes 5
et cuncta privatum modum supergressa extollebant; aptior
sermone, dispositu provisuque civilium rerum peritus : egregium principatus temperamentum, si demptis utriusque vitiis

4. 3 consulit *Halm errore ut videtur*   4 peram|bales *M*   5 sacer-
dotis *et in margine* tis *M*[1] : sacerdotib *quippe* sacerdotibus *scripturus fuerat*
M : sacerdoti *Heinsius*   11 Iudei cum *M*   16 obti|bat *M*   19
inexpertum bellum *Nipperdey*   labor *M* : ardor *Rhenanus* : amor *Orelli* :
pudor *Novák* : dolor *Meiser* : rubor *Andresen* : casus *W. Heraeus*

solae virtutes miscerentur. ceterum hic Syriae, ille Iudaeae
10 praepositus, vicinis provinciarum administrationibus invidia
discordes, exitu demum Neronis positis odiis in medium
consuluere, primum per amicos, dein praecipua concordiae
fides Titus prava certamina communi utilitate aboleverat,
natura atque arte compositus adliciendis etiam Muciani
15 moribus. tribuni centurionesque et vulgus militum industria
licentia, per virtutes per voluptates, ut cuique ingenium,
adsciscebantur.

6   Antequam Titus adventaret sacramentum Othonis
acceperat uterque exercitus, praecipitibus, ut adsolet, nuntiis et tarda mole civilis belli, quod longa concordia quietus
Oriens tunc primum parabat. namque olim validissima inter
5 se civium arma in Italia Galliave viribus Occidentis coepta;
et Pompeio, Cassio, Bruto, Antonio, quos omnis trans mare
secutum est civile bellum, haud prosperi exitus fuerant;
auditique saepius in Syria Iudaeaque Caesares quam inspecti.
nulla seditio legionum, tantum adversus Parthos minae,
10 vario eventu; et proximo civili bello turbatis aliis inconcussa
ibi pax, dein fides erga Galbam. mox, ut Othonem ac Vitellium scelestis armis res Romanas raptum ire vulgatum est,
ne penes ceteros imperii praemia, penes ipsos tantum servitii
necessitas esset, fremere miles et viris suas circumspicere.
15 septem legiones statim et cum ingentibus auxiliis Syria
Iudaeaque; inde continua Aegyptus duaeque legiones, hinc
Cappadocia Pontusque et quicquid castrorum Armeniis prae-
tenditur. Asia et ceterae provinciae nec virorum inopes et
pecunia opulentae. quantum insularum mari cingitur, et
20 parando interim bello secundum tutumque ipsum mare.

7   Non fallebat duces impetus militum, sed bellantibus

5. 11 exitu M^1 : exitum M 14 mociani
6. 2 precipitibus ab : precibus| M : pernicibus *Jacob*   4 validissima
M^1 : validissimam M 7 secutos st M, *corr.* M^1 8 aditique M
19 pecunia *Ritter*: pecuniae M, *Meiser*   et *secl. Acidalius, Halm*
20 bello M^1 : belli M

aliis placuit expectari. bello civili victores victosque numquam solida fide coalescere, nec referre Vitellium an Othonem superstitem fortuna faceret. rebus secundis etiam egre-
gios duces insolescere: discordia militis ignavia luxurie 5
et suismet vitiis alterum bello, alterum victoria periturum.
igitur arma in occasionem distulere, Vespasianus Mucianusque nuper, ceteri olim mixtis consiliis; optimus quisque
amore rei publicae, multos dulcedo praedarum stimulabat,
alios ambiguae domi res: ita boni malique causis diversis, 10
studio pari, bellum omnes cupiebant.

  Sub idem tempus Achaia atque Asia falso exterritae 8
velut Nero adventaret, vario super exitu eius rumore eoque
pluribus vivere eum fingentibus credentibusque. ceterorum
casus conatusque in contextu operis dicemus: tunc servus e
Ponto sive, ut alii tradidere, libertinus ex Italia, citharae et 5
cantus peritus, unde illi super similitudinem oris propior ad
fallendum fides, adiunctis desertoribus, quos inopia vagos
ingentibus promissis corruperat, mare ingreditur; ac vi tempestatum Cythnum insulam detrusus et militum quosdam ex
Oriente commeantium adscivit vel abnuentis interfici iussit, 10
et spoliatis negotiatoribus mancipiorum valentissimum quemque armavit. centurionemque Sisennam dextras, concordiae
insignia, Syriaci exercitus nomine ad praetorianos ferentem
variis artibus adgressus est, donec Sisenna clam relicta insula trepidus et vim metuens aufugeret. inde late terror: 15
multi ad celebritatem nominis erecti rerum novarum cupidine
et odio praesentium. gliscentem in dies famam fors discussit.

<hr/>

  7. 2 bello civili *Heinisch*: bellū (bellu *secundum quosdam*) cū In *M,
est locus evanidus*: belli exitum *Pichena*: bellum ruere in *Meiser*: belli
initium *Purser*: bellum. Victores enim victosque *Valmaggi* 3
solida M^1: solidam *M* 5 discordia militis ignavia luxurie *Madvig*:
discordiam his ignaviam luxurię (*fortasse* luxurie) *M, est locus evanidus*:
discordiam his ignaviam luxuriem; *vulgo*
  8. 6 pronior *Heinsius*: promptior *Freinsheim*   15 afugeret *M*
16 multis *dett.*   celebri|tem *M* erecti *Weissenborn*: erectis *M*

9   Galatiam ac Pamphyliam provincias Calpurnio Asprenati regendas Galba permiserat. datae e classe Misenensi
duae triremes ad prosequendum, cum quibus Cythnum insulam tenuit : nec defuere qui trierarchos nomine Neronis ac-
5 cirent. is in maestitiam compositus et fidem suorum quondam militum invocans, ut eum in Syria aut Aegypto siste-
rent orabat. trierarchi, nutantes seu dolo, adloquendos sibi
milites et paratis omnium animis reversuros firmaverunt. sed
Asprenati cuncta ex fide nuntiata, cuius cohortatione expu-
10 gnata navis et interfectus quisquis ille erat. corpus, insigne
oculis comaque et torvitate vultus, in Asiam atque inde Romam pervectum est.

10   In civitate discordi et ob crebras principum mutationes inter libertatem ac licentiam incerta parvae quoque
res magnis motibus agebantur. Vibius Crispus, pecunia potentia ingenio inter claros magis quam inter bonos, Annium
5 Faustum equestris ordinis, qui temporibus Neronis delationes factitaverat, ad cognitionem senatus vocabat ; nam recens Galbae principatu censuerant patres, ut accusatorum
causae noscerentur. id senatus consultum varie iactatum et,
prout potens vel inops reus inciderat, infirmum aut validum,
10 retinebat adhuc *aliquid* terroris. et propria vi Crispus incubuerat
delatorem fratris sui pervertere, traxeratque magnam senatus partem, ut indefensum et inauditum dedi ad exitium postularent. contra apud alios nihil aeque reo proderat quam
nimia potentia accusatoris : dari tempus, edi crimina, quam-

9. 1 galitiam *M*   2 permiserat *M*¹ : premiserat *M*   misensi *M*,
corr. *M*²   3 Cythnum *Frobenius* : scithinum *M*   4 trierchos *M*,
corr. *M*²   6 syria *M*¹ : syriam *M*   7 trierarchis (ar *in rasura*
*M*¹) *M* : trierarchi seu *Ernesti*   9 asprenati *M*¹ : asprenatis *M*   10
quisq; *M*   caput *Wurm, Halm*
  10. 1 ob] hoc *M*   5 delationem *Halm, errore ut videtur*   6
cognationem *M*   vocabat *ex* vacabat *partim corr. M*¹   recenti *Nip-
perdey*   7 Galbae principatu *secl. Ritter*   10 adhuc *ab* : adhunc|
M   aliquid *suppl. Jacob*   terrore *ab* : terrores *Madvig* : terrorem
I. F. Gronovius : retinebatur adhuc terrori *Acidalius, Heraeus, Halm* :
retinebatur. At tunc terrore *Nipperdey*   et] set *Halm*

vis invisum ac nocentem more tamen audiendum censebant. 15
et valuere primo dilataque in paucos dies cognitio: mox
damnatus est Faustus, nequaquam eo adsensu civitatis quem
pessimis moribus meruerat : quippe ipsum Crispum easdem
accusationes cum praemio exercuisse meminerant, nec poena
criminis sed ultor displicebat.   20

    Laeta interim Othoni principia belli, motis ad impe- 11
rium eius e Dalmatia Pannoniaque exercitibus. fuere quattuor legiones, e quibus bina milia praemissa ; ipsae modicis
intervallis sequebantur, septima a Galba conscripta, vetera-
nae undecima ac tertia decima et praecipui fama quartade- 5
cumani, rebellione Britanniae compressa. addiderat gloriam
Nero eligendo ut potissimos, unde longa illis erga Neronem
fides et erecta in Othonem studia. sed quo plus virium ac
roboris e fiducia tarditas inerat. agmen legionum alae cohortesque praeveniebant ; et ex ipsa urbe haud spernenda 10
manus, quinque praetoriae cohortes et equitum vexilla cum
legione prima, ac deforme insuper auxilium, duo milia gladiatorum, sed per civilia arma etiam severis ducibus usurpa-
tum. his copiis rector additus Annius Gallus, cum Vestricio
Spurinna ad occupandas Padi ripas praemissus, quoniam 15
prima consiliorum frustra ceciderant, transgresso iam Alpis
Caecina, quem sisti intra Gallias posse speraverat. ipsum
Othonem comitabantur speculatorum lecta corpora cum ceteris praetoriis cohortibus, veterani e praetorio, classicorum
ingens numerus. nec illi segne aut corruptum luxu iter, sed 20
lorica ferrea usus est et ante signa pedes ire, horridus, in-
comptus famaeque dissimilis.

    Blandiebatur coeptis fortuna, possessa per mare et 12
navis maiore Italiae parte penitus usque ad initium mariti-

18 ipsum *secl. Prammer*
    11. 9 roburis *M*   cohortisque *M, corr. M¹*   11 quitum *M*, e
superscr. M²   18 robora *Walter*   21 est *om. dett.*   et *del.*
Nipperdey   pedes ire *Madvig* : pedestre *M* : pedester *dett., Nipperdey*
    12. 2 naves *Rhenanus* : naves et *M*   maiore orae *Madvig*   parte
M¹ : partes *M*

marum Alpium, quibus temptandis adgrediendaeque provinciae Narbonensi Suedium Clementem, Antonium Novellum,
5 Aemilium Pacensem duces dederat. sed Pacensis per licentiam militum vinctus, Antonio Novello nulla auctoritas : Suedius Clemens ambitioso imperio regebat, ut adversus modestiam disciplinae corruptus, ita proeliorum avidus. non
Italia adiri nec loca sedesque patriae videbantur : tamquam
10 externa litora et urbes hostium urere, vastare, rapere eo
atrocius quod nihil usquam provisum adversum metus. pleni
agri, apertae domus ; occursantes domini iuxta coniuges et
liberos securitate pacis et belli malo circumveniebantur.
maritimas tum Alpis tenebat procurator Marius Maturus. is
15 concita gente (nec deest iuventus) arcere provinciae finibus
Othonianos intendit : sed primo impetu caesi disiectique
montani, ut quibus temere collectis, non castra, non ducem
noscitantibus, neque in victoria decus esset neque in fuga
flagitium.

13   Inritatus eo proelio Othonis miles vertit iras in municipium Albintimilium. quippe in acie nihil praedae, inopes
agrestes et vilia arma ; nec capi poterant, pernix genus et
gnari locorum : sed calamitatibus insontium expleta avaritia.
5 auxit invidiam praeclaro exemplo femina Ligus, quae filio
abdito, cum simul pecuniam occultari milites credidissent
eoque per cruciatus interrogarent ubi filium occuleret, uterum
ostendens latere respondit, nec ullis deinde terroribus aut
morte constantiam vocis egregiae mutavit.

14   Imminere provinciae Narbonensi, in verba Vitellii

4 narbonensis *M*   6 victus *M*, n *superscr. M*[1]   7 immodestiam
Döderlein   8 corruptius *M*   13 et *del. Acidalius, Müller*
14 Marti mastum *M*   16 caedis *M, corr. in textu et in margine M*[1]
17 Montani *Detlefsen coll. Plin. N.H.* iii. 135
    13. 2 Albintimilium *Puteolanus* : albiniti milium *M*[1] : albiniti militum
M   3 agrastes *M, corr. M*[2]   poterat *M, corr. M*[1]   5
ausit *M*   8 |latere *M* : hic latere *amicus Ryckii* : ibi latere *Ernesti*
9 egregie *M*

adactae, classem Othonis trepidi nuntii Fabio Valenti attu-
lere ; aderant legati coloniarum auxilium orantes. duas Tungrorum cohortis, quattuor equitum turmas, universam Trevirorum alam cum Iulio Classico praefecto misit, e quibus 5
pars in colonia Foroiuliensi retenta, ne omnibus copiis in
terrestre iter versis vacuo mari classis adceleraret. duodecim equitum turmae et lecti e cohortibus adversus hostem
iere, quibus adiuncta Ligurum cohors, vetus loci auxilium,
et quingenti Pannonii, nondum sub signis. nec mora proe- 10
lio : sed acies ita instructa ut pars classicorum mixtis paganis in collis mari propinquos exurgeret, quantum inter
collis ac litus aequi loci praetorianus miles expleret, in ipso
mari ut adnexa classis et pugnae parata conversa et minaci
fronte praetenderetur : Vitelliani, quibus minor peditum vis, 15
in equite robur, Alpinos proximis iugis, cohortis densis ordinibus post equitem locant. Trevirorum turmae obtulere se
hosti incaute, cum exciperet contra veteranus miles, simul a
latere saxis urgeret apta ad iaciendum etiam paganorum
manus, qui sparsi inter milites, strenui ignavique, in victo- 20
ria idem audebant. additus perculsis terror invecta in terga
pugnantium classe : ita undique clausi, deletaeque omnes copiae forent ni victorem exercitum attinuisset obscurum noctis, obtentui fugientibus.

    Nec Vitelliani quamquam victi quievere : accitis au- 15
xiliis securum hostem ac successu rerum socordius agentem
invadunt. caesi vigiles, perrupta castra, trepidatum apud
navis, donec sidente paulatim metu, occupato iuxta colle
defensi, mox inrupere. atrox ibi caedes, et Tungrarum co- 5

14. 1 audactā e *M*   4 universa mire virorum *M*   10 quingentis *M*
11 sed] et *Thoma* : est *Halm*   *post* sed *addidit* ab Othonianis *Nipperdey*
acies *Ruperti* : acie *M, Nipperdey, Halm*   paginis *M*   13 praetorianus et urbanus *Nipperdey, coll.* 1, 87   17 quietem *M*   23
victore| *M*   24 obtenui *M*
   15. 4 sidentem| *M*   5 mox *secl. Novák*   Tungricarum *Ritter* :
Tungrorum *Spengel*

hortium praefecti sustentata diu acie telis obruuntur. ne Othonianis quidem incruenta victoria fuit, quorum improvide secutos conversi equites circumvenerunt. ac velut pactis in-
dutiis, ne hinc classis inde eques subitam formidinem infer-
10 rent, Vitelliani retro Antipolim Narbonensis Galliae municipium, Othoniani Albingaunum interioris Liguriae revertere.

16   Corsicam ac Sardiniam ceterasque proximi maris
insulas fama victricis classis in partibus Othonis tenuit. sed
Corsicam prope adflixit Decumi Pacarii procuratoris temeritas, tanta mole belli nihil in summam profutura, ipsi exitiosa.
5 namque Othonis odio iuvare Vitellium Corsorum viribus statuit, inani auxilio etiam si provenisset. vocatis principibus
insulae consilium aperit, et contra dicere ausos, Claudium
Pyrrichum trierarchum Liburnicarum ibi navium, Quintium
Certum equitem Romanum, interfici iubet: quorum morte ex-
10 territi qui aderant, simul ignara et alieni metus socia impe-
ritorum turba in verba Vitellii iuravere. sed ubi dilectum
agere Pacarius et inconditos homines fatigare militiae mune-
ribus occepit, laborem insolitum perosi infirmitatem suam
reputabant. insulam esse quam incolerent, et longe Germa-
15 niam virisque legionum; direptos vastatosque classe etiam
quos cohortes alaeque protegerent. et aversi repente animi,
nec tamen aperta vi: aptum tempus insidiis legere. digres-
sis qui Pacarium frequentabant, nudus et auxilii inops balineis interficitur; trucidati et comites. capita ut hostium ipsi
20 interfectores ad Othonem tulere; neque eos aut Otho praemio adfecit aut puniit Vitellius, in multa conluvie rerum maioribus flagitiis permixtos.

9 ne M^1: nec M 11 albingaunum *dett.* : albigaunum M
   16. 4 summam *Rhenanus*: summa M profectura *Freinsheim*   5
iuravere M, *vide infra v.* 11   8 Pyrrichum *W. Heraeus*: phyrricum
M: Pyrrhicum *vulgo*   10 ignava *Sirker*   imperatorum M 12
picariūs M, *notam del.* M^1 17 vis *Prammer*   vi actum : tempus
Novák   18 picarium M in balineis *Heinsius*

Aperuerat iam Italiam bellumque transmiserat, ut 17
supra memoravimus, ala Siliana, nullo apud quemquam Othonis favore, nec quia Vitellium mallent, sed longa pax ad omne
servitium fregerat facilis occupantibus et melioribus incuriosos. florentissimum Italiae latus, quantum inter Padum 5
Alpisque camporum et urbium, armis Vitellii (namque et
praemissae a Caecina cohortes advenerant) tenebatur. capta
Pannoniorum cohors apud Cremonam ; intercepti centum equites ac mille classici inter Placentiam Ticinumque. quo successu Vitellianus miles non iam flumine aut ripis arcebatur ; 10
inritabat quin etiam Batavos transrhenanosque Padus ipse,
quem repente contra Placentiam transgressi raptis quibusdam exploratoribus ita ceteros terruere ut adesse omnem
Caecinae exercitum trepidi ac falsi nuntiarent.

Certum erat Spurinnae (is enim Placentiam optine- 18
bat) necdum venisse Caecinam et, si propinquaret, coercere
intra munimenta militem nec tris praetorias cohortis et mille
vexillarios cum paucis equitibus veterano exercitui obicere :
sed indomitus miles et belli ignarus correptis signis vexillis- 5
que ruere et retinenti duci tela intentare, spretis centurionibus tribunisque : quin prodi Othonem et accitum Caecinam
clamitabant. fit temeritatis alienae comes Spurinna, primo
coactus, mox velle simulans, quo plus auctoritatis inesset
consiliis si seditio mitesceret.   10

Postquam in conspectu Padus et nox adpetebat val- 19
lari castra placuit. is labor urbano militi insolitus contundit
animos. tum vetustissimus quisque castigare credulitatem
suam, metum ac discrimen ostendere si cum exercitu Cae-

17. 1 Italiam *Rhenanus* : Italia| *M*   bellum·que *M* : bellum quod
dett., Halm   4 meliorum *Groslotius*
18. 2 nondum *Novák*   6 intentare ; spretis c. tribunisque prodi *distinxit*
Spengel   7 tribunisque *Muretus* : tribunisque providentiam ducis laudari
M, vide c. 19. 7 quin *Agricola* : qui *M* : *del. Spengel*   prodi *Bekker* : pro *M*
19. 1 postquam| *M* : postquam non iam *Meiser*   in] e *Heraeus*
Padus] hostis *Classen*   2 contudit *dett.*

5 cina patentibus campis tam paucas cohortis circumfudisset.
iamque totis castris modesti sermones, et inserentibus se
centurionibus tribunisque laudari providentia ducis quod coloniam virium et opum validam robur ac sedem bello legisset. ipse postremo Spurinna, non tam culpam exprobrans
10 quam rationem ostendens, relictis exploratoribus ceteros Placentiam reduxit minus turbidos et imperia accipientis. soli-
dati muri, propugnacula addita, auctae turres, provisa para-
taque non arma modo sed obsequium et parendi amor, quod
solum illis partibus defuit, cum virtutis haud paeniteret.

20   At Caecina, velut relicta post Alpis saevitia ac licentia, modesto agmine per Italiam incessit. ornatum ipsius
municipia et coloniae in superbiam trahebant, quod versicolori sagulo, bracas [barbarum tecgmen] indutus togatos adlo-
5 queretur. uxorem quoque eius Saloninam, quamquam in nullius iniuriam insignis equo ostroque veheretur, tamquam laesi
gravabantur, insita mortalibus natura recentem aliorum feli-
citatem acribus oculis introspicere modumque fortunae a
nullis magis exigere quam quos in aequo viderunt. Caecina
10 Padum transgressus, temptata Othonianorum fide per conloquium et promissa, isdem petitus, postquam pax et concordia speciosis et inritis nominibus iactata sunt, consilia curasque in obpugnationem Placentiae magno terrore vertit, gnarus ut initia belli provenissent famam in cetera fore.

21   Sed primus dies impetu magis quam veterani exercitus artibus transactus : aperti incautique muros subiere,
cibo vinoque praegraves. in eo certamine pulcherrimum am-

7 providentia *I. F. Gronovius* : providentiam *M* : laudare providentiam
al.   10 rationem *Nipperdey* : ratione *M*   ostendens *M*[1] : extendens
M   12 propugnacula *M*[1] : propugnaculi *M*
   20. 3 versicolori *M*[1] : versicoloris *M*   4 barbarum tecgmen *secl.*
Ritter : b. tegimen *Walther*   5 quoque *in margine M*[1] : au *h.e.*
autem *M* : uxoremque *Haase, Halm*   quod quamquam *Classen,*
Halm   6 insigni *Puteolanus*   8 agribus *M*   9 inequos
M   Caecina *M*[1] : Caecinam *M*   10 padum *M*[1] : padus *M*   14
fama *M*
   21. 3 civos *M*, s *del. M*[1]

phitheatri opus, situm extra muros, conflagravit, sive ab obpugnatoribus incensum, dum faces et glandis et missilem 5
ignem in obsessos iaculantur, sive ab obsessis, dum rege-
runt. municipale vulgus, pronum ad suspiciones, fraude in-
lata ignis alimenta credidit a quibusdam ex vicinis coloniis
invidia et aemulatione, quod nulla in Italia moles tam capax
foret. quocumque casu accidit, dum atrociora metuebantur, 10
in levi habitum, reddita securitate, tamquam nihil gravius pati
potuissent, maerebant. ceterum multo suorum cruore pulsus
Caecina, et nox parandis operibus absumpta. Vitelliani plu-
teos cratisque et vineas subfodiendis muris protegendisque
obpugnatoribus, Othoniani sudis et immensas lapidum ac 15
plumbi aerisque molis perfringendis obruendisque hostibus
expediunt. utrimque pudor, utrimque gloria et diversae exhortationes hinc legionum et Germanici exercitus robur, inde
urbanae militiae et praetoriarum cohortium decus attollentium ;
illi ut segnem et desidem et circo ac theatris corruptum mi- 20
litem, hi peregrinum et externum increpabant. simul Othonem ac Vitellium celebrantes culpantesve uberioribus inter
se probris quam laudibus stimulabantur.

Vixdum orto die plena propugnatoribus moenia, ful- 22
gentes armis virisque campi : densum legionum agmen, sparsa
auxiliorum manus altiora murorum sagittis aut saxis incessere, neglecta aut aevo fluxa comminus adgredi. ingerunt
desuper Othoniani pila librato magis et certo ictu adversus 5
temere subeuntis cohortis Germanorum, cantu truci et more
patrio nudis corporibus super umeros scuta quatientium. legionarius pluteis et cratibus tectus subruit muros, instruit ag-

gerem, molitur portas : contra praetoriani dispositos ad id
10 ipsum molaris ingenti pondere ac fragore provolvunt. pars
subeuntium obruti, pars confixi et exangues aut laceri : cum
augeret stragem trepidatio eoque acrius e moenibus vulne-
rarentur, rediere infracta partium fama. et Caecina pudore
coeptae temere obpugnationis, ne inrisus ac vanus isdem
15 castris adsideret, traiecto rursus Pado Cremonam petere intendit. tradidere sese abeunti Turullius Cerialis cum compluribus classicis et Iulius Briganticus cum paucis equitum, hic praefectus alae in Batavis genitus, ille primipila-
ris et Caecinae haud alienus, quod ordines in Germania
20 duxerat.

23   Spurinna comperto itinere hostium defensam Placentiam, quaeque acta et quid Caecina pararet, Annium Gallum per litteras docet. Gallus legionem primam in auxilium
Placentiae ducebat, diffisus paucitati cohortium, ne longius
5 obsidium et vim Germanici exercitus parum tolerarent. ubi
pulsum Caecinam pergere Cremonam accepit, aegre coercitam legionem et pugnandi ardore usque ad seditionem
progressam Bedriaci sistit. inter Veronam Cremonamque
situs est vicus, duabus iam Romanis cladibus notus infau-
10 stusque.

Isdem diebus a Martio Macro haud procul Cremona prospere pugnatum ; namque promptus animi Martius transve-
ctos navibus gladiatores in adversam Padi ripam repente effudit. turbata ibi Vitellianorum auxilia, et ceteris Cremo-
15 nam fugientibus caesi qui restiterant : sed repressus vincen-
tium impetus ne novis subsidiis firmati hostes fortunam
proelii mutarent. suspectum id Othonianis fuit, omnia ducum

9 praetorianis *M*   13 redire *M*   caecina fama pudore *M*, fama
del. M[1]   14 coepta et emere *M*   inritus *W. Heraeus*   17
breganticus *M*

23. 4 paucitati *M*[1] : paucitate *M*   6 pulsu *M*   9 infastusque
M   11 Martio *Dessau* : marcio *M item* marcius *v*. 12   12 promptius
M   15 resisterat *M* : resisterant *M*[1]   sed reprehen|sis *M*   17 fuit
suspicatur Novák   ducum *Freinsheim* : quo|cum *M*

facta prave aestimantibus. certatim, ut quisque animo ignavus, procax ore, Annium Gallum et Suetonium Paulinum et
Marium Celsum—nam eos quoque Otho praefecerat—variis 20
criminibus incessebant. acerrima seditionum ac discordiae
incitamenta, interfectores Galbae scelere et metu vaecordes
miscere cuncta, modo palam turbidis vocibus, modo occultis ad Othonem litteris ; qui humillimo cuique credulus, bonos metuens trepidabat, rebus prosperis incertus et inter 25
adversa melior. igitur Titianum fratrem accitum bello praeposuit.

Interea Paulini et Celsi ductu res egregie gestae. 24
angebant Caecinam nequiquam omnia coepta et senescens
exercitus sui fama. pulsus Placentia, caesis nuper auxiliis,
etiam per concursum exploratorum, crebra magis quam digna
memoratu proelia, inferior, propinquante Fabio Valente, ne 5
omne belli decus illuc concederet, reciperare gloriam avidius quam consultius properabat. ad duodecimum a Cremona (locus Castorum vocatur) ferocissimos auxiliarium im-
minentibus viae lucis occultos componit : equites procedere
longius iussi et inritato proelio sponte refugi festinationem 10
sequentium elicere, donec insidiae coorerentur. proditum id
Othonianis ducibus, et curam peditum Paulinus, equitum Celsus sumpsere. tertiae decimae legionis vexillum, quattuor
auxiliorum cohortes et quingenti equites in sinistro locantur ;
aggerem viae tres praetoriae cohortes altis ordinibus obti- 15
nuere ; dextra fronte prima legio incessit cum duabus auxiliaribus cohortibus et quingentis equitibus : super hos ex prae-

20 nam eos quoque] nam hos quoque *Müller*: aliosque quos *Meiser*:
namque eos Otho *Wölfflin* : nam eos copiis *Urlichs* : nam . . . praefecerat
secl. Ritter   21 incessebant *Agricola*: Incesserant *M*   22 incitamenta interfectores Galbae : scelere *distinguunt alii*
24. 1 Celsi] consilii *M*   egregiae *M*   8 Castorum *Alciatus* :
castrorum *M*¹ : castrarum *ut videtur M* : castorum *Herr*   auxiliarium
*M*¹ : auxiliarios *M*   10 iussi *Rhenanus* : iussit *M*   festinatione *M*
11 coorerentur] coorirentur *Rhenanus* : coercerentur *M*   16 in-
gessit *M*   auxiliaribus *Mercerus* : vexillaribus *M*   17 quingentis
*M*¹ : quingentibus *M*   ex *Bach* : et *M* : e *dett.*

torio auxiliisque mille equites, cumulus prosperis aut subsidium laborantibus, ducebantur.

25   Antequam miscerentur acies, terga vertentibus Vitellianis, Celsus doli prudens repressit suos : Vitelliani temere exurgentes cedente sensim Celso longius secuti ultro in insidias praecipitantur ; nam a lateribus cohortes, le-
5 gionum adversa frons, et subito discursu terga cinxe-
rant equites. signum pugnae non statim a Suetonio Paulino
pediti datum : cunctator natura et cui cauta potius consilia
cum ratione quam prospera ex casu placerent, compleri fossas, aperiri campum, pandi aciem iubebat, satis cito incipi
10 victoriam ratus ubi provisum foret ne vincerentur. ea cunctatione spatium Vitellianis datum in vineas nexu traducum
impeditas refugiendi ; et modica silva adhaerebat, unde rursus ausi promptissimos praetorianorum equitum interfecere. vulneratur rex Epiphanes, impigre pro Othone pu-
15 gnam ciens.

26   Tum Othonianus pedes erupit ; protrita hostium acie
versi in fugam etiam qui subveniebant ; nam Caecina non simul cohortis sed singulas acciverat, quae res in proelio tre-
pidationem auxit, cum dispersos nec usquam validos pavor
5 fugientium abriperet. orta et in castris seditio quod non
universi ducerentur : vinctus praefectus castrorum Iulius Gratus, tamquam fratri apud Othonem militanti proditionem ageret, cum fratrem eius, Iulium Frontonem tribunum, Othoniani sub eodem crimine vinxissent. ceterum ea ubique for-
10 mido fuit apud fugientis occursantis, in acie pro vallo, ut
deleri cum universo exercitu Caecinam potuisse, ni Suetonius Paulinus receptui cecinisset, utrisque in partibus per-
crebruerit. timuisse se Paulinus ferebat tantum insuper la-

25. 3 cedunt·|e *M*   5 cinxerat *M*   eques *Ritter, Halm*   8
cum ratione *secl. Novák*
     26. 11 deleri cum *M*[1] : delericum *M*   12 percrebruerit *Beroaldus* :
percrebruit *M*

boris atque itineris, ne Vitellianus miles recens e castris
fessos adgrederetur et perculsis nullum retro subsidium fo- 15
ret. apud paucos ea ducis ratio probata, in vulgus adverso
rumore fuit.

Haud proinde id damnum Vitellianos in metum com- 27
pulit quam ad modestiam composuit: nec solum apud Caecinam, qui culpam in militem conferebat seditioni magis
quam proelio paratum: Fabii quoque Valentis copiae (iam
enim Ticinum venerat) posito hostium contemptu et recipe- 5
randi decoris cupidine reverentius et aequalius duci parebant. gravis alioquin seditio exarserat, quam altiore initio
(neque enim rerum a Caecina gestarum ordinem interrumpi
oportuerat) repetam. cohortes Batavorum, quas bello Neronis a quarta decima legione digressas, cum Britanniam 10
peterent, audito Vitellii motu in civitate Lingonum Fabio Valenti adiunctas rettulimus, superbe agebant, ut cuiusque legionis tentoria accessissent, coercitos a se quartadecimanos,
ablatam Neroni Italiam atque omnem belli fortunam in ipsorum manu sitam iactantes. contumeliosum id militibus, acer- 15
bum duci; corrupta iurgiis aut rixis disciplina; ad postremum
Valens e petulantia etiam perfidiam suspectabat.

Igitur nuntio adlato pulsam Trevirorum alam Tun- 28
grosque a classe Othonis et Narbonensem Galliam circumiri, simul cura socios tuendi et militari astu cohortis tur-
bidas ac, si una forent, praevalidas dispergendi, partem Batavorum ire in subsidium iubet. quod ubi auditum vulgatum- 5
que, maerere socii, fremere legiones. orbari se fortissimorum virorum auxilio; veteres illos et tot bellorum victores,
postquam in conspectu sit hostis, velut ex acie abduci. si

15 periculo|sis *M*
27. 1 perinde *dett.*   6 aequalius *M*[1]: aequalis *M*   7 alioqui
Ritter   12 cuius *M*   13 tentoria| tentoria *M*   15 acerbum
duci corrupta *omissa interpunctione ed. Spirensis, Meiser*   16 aut] ac
Nipperdey
28. 1 ire virorum *M*

provincia urbe et salute imperii potior sit, omnes illuc se-
10 querentur; sin victoriae [sanitas sustentaculum] columen
in Italia verteretur, non abrumpendos ut corpori validissi-
mos artus.

29 Haec ferociter iactando, postquam immissis lictoribus Valens coercere seditionem coeptabat, ipsum invadunt,
saxa iaciunt, fugientem sequuntur. spolia Galliarum et Viennensium aurum, pretia laborum suorum, occultare clami-
5 tantes, direptis sarcinis tabernacula ducis ipsamque humum
pilis et lanceis rimabantur; nam Valens servili veste apud
decurionem equitum tegebatur. tum Alfenus Varus praefectus castrorum, deflagrante paulatim seditione, addit consilium, vetitis obire vigilias centurionibus, omisso tubae
10 sono, quo miles ad belli munia cietur. igitur torpere cuncti,
circumspectare inter se attoniti et id ipsum quod nemo regeret paventes; silentio, patientia, postremo precibus ac
lacrimis veniam quaerebant. ut vero deformis et flens et
praeter spem incolumis Valens processit, gaudium misera-
15 tio favor: versi in laetitiam, ut est vulgus utroque immodicum, laudantes gratantesque circumdatum aquilis signisque
in tribunal ferunt. ille utili moderatione non supplicium cuiusquam poposcit, ac ne dissimulans suspectior foret, paucos incusavit, gnarus civilibus bellis plus militibus quam du-
20 cibus licere.

30 Munientibus castra apud Ticinum de adversa Caecinae pugna adlatum, et prope renovata seditio tamquam
fraude et cunctationibus Valentis proelio defuissent: nolle
requiem, non expectare ducem, anteire signa, urgere signi-
5 feros; rapido agmine Caecinae iunguntur. improspera Valentis fama apud exercitum Caecinae erat: expositos se tanto

---

10 sanitas sustentaculum *uncis inclusit Nipperdey, glossam apud Lucta-*
tium Placidum repperit Meiser   11 ut] suo *Heinsius*
   29. 4 pretia *Classen*: et praetia *M*   occultari *Halm*   5 taber-
naculum *Nipperdey*   7 alfenius *M*   9 circuire *M¹ in margine, fortasse*
rectius

74

pauciores integris hostium viribus querebantur, simul in
suam excusationem et adventantium robur per adulationem
attollentes, ne ut victi et ignavi despectarentur. et quamquam plus virium, prope duplicatus legionum auxiliorumque 10
numerus erat Valenti, studia tamen militum in Caecinam in-
clinabant, super benignitatem animi, qua promptior habebatur, etiam vigore aetatis, proceritate corporis et quodam
inani favore. hinc aemulatio ducibus : Caecina ut foedum
ac maculosum, ille ut tumidum ac vanum inridebant. sed 15
condito odio eandem utilitatem fovere, crebris epistulis sine
respectu veniae probra Othoni obiectantes, cum duces partium Othonis quamvis uberrima conviciorum in Vitellium
materia abstinerent.

   Sane ante utriusque exitum, quo egregiam Otho 31
famam, Vitellius flagitiosissimam meruere, minus Vitellii
ignavae voluptates quam Othonis flagrantissimae libidines
timebantur : addiderat huic terrorem atque odium caedes Galbae, contra illi initium belli nemo imputabat. Vitellius ven- 5
tre et gula sibi inhonestus, Otho luxu saevitia audacia rei
publicae exitiosior ducebatur.

   Coniunctis Caecinae ac Valentis copiis nulla ultra penes
Vitellianos mora quin totis viribus certarent : Otho consultavit trahi bellum an fortunam experiri placeret.   10

   Tunc Suetonius Paulinus dignum fama sua ratus, 32
qua nemo illa tempestate militaris rei callidior habebatur, de
toto genere belli censere, festinationem hostibus, moram
ipsis utilem disseruit : exercitum Vitellii universum advenisse, nec multum virium a tergo, quoniam Galliae tumeant 5
et deserere Rheni ripam inrupturis tam infestis nationibus
non conducat ; Britannicum militem hoste et mari distineri :

30. 8 et *del. Novák*   12 habebatur M^1 : habebantur M
31. 3 ignave volupta|tis M, voluptates M^1 fraglantissime M
6 inhonestus *Victorius* : inhostus M, *cf. A.* xv. 25   10 trai M
32. 2 qua] quia *det.*, *Andresen*   7 destineri M

Hispanias armis non ita redundare; provinciam Narbonensem
incursu classis et adverso proelio contremuisse; clausam Al-
10 pibus et nullo maris subsidio transpadanam Italiam atque
ipso transitu exercitus vastam; non frumentum usquam exercitui, nec exercitum sine copiis retineri posse: iam Germanos, quod genus militum apud hostis atrocissimum sit, tracto
in aestatem bello, fluxis corporibus, mutationem soli caeli-
15 que haud toleraturos. multa bella impetu valida per taedia et
moras evanuisse. contra ipsis omnia opulenta et fida, Pannoniam Moesiam Dalmatiam Orientem cum integris exercitibus, Italiam et caput rerum urbem senatumque et populum,
numquam obscura nomina, etiam si aliquando obumbrentur;
20 publicas privatasque opes et immensam pecuniam, inter civilis discordias ferro validiorem; corpora militum aut Italiae
sueta aut aestibus; obiacere flumen Padum, tutas viris muris-
que urbis, e quibus nullam hosti cessuram Placentiae defensione exploratum: proinde duceret bellum. paucis diebus
25 quartam decimam legionem, magna ipsam fama, cum Moesicis copiis adfore: tum rursus deliberaturum et, si proelium
placuisset, auctis viribus certaturos.

33   Accedebat sententiae Paulini Marius Celsus; idem
placere Annio Gallo, paucos ante dies lapsu equi adflicto,
missi qui consilium eius sciscitarentur rettulerant. Otho pronus ad decertandum; frater eius Titianus et praefectus prae-
5 torii Proculus, imperitia properantes, fortunam et deos et
numen Othonis adesse consiliis, adfore conatibus testabantur, neu quis obviam ire sententiae auderet, in adulationem
concesserant. postquam pugnari placitum, interesse pugnae
imperatorem an seponi melius foret dubitavere. Paulino et
10 Celso iam non adversantibus, ne principem obiectare peri-

11 vastatam al.   17 delmatiam hic M   19 si om. M   23
censuram M   defensione M¹ : defensionem M   25 magnam ipsam
famam M   cum om. M   moesaicis M : Moesiacis al. : Moesicis cum
Ritter
     33. 1 celsum M, corr. M¹   7 neu] ne Müller   audiret M

culis viderentur idem illi deterioris consilii auctores perpulere ut Brixellum concederet ac dubiis proeliorum exemptus
summae rerum et imperii se ipsum reservaret. is primus
dies Othonianas partis adflixit; namque et cum ipso praetoriarum cohortium et speculatorum equitumque valida ma- 15
nus discessit, et remanentium fractus animus, quando
suspecti duces et Otho, cui uni apud militem fides, dum et
ipse non nisi militibus credit, imperia ducum in incerto
reliquerat.

Nihil eorum Vitellianos fallebat, crebris, ut in civili 34
bello, transfugiis; et exploratores cura diversa sciscitandi
sua non occultabant. quieti intentique Caecina ac Valens,
quando hostis imprudentia rueret, quod loco sapientiae est,
alienam stultitiam opperiebantur, inchoato ponte transitum 5
Padi simulantes adversus obpositam gladiatorum manum, ac
ne ipsorum miles segne otium tereret. naves pari inter se
spatio, validis utrimque trabibus conexae, adversum in flumen dirigebantur, iactis super ancoris quae firmitatem pontis continerent, sed ancorarum funes non extenti fluitabant, 10
ut augescente flumine inoffensus ordo navium attolleretur.
claudebat pontem imposita turris et in extremam navem
educta, unde tormentis ac machinis hostes propulsarentur.
Othoniani in ripa turrim struxerant saxaque et faces iaculabantur.   15

Et erat insula amne medio, in quam gladiatores na- 35
vibus molientes, Germani nando praelabebantur. ac forte
pluris transgressos completis Liburnicis per promptissimos
gladiatorum Macer adgreditur: sed neque ea constantia gladiatoribus ad proelia quae militibus, nec proinde nutantes e 5

13 summam *M*   imperiis *M, corr. M*[1]   17 suspectu *M*   et ut
otho *M*   18 in *om. M*
    34. 3 qui et *M*   5 aliena *M*   9 insuper *dett.*, *Gerber* an-
choris *M*   firmitate *M*   10 achorarum *M*   extenti *M*[1]: extensi
M   fluvitabant *M*
    35. 2 prelabebantur *M*: perlabebantur *Halm*   5 perinde *dett.*

navibus quam stabili gradu e ripa vulnera derigebant. et cum
variis trepidantium inclinationibus mixti remiges propugna-
toresque turbarentur, desilire in vada ultro Germani, retentare puppis, scandere foros aut comminus mergere: quae
10 cuncta in oculis utriusque exercitus quanto laetiora Vitellianis, tanto acrius Othoniani causam auctoremque cladis de-
testabantur.

36   Et proelium quidem, abruptis quae supererant navibus, fuga diremptum: Macer ad exitium poscebatur, iam·
que vulneratum eminus lancea strictis gladiis invaserant,
cum intercursu tribunorum centurionumque protegitur. nec
5 multo post Vestricius Spurinna iussu Othonis, relicto Placentiae modico praesidio, cum cohortibus subvenit. dein Flavium Sabinum consulem designatum Otho rectorem copiis
misit, quibus Macer praefuerat, laeto milite ad mutationem
ducum et ducibus ob crebras seditiones tam infestam mili-
10 tiam aspernantibus.

37   Invenio apud quosdam auctores pavore belli seu
fastidio utriusque principis, quorum flagitia ac dedecus aper-
tiore in dies fama noscebantur, dubitasse exercitus num posito certamine vel ipsi in medium consultarent, vel senatui
5 permitterent legere imperatorem, atque eo duces Othonianos spatium ac moras suasisse, praecipua spe Paulini, quod
vetustissimus consularium et militia clarus gloriam nomenque Britannicis expeditionibus meruisset. ego ut concesserim apud paucos tacito voto quietem pro discordia, bonum
10 et innocentem principem pro pessimis ac flagitiosissimis ex-
petitum, ita neque Paulinum, qua prudentia fuit, sperasse

6 stabiles *Nipperdey*   tum *M*
  36. 1 arruptis *M* : abreptis *I. F. Gronovius*   2 ad *om. M in fine
versus*   8 milite et ad *M* : et milite ad *Döderlein* : milite et mitigato
ad *Sirker*   9 infesta *M*
  37. 6 praecipua spe *Bipontini* : praecipuas *M*   7 consularium *b*² :
consiliarium *M*   et militia clarus *secl. Nipperdey, coll.* iii. 44   gloriam|
gloriam *M*   8 concesserim *M*¹ : concesserit *M*

corruptissimo saeculo tantam vulgi moderationem reor ut
qui pacem belli amore turbaverant, bellum pacis caritate de-
ponerent, neque aut exercitus linguis moribusque dissonos in
hunc consensum potuisse coalescere, aut legatos ac duces 15
magna ex parte luxus egestatis scelerum sibi conscios nisi
pollutum obstrictumque meritis suis principem passuros.

Vetus ac iam pridem insita mortalibus potentiae 38
cupido cum imperii magnitudine adolevit erupitque; nam rebus modicis aequalitas facile habebatur. sed ubi subacto
orbe et aemulis urbibus regibusve excisis securas opes con-
cupiscere vacuum fuit, prima inter patres plebemque certa- 5
mina exarsere. modo turbulenti tribuni, modo consules prae-
validi, et in urbe ac foro temptamenta civilium bellorum;
mox e plebe infima C. Marius et nobilium saevissimus L.
Sulla victam armis libertatem in dominationem verterunt.
post quos Cn. Pompeius occultior non melior, et numquam 10
postea nisi de principatu quaesitum. non discessere ab armis in Pharsalia ac Philippis civium legiones, nedum Othonis ac Vitellii exercitus sponte posituri bellum fuerint: eadem
illos deum ira, eadem hominum rabies, eaedem scelerum
causae in discordiam egere. quod singulis velut ictibus 15
transacta sunt bella, ignavia principum factum est. sed me
veterum novorumque morum reputatio longius tulit: nunc ad
rerum ordinem venio.

Profecto Brixellum Othone honor imperii penes Ti- 39
tianum fratrem, vis ac potestas penes Proculum praefectum;
Celsus et Paulinus, cum prudentia eorum nemo uteretur,
inani nomine ducum alienae culpae praetendebantur; tribuni
centurionesque ambigui quod spretis melioribus deterrimi 5
valebant; miles alacer, qui tamen iussa ducum interpretari

38. 4 excissis *Lahmeyer*   5 partes *M, corr. M*[1]   8 g. marius
M : G. *M*[1] *in margine*   10 quo gn. *M*   14 eadem] eodem *M*
eaedem] caedem *M*   18 venio *M*[1] : veniunt *M* : redeo *Heraeus,
Halm*
39. 2 fratrem *M*[1] *in margine* : fratrum *M*

quam exequi mallet. promoveri ad quartum a Bedriaco castra placuit, adeo imperite ut quamquam verno tempore
anni et tot circum amnibus penuria aquae fatigarentur. ibi
10 de proelio dubitatum, Othone per litteras flagitante ut matu-
rarent, militibus ut imperator pugnae adesset poscentibus :
plerique copias trans Padum agentis acciri postulabant. nec
proinde diiudicari potest quid optimum factu fuerit, quam
pessimum fuisse quod factum est.

40   Non ut ad pugnam sed ad bellandum profecti con-
fluentis Padi et Ardae fluminum, sedecim inde milium spatio distantis, petebant. Celso et Paulino abnuentibus militem
itinere fessum, sarcinis gravem obicere hosti, non omissuro
5 quo minus expeditus et vix quattuor milia passuum progressus aut incompositos in agmine aut dispersos et vallum molientis adgrederetur, Titianus et Proculus, ubi consiliis vincerentur, ad ius imperii transibant. aderat sane citus equo
Numida cum atrocibus mandatis, quibus Otho increpita du-
10 cum segnitia rem in discrimen mitti iubebat, aeger mora et
spei impatiens.

41   Eodem die ad Caecinam operi pontis intentum duo
praetoriarum cohortium tribuni, conloquium eius postulan-
tes, venerunt : audire condiciones ac reddere parabat, cum
praecipites exploratores adesse hostem nuntiavere. interru-
5 ptus tribunorum sermo, eoque incertum fuit insidias an proditionem vel aliquod honestum consilium coeptaverint. Caecina dimissis tribunis revectus in castra datum iussu Fabii
Valentis pugnae signum et militem in armis invenit. dum legiones de ordine agminis sortiuntur, equites prorupere ; et

---

7 quartum] *cf. Plut. Oth.* xi   9 manibus *M*   13 perinde *dett.*
quid *Rhenanus* : quod *M*   14 factum| *M*
    40. 2 Ardae *Valmaggi* (Adrae *vel* Hadrae *Hardy*) : aduae *M* : Adduae
Puteolanus : Padi et Aduae *secl. Nipperdey*   4 omissuro *b²* : ammis-
suro *M*
    41. 3 venerant *Haase, Halm*   4 explora | adesse *M*   5 vel
proditionem an *Schütz*

mirum dictu, a paucioribus Othonianis quo minus in vallum 10
inpingerentur, Italicae legionis virtute deterriti sunt: ea strictis mucronibus redire pulsos et pugnam resumere coegit.
disposita Vitellianarum legionum acies sine trepidatione:
etenim quamquam vicino hoste aspectus armorum densis arbustis prohibebatur.   apud Othonianos pavidi duces, miles 15
ducibus infensus, mixta vehicula et lixae, et praeruptis
utrimque fossis via quieto quoque agmini angusta. circum-
sistere alii signa sua, quaerere alii; incertus undique clamor
adcurrentium, vocantium: ut cuique audacia vel formido,
in primam postremamve aciem prorumpebant aut relabe- 20
bantur.

Attonitas subito terrore mentis falsum gaudium in 42
languorem vertit, repertis qui descivisse a Vitellio exercitum
ementirentur. 'is rumor ab exploratoribus Vitellii dispersus,
an in ipsa Othonis parte seu dolo seu forte surrexerit, parum compertum. omisso pugnae ardore Othoniani ultro sa- 5
lutavere; et hostili murmure excepti, plerisque suorum ignaris quae causa salutandi, metum proditionis fecere. tum
incubuit hostium acies, integris ordinibus, robore et numero
praestantior: Othoniani, quamquam dispersi, pauciores, fessi,
proelium tamen acriter sumpsere. et per locos arboribus ac 10
vineis impeditos non una pugnae facies: comminus eminus,
catervis et cuneis concurrebant. in aggere viae conlato gradu
corporibus et umbonibus niti, omisso pilorum iactu gladiis
et securibus galeas loricasque perrumpere: noscentes inter
se, ceteris conspicui, in eventum totius belli certabant.   15

Forte inter Padum viamque patenti campo duae le- 43
giones congressae sunt, pro Vitellio unaetvicensima, cui

11 ea strictis *Rhenanus* : et astrictis *M*   13 acies *Lipsius* : arte *M*
19 |clamantium *M, sed* cla *del. M¹ et in margine* vo *addidit* : vocitantium
Pichena, Halm   20 relabebantur *Victorius* : relebebantur *M*
    42. 2 quidě civis se *M, subter notam* s *addidit M¹*   5 omisse *M*
13 gladibus *M¹* : cladibus *M*
43. 2 unetvicesima *Nipperdey*

cognomen Rapaci, vetere gloria insignis, e parte Othonis
prima Adiutrix, non ante in aciem deducta, sed ferox et novi
5 decoris avida. primani stratis, unaetvicensimanorum principiis aquilam abstulere; quo dolore accensa legio et impulit
rursus primanos, interfecto Orfidio Benigno legato, et plurima signa vexillaque ex hostibus rapuit. a parte alia pro-
pulsa quintanorum impetu tertia decima legio, circumventi
10 plurium adcursu quartadecimani. et ducibus Othonis iam
pridem profugis Caecina ac Valens subsidiis suos firmabant.
accessit recens auxilium, Varus Alfenus cum Batavis, fusa
gladiatorum manu, quam navibus transvectam oppositae cohortes in ipso flumine trucidaverant: ita victores latus ho-
15 stium invecti.

44   Et media acie perrupta fugere passim Othoniani,
Bedriacum petentes. immensum id spatium, obstructae strage
corporum viae, quo plus caedis fuit; neque enim civilibus
bellis capti in praedam vertuntur. Suetonius Paulinus et Li-
5 cinius Proculus diversis itineribus castra vitavere. Vedium
Aquilam tertiae decimae legionis legatum irae militum in-
consultus pavor obtulit. multo adhuc die vallum ingressus
clamore seditiosorum et fugacium circumstrepitur: non probris, non manibus abstinent; desertorem proditoremque in-
10 crepant, nullo proprio crimine eius sed more vulgi suum
quisque flagitium aliis obiectantes. Titianum et Celsum nox
iuvit, dispositis iam excubiis conpressisque militibus, quos
Annius Gallus consilio precibus auctoritate flexerat, ne super cladem adversae pugnae suismet ipsi caedibus saevi-
15 rent: sive finis bello venisset seu resumere arma mallent,
unicum victis in consensu levamentum. ceteris fractus animus: praetorianus miles non virtute se sed proditione victum fremebat: ne Vitellianis quidem incruentam fuisse vi-

4 novi] non vi *M*   5 unę et vi|censimanorum *M*: unetvicesimanorum
Nipperdey   12 Varus *Rhenanus*: va|renus *M*   13 obpisi|tae *M*
44. 8 cir|circumstrepitur *M*   16 ceteris . . . fremebat *post* perituros
v. 23 collocavit *Dieckmann, probat Valmaggi qui ante* his *lacunam suspicatur*   18 Incruenta *M*
82

ctoriam, pulso equite, rapta legionis aquila; superesse cum
ipso Othone militum quod trans Padum fuerit, venire Moesi- 20
cas legiones, magnam exercitus partem Bedriaci remansisse:
hos certe nondum victos et, si ita ferret, honestius in acie
perituros. his cogitationibus truces aut pavidi extrema desperatione ad iram saepius quam in formidinem stimulabantur.   25

At Vitellianus exercitus ad quintum a Bedriaco la- 45
pidem consedit, non ausis ducibus eadem die obpugnationem
castrorum; simul voluntaria deditio sperabatur: sed expedi-
tis et tantum ad proelium egressis munimentum fuere arma
et victoria. postera die haud ambigua Othoniani exercitus 5
voluntate et qui ferociores fuerant ad paenitentiam incli-
nantibus missa legatio; nec apud duces Vitellianos dubitatum quo minus pacem concederent. legati paulisper retenti:
ea res haesitationem attulit ignaris adhuc an impetrassent.
mox remissa legatione patuit vallum. tum victi victoresque 10
in lacrimas effusi, sortem civilium armorum misera laetitia
detestantes; isdem tentoriis alii fratrum, alii propinquorum
vulnera fovebant: spes et praemia in ambiguo, certa funera
et luctus, nec quisquam adeo mali expers ut non aliquam
mortem maereret. requisitum Orfidii legati corpus honore 15
solito crematur; paucos necessarii ipsorum sepelivere, ceterum vulgus super humum relictum.

Opperiebatur Otho nuntium pugnae nequaquam tre- 46
pidus et consilii certus. maesta primum fama, dein profugi
e proelio perditas res patefaciunt. non expectavit militum
ardor vocem imperatoris; bonum haberet animum iubebant:
superesse adhuc novas viris, et ipsos extrema passuros au- 5
surosque. neque erat adulatio: ire in aciem, excitare partium fortunam furore quodam et instinctu flagrabant. qui
procul adstiterant, tendere manus, et proximi prensare ge-

45. 5 exercitu *M*   7 legatio nec apud *Pichena* : legatione. capud *M*
46. 7 fraglabant *M*   8 astiterant *M*   et *del. Spengel*

83

nua, promptissimo Plotio Firmo. is praetorii praefectus
10 identidem orabat ne fidissimum exercitum, ne optime meri-
tos milites desereret: maiore animo tolerari adversa quam
relinqui; fortis et strenuos etiam contra fortunam insistere
spei, timidos et ignavos ad desperationem formidine prope-
rare. quas inter voces ut flexerat vultum aut induraverat
15 Otho, clamor et gemitus. nec praetoriani tantum, proprius
Othonis miles, sed praemissi e Moesia eandem obstinationem
adventantis exercitus, legiones Aquileiam ingressas nuntiabant, ut nemo dubitet potuisse renovari bellum atrox, lugu-
bre, incertum victis et victoribus.

47   Ipse aversus a consiliis belli 'hunc' inquit 'animum,
hanc virtutem vestram ultra periculis obicere nimis grande
vitae meae pretium puto. quanto plus spei ostenditis, si
vivere placeret, tanto pulchrior mors erit. experti in vicem
5 sumus ego ac fortuna. nec tempus conputaveritis: difficilius
est temperare felicitati qua te non putes diu usurum. civile
bellum a Vitellio coepit, et ut de principatu certaremus armis initium illic fuit: ne plus quam semel certemus penes
me exemplum erit; hinc Othonem posteritas aestimet. frue-
10 tur Vitellius fratre, coniuge, liberis: mihi non ultione neque
solaciis opus est. alii diutius imperium tenuerint, nemo tam
fortiter reliquerit. an ego tantum Romanae pubis, tot egre-
gios exercitus sterni rursus et rei publicae eripi patiar? eat
hic mecum animus, tamquam perituri pro me fueritis, set
15 este superstites. nec diu moremur, ego incolumitatem vestram, vos constantiam meam. plura de extremis loqui pars
ignaviae est. praecipuum destinationis meae documentum
habete quod de nemine queror; nam incusare deos vel homines eius est qui vivere velit.'

12 insistre *M*   15 vel gemitus *W. Heraeus*   propius *M*
   47. 6 temparere *M*   civili *M*   8 illinc *Rhenanus, Halm*   13
streni *M*   14 se teste *M* : et este *Spengel*   18 nomine *M, corr.*
M[1]   19 vellit *M*

Talia locutus, ut cuique aetas aut dignitas, comiter 48
appellatos, irent propere neu remanendo iram victoris aspe-
rarent, iuvenes auctoritate, senes precibus movebat, placi-
dus ore, intrepidus verbis, intempestivas suorum lacrimas
coercens. dari navis ac vehicula abeuntibus iubet; libellos 5
epistulasque studio erga se aut in Vitellium contumeliis insignis abolet; pecunias distribuit parce nec ut periturus.
mox Salvium Cocceianum, fratris filium, prima iuventa, trepidum et maerentem ultro solatus est, laudando pietatem
eius, castigando formidinem: an Vitellium tam inmitis animi 10
fore ut pro incolumi tota domo ne hanc quidem sibi gratiam
redderet? mereri se festinato exitu clementiam victoris; non
enim ultima desperatione sed poscente proelium exercitu
remisisse rei publicae novissimum casum. satis sibi nominis, satis posteris suis nobilitatis quaesitum. post Iulios 15
Claudios Servios se primum in familiam novam imperium intulisse: proinde erecto animo capesseret vitam, neu patruum
sibi Othonem fuisse aut oblivisceretur umquam aut nimium
meminisset.

Post quae dimotis omnibus paulum requievit. atque 49
illum supremas iam curas animo volutantem repens tumultus
avertit, nuntiata consternatione ac licentia militum; namque
abeuntibus exitium minitabantur, atrocissima in Verginium
vi, quem clausa domo obsidebant. increpitis seditionis aucto- 5
ribus regressus vacavit abeuntium adloquiis, donec omnes
inviolati digrederentur. vesperascente die sitim haustu ge-
lidae aquae sedavit. tum adlatis pugionibus duobus, cum
utrumque pertemptasset, alterum capiti subdidit. et explorato
iam profectos amicos, noctem quietam, utque adfirmatur, non 10

48. 7 parcens *M, corr. M*[1]   ne cui *M*   9 pietate *M*   12
mereri *M*[1]: meri *M*   13 exercitum *M*   15 posterum *M,*
corr. M[1]

49. 2 voluntatem *M*   3 advertit *Heinsius*   7 gelida | eaque
M   8 duobus *om. M*   9 utrimque *M, corr. M*[1]   subdidit *M*[1]:
subsi|dium *M*

insomnem egit : luce prima in ferrum pectore incubuit. ad
gemitum morientis ingressi liberti servique et Plotius Firmus
praetorii praefectus unum vulnus invenere. funus matura-
tum ; ambitiosis id precibus petierat ne amputaretur caput
15 ludibrio futurum. tulere corpus praetoriae cohortes cum
laudibus et lacrimis, vulnus manusque eius exosculantes.
quidam militum iuxta rogum interfecere se, non noxa neque
ob metum, sed aemulatione decoris et caritate principis. ac
postea promisce Bedriaci, Placentiae aliisque in castris cele-
20 bratum id genus mortis. Othoni sepulchrum extructum est
modicum et mansurum. hunc vitae finem habuit septimo et
tricensimo aetatis anno.

50   Origo illi e municipio Ferentio, pater consularis,
avus praetorius ; maternum genus impar nec tamen indeco-
rum. pueritia ac iuventa, qualem monstravimus. duobus fa-
cinoribus, altero flagitiosissimo, altero egregio, tantundem
5 apud posteros meruit bonae famae quantum malae. ut con-
quirere fabulosa et fictis oblectare legentium animos procul
gravitate coepti operis crediderim, ita vulgatis traditisque
demere fidem non ausim. die, quo Bedriaci certabatur, avem
invisitata specie apud Regium Lepidum celebri luco conse-
10 disse incolae memorant, nec deinde coetu hominum aut cir-
cumvolitantium alitum territam pulsamve, donec Otho se ipse
interficeret ; tum ablatam ex oculis : et tempora reputantibus
initium finemque miraculi cum Othonis exitu competisse.

51   In funere eius novata luctu ac dolore militum seditio,
nec erat qui coerceret. ad Verginium versi, modo ut reciperet imperium, nunc ut legatione apud Caecinam ac Valentem fungeretur, minitantes orabant : Verginius per aversam

12 gemitu| *M*   19 celebrarum *M*
    50. 1 Ferentino *det.*, *Halm*   7 gravitate *M*[1] : gravitatem *M*   9
loco *Colerus*   10 neque inde *Petersen*   12 ablata| *M*   13
post miraculi *lacunam suspicatus Meiser* cum initio pugnae et *supplevit*
    51. 2 vergenium *M*, *item v.* 4   4 adversam *M*

domus partem furtim digressus inrumpentis frustratus est. 5
earum quae Brixelli egerant cohortium preces Rubrius Gallus tulit, et venia statim impetrata, concedentibus ad victorem per Flavium Sabinum iis copiis quibus praefuerat.

    Posito ubique bello magna pars senatus extremum 52
discrimen adiit, profecta cum Othone ab urbe, dein Mutinae
relicta. illuc adverso de proelio adlatum : sed milites ut falsum rumorem aspernantes, quod infensum Othoni senatum
arbitrabantur, custodire sermones, vultum habitumque tra- 5
here in deterius; conviciis postremo ac probris causam et
initium caedis quaerebant, cum alius insuper metus senatoribus instaret, ne praevalidis iam Vitellii partibus cunctanter excepisse victoriam crederentur. ita trepidi et utrimque
anxii coeunt, nemo privatim expedito consilio, inter multos 10
societate culpae tutior. onerabat paventium curas ordo Mu-
tinensis arma et pecuniam offerendo, appellabatque patres
conscriptos intempestivo honore.

    Notabile iurgium fuit quo Licinius Caecina Marcel- 53
lum Eprium ut ambigua disserentem invasit. nec ceteri sententias aperiebant : sed invisum memoria delationum exposi-
tumque ad invidiam Marcelli nomen inritaverat Caecinam, ut
novus adhuc et in senatum nuper adscitus magnis inimicitiis 5
claresceret. moderatione meliorum dirempti. et rediere omnes
Bononiam, rursus consiliaturi ; simul medio temporis plures
nuntii sperabantur. Bononiae, divisis per itinera qui recentissimum quemque percontarentur, interrogatus Othonis libertus causam digressus habere se suprema eius mandata 10
respondit ; ipsum viventem quidem relictum, sed sola posteritatis cura et abruptis vitae blandimentis. hinc admiratio et

5 degressus. inrumpente *M*   7 veniam *M* : veniam ... impetrat *Wurm*
52. 8 instraret *M*   13 intempesti *M*
53. 1 iurgium *Bekker* : virgenium *M* : inde iurgium *dett.*   2 Ian-
vasit *M*. a *post* I *del. M²*   ceteri *M¹* : ceteris *M*   sententiās *M*,
notam del. M¹ : sententiam *al., Halm*   9 percunctaretur *M*   Imber-
tus *M*

plura interrogandi pudor, atque omnium animi in Vitellium
inclinavere.

54   Intererat consiliis frater eius L. Vitellius seque iam
adulantibus offerebat, cum repente Coenus libertus Neronis
atroci mendacio universos perculit, adfirmans superventu
quartae decimae legionis, iunctis a Brixello viribus, caesos
5 victores; versam partium fortunam. causa fingendi fuit ut
diplomata Othonis, quae neglegebantur, laetiore nuntio reva-
lescerent. et Coenus quidem raptim in urbem vectus paucos
post dies iussu Vitellii poenas luit: senatorum periculum
auctum credentibus Othonianis militibus vera esse quae ad-
10 ferebantur. intendebat formidinem quod publici consilii facie
discessum Mutina desertaeque partes forent. nec ultra in
commune congressi sibi quisque consuluere, donec missae a
Fabio Valente epistulae demerent metum. et mors Othonis
quo laudabilior eo velocius audita.

55   At Romae nihil trepidationis; Ceriales ludi ex more
spectabantur. ut cessisse Othonem et a Flavio Sabino
praefecto urbis quod erat in urbe militum sacramento Vitellii adactum certi auctores in theatrum attulerunt, Vitellio
5 plausere; populus cum lauro ac floribus Galbae imagines
circum templa tulit, congestis in modum tumuli coronis iuxta
lacum Curtii, quem locum Galba moriens sanguine infecerat.
in senatu cuncta longis aliorum principatibus composita statim decernuntur; additae erga Germanicum exercitum lau-
10 des gratesque et missa legatio quae gaudio fungeretur. recitatae Fabii Valentis epistulae ad consules scriptae haud
immoderate: gratior Caecinae modestia fuit quod non
scripsisset.

54. 3 superventum *M*   7 raptim in *I. Gronovius*: rapidum *M*:
rapide in *dett.*   8 iniussu *Spengel*
    55. 1 romae me *M*   cereales *al.*   2 cessisse vita *dett.*: conces-
sisse *Ritter*: cecidisse *Petersen*   3 sacramento *Rhenanus*: In sacramento *M*   9 exercitum *Ritter*: exercitus *M*: Germanicos exercitus
dett.   12 immoderatae *M*

Ceterum Italia gravius atque atrocius quam bello ad- 56
flictabatur. dispersi per municipia et colonias Vitelliani spoliare, rapere, vi et stupris polluere : in omne fas nefasque
avidi aut venales non sacro, non profano abstinebant. et fuere
qui inimicos suos specie militum interficerent. ipsique mili- 5
tes regionum gnari refertos agros, ditis dominos in praedam aut, si repugnatum foret, ad exitium destinabant, ob-
noxiis ducibus et prohibere non ausis. minus avaritiae in
Caecina, plus ambitionis : Valens ob lucra et quaestus infamis eoque alienae etiam culpae dissimulator. iam pridem 10
attritis Italiae rebus tantum peditum equitumque, vis damnaque
et iniuriae aegre tolerabantur.

Interim Vitellius victoriae suae nescius ut ad inte- 57
grum bellum reliquas Germanici exercitus viris trahebat.
pauci veterum militum in hibernis relicti, festinatis per Gallias dilectibus, ut remanentium legionum nomina suppleren-
tur. cura ripae Hordeonio Flacco permissa; ipse e Britan- 5
nico *exercitu* delecta octo milia sibi adiunxit. et paucorum dierum
iter progressus prosperas apud Bedriacum res ac morte Othonis concidisse bellum accepit : vocata contione virtutem militum
laudibus cumulat. postulante exercitu ut libertum suum Asiaticum equestri dignitate donaret, inhonestam adulationem con- 10
pescit; dein mobilitate ingenii, quod palam abnuerat, inter
secreta convivii largitur, honoravitque Asiaticum anulis, foedum mancipium et malis artibus ambitiosum.

Isdem diebus accessisse partibus utramque Maureta- 58
niam, interfecto procuratore Albino, nuntii venere. Lucceius
Albinus a Nerone Mauretaniae Caesariensi praepositus, ad-

56. 3 omnelas *M*   8 et] vel *Wurm* : aut *Ritter*   10 alienae
alienae *M*   11 tantum peditum| *M* : tanta peditum *Acidalius, Halm*,
sed conf. c. 81. 14
57. 4 nomina] numeri *Acidalius*   6 exercitu *add. Heraeus, om.*
M, etsi signa quaedam in codice incepti verbi exercitus *exstare perspexit*
Andresen   10 inhonesta *M*   12 convii *M*   honoravitque *ed.*
Spirensis : oneravitque *M* : ornavitque *det.*
58. 2 alvino *M*

dita per Galbam Tingitanae provinciae administratione, haud
5 spernendis viribus agebat. decem novem cohortes, quinque
alae, ingens Maurorum numerus aderat, per latrocinia et
raptus apta bello manus. caeso Galba in Othonem pronus
nec Africa contentus Hispaniae angusto freto diremptae imminebat. inde Cluvio Rufo metus, et decimam legionem
10 propinquare litori ut transmissurus iussit; praemissi centuriones qui Maurorum animos Vitellio conciliarent. neque arduum fuit, magna per provincias Germanici exercitus fama;
spargebatur insuper spreto procuratoris vocabulo Albinum
insigne regis et Iubae nomen usurpare.

59   Ita mutatis animis Asinius Pollio alae praefectus, e
fidissimis Albino, et Festus ac Scipio cohortium praefecti op-
primuntur: ipse Albinus dum e Tingitana provincia Caesa-
riensem Mauretaniam petit, adpulsu litoris trucidatus; uxor
5 eius cum se percussoribus obtulisset, simul interfecta est,
nihil eorum quae fierent Vitellio anquirente: brevi auditu
quamvis magna transibat, impar curis gravioribus.

Exercitum itinere terrestri pergere iubet: ipse Arare flumine devehitur, nullo principali paratu, sed vetere egestate
10 conspicuus, donec Iunius Blaesus Lugudunensis Galliae rector, genere inlustri, largus animo et par opibus, circumdaret principi ministeria, comitaretur liberaliter, eo ipso ingratus, quamvis odium Vitellius vernilibus blanditiis velaret.
praesto fuere Luguduni victricium victarumque partium du-
15 ces. Valentem et Caecinam pro contione laudatos curuli suae
circumposuit. mox universum exercitum occurrere infanti
filio iubet, perlatumque et paludamento opertum sinu retinens
Germanicum appellavit cinxitque cunctis fortunae principalis

---

4 tangi|tanae *M*   5 xviiii *al.* : decem et novem *Bach* : undeviginti
Walther admonente Ryckio   7 othonem *b* : othone *M*
   59. 1 et fidissimis *M* : et fidissimus *ed. Spirensis*   3 et In|gitana
M   4 mauretianam *M*   petiti *M* : petit in *Halm*   trucidatur *al.*
6 breve auditu vi quamvis *M*   7 transibant *M*   15 curulis *M*,
corr. M¹

insignibus. nimius honos inter secunda rebus adversis in
solacium cessit.   20

Tum interfecti centuriones promptissimi Othoniano- 60
rum, unde praecipua in Vitellium alienatio per Illyricos exercitus; simul ceterae legiones contactu et adversus Germanicos milites invidia bellum meditabantur. Suetonium Paulinum
ac Licinium Proculum tristi mora squalidos tenuit, donec au- 5
diti necessariis magis defensionibus quam honestis uterentur.
proditionem ultro imputabant, spatium longi ante proelium itineris, fatigationem Othonianorum, permixtum vehiculis agmen
ac pleraque fortuita fraudi suae adsignantes. et Vitellius
credidit de perfidia et fidem absolvit. Salvius Titianus Otho- 10
nis frater nullum discrimen adiit, pietate et ignavia excusa-
tus. Mario Celso consulatus servatur: sed creditum fama
obiectumque mox in senatu Caecilio Simplici, quod eum honorem pecunia mercari, nec sine exitio Celsi, voluisset: restitit Vitellius deditque postea consulatum Simplici innoxium 15
et inemptum. Trachalum adversus criminantis Galeria uxor
Vitellii protexit.

Inter magnorum virorum discrimina, pudendum dictu, 61
Mariccus quidam, e plebe Boiorum, inserere sese fortunae
et provocare arma Romana simulatione numinum ausus est.
iamque adsertor Galliarum et deus (nam id sibi indiderat)
concitis octo milibus hominum proximos Aeduorum pagos 5
trahebat, cum gravissima civitas electa iuventute, adiectis a
Vitellio cohortibus, fanaticam multitudinem disiecit. captus
in eo proelio Mariccus; ac mox feris obiectus quia non lania-
batur, stolidum vulgus inviolabilem credebat, donec spectante
Vitellio interfectus est.   10

19, 20 nec *ante* rebus *Classen*, non *ante* cessit *Ritter addiderunt*
  60. 1 iterfectis *M*: interfecti sunt *Ritter*   2 illycos *M*   3
et *bis M*   12 famae *Freinsheim*   13 cum honore *M*   16
ineptum *M*   uxori *M, corr. M¹*
  61. 4 nam] nominis *b*²: nomen *Beroaldus   post* sibi *add.* nomen
Andresen, post indiderat *Ernesti*   5 haeduorum *M*   7 multitudine *M*   8 *ita distinxit Gantrelle, sine distinctione vulgo*
91

62   Nec ultra in defectores aut bona cuiusquam saevitum :
rata fuere eorum qui acie Othoniana ceciderant, testamenta
aut lex intestatis : prorsus, si luxuriae temperaret, avaritiam
non timeres. epularum foeda et inexplebilis libido : ex urbe
5 atque Italia inritamenta gulae gestabantur, strepentibus ab
utroque mari itineribus ; exhausti conviviorum apparatibus
principes civitatum ; vastabantur ipsae civitates ; degenerabat
a labore ac virtute miles adsuetudine voluptatum et contemptu ducis. praemisit in urbem edictum quo vocabulum Au-
10 gusti differret, Caesaris non reciperet, cum de potestate nihil
detraheret. pulsi Italia mathematici ; cautum severe ne equites Romani ludo et harena polluerentur. priores id principes
pecunia et saepius vi perpulerant, ac pleraque municipia et
coloniae aemulabantur corruptissimum quemque adulescen-
15 tium pretio inlicere

63   Sed Vitellius adventu fratris et inrepentibus domina-
tionis magistris superbior et atrocior occidi Dolabellam iussit, quem in coloniam Aquinatem sepositum ab Othone rettulimus. Dolabella audita morte Othonis urbem introierat :
5 id ei Plancius Varus praetura functus, ex intimis Dolabellae
amicis, apud Flavium Sabinum praefectum urbis obiecit, tamquam rupta custodia ducem se victis partibus ostentasset ;
addidit temptatam cohortem quae Ostiae ageret ; nec ullis
tantorum criminum probationibus in paenitentiam versus se-
10 ram veniam post scelus quaerebat. cunctantem super tanta
re Flavium Sabinum Triaria L. Vitellii uxor, ultra feminam
ferox, terruit ne periculo principis famam clementiae ad-
fectaret. Sabinus suopte ingenio mitis, ubi formido incessis-
set, facilis mutatu et in alieno discrimine sibi pavens, ne ad-
15 levasse videretur, impulit ruentem.

Igitur Vitellius metu et odio quod Petroniam uxo- 64
rem eius mox Dolabella in matrimonium accepisset, vocatum
per epistulas vitata Flaminiae viae celebritate devertere In-
teramnium atque ibi interfici iussit. longum interfectori visum : in itinere ac taberna proiectum humi iugulavit, magna 5
cum invidia novi principatus, cuius hoc primum specimen noscebatur. et Triariae licentiam modestum e proximo exemplum onerabat, Galeria imperatoris uxor non immixta tristi-
bus; et pari probitate mater Vitelliorum Sextilia, antiqui
moris : dixisse quin etiam ad primas filii sui epistulas fereba- 10
tur, non Germanicum a se sed Vitellium genitum. nec ullis
postea fortunae inlecebris aut ambitu civitatis in gaudium
evicta domus suae tantum adversa sensit.

Digressum a Luguduno Vitellium Cluvius Rufus ad- 65
sequitur omissa Hispania, laetitiam et gratulationem vultu
ferens, animo anxius et petitum se criminationibus gnarus.
Hilarus Caesaris libertus detulerat tamquam audito Vitellii
et Othonis principatu propriam ipse potentiam et possessio- 5
nem Hispaniarum temptasset, eoque diplomatibus nullum
principem praescripsisset ; et interpretabatur quaedam ex orationibus eius contumeliosa in Vitellium et pro se ipso popularia. auctoritas Cluvii praevaluit ut puniri ultro libertum
suum Vitellius iuberet. Cluvius comitatui principis adiectus, 10
non adempta Hispania, quam rexit absens exemplo L. *Arrunti.*
sed Arruntium Tiberius Caesar ob metum, Vitellius Cluvium
nulla formidine retinebat. non idem Trebellio Maximo honos :
profugerat Britannia ob iracundiam militum ; missus est in
locum eius Vettius Bolanus e praesentibus.   15

64. 3 Interamnam *Puteolanus, coll.* iii. 61, 63   8 inmixta *I. F.*
Gronovius : In|mix *M*
65. 1 liguduno *M*   Vitellium *Ritter* : vitellium . M . *M*   4 hilarus
M[1] : hilari *M* : Hilarius *ante Andresen vulgo*   7 et *add. Ernesti*
ex orationibus *Rhenanus* : exortationibus *M*   8 eius ut *Nipperdey*
ipso *M*[1] : ipsum *M*   11 Arrunti sed Arruntium *Haase* : arruntium
M : Arruntii hunc *Weissenborn* : Arruntii eum *Pichena* : Arruntii Arruntium *Ritter*   13 nondidem *M*   15 bettius *M*

66   Angebat Vitellium victarum legionum haudquaquam
fractus animus. sparsae per Italiam et victoribus permixtae
hostilia loquebantur, praecipua quartadecimanorum ferocia, qui se victos abnuebant: quippe Bedriacensi acie ve-
5 xillariis tantum pulsis viris legionis non adfuisse. remitti eos
in Britanniam, unde a Nerone exciti erant, placuit atque interim Batavorum cohortis una tendere ob veterem adversus quartadecimanos discordiam. nec diu in tantis armatorum odiis quies fuit: Augustae Taurinorum, dum opificem
10 quendam Batavus ut fraudatorem insectatur, legionarius ut
hospitem tuetur, sui cuique commilitones adgregati a conviciis ad caedem transiere. et proelium atrox arsisset, ni
duae praetoriae cohortes causam quartadecimanorum secutae his fiduciam et metum Batavis fecissent: quos Vitellius
15 agmini suo iungi ut fidos, legionem Grais Alpibus traductam
eo flexu itineris ire iubet quo Viennam vitarent; namque et
Viennenses timebantur. nocte, qua proficiscebatur legio, relictis passim ignibus pars Taurinae coloniae ambusta, quod
damnum, ut pleraque belli mala, maioribus aliarum urbium
20 cladibus oblitteratum. quartadecimani postquam Alpibus
degressi sunt, seditiosissimus quisque signa Viennam ferebant: consensu meliorum conpressi et legio in Britanniam
transvecta.

67   Proximus Vitellio e praetoriis cohortibus metus erat.
separati primum, deinde addito honestae missionis lenimento,
arma ad tribunos suos deferebant, donec motum a Vespasiano bellum crebresceret: tum resumpta militia robur Fla-
5 vianarum partium fuere. prima classicorum legio in Hispaniam missa ut pace et otio mitesceret, undecima ac septima
suis hibernis redditae, tertiadecimani struere amphitheatra

   66. 9 agusta *M*, u *superscr. M*¹   12 exarsisset *Agricola, Halm*
15 grat salpibus *M*   17 proficiscebantur *M, corr. M*¹   18 coloniae
*M*¹ : colonibus *M*   21 degressi *Pichena* : digressi *M*   22 consensum *M*
   67. 7 tertiamdecimam . . . iussit *al.*

iussi; nam Caecina Cremonae, Valens Bononiae spectaculum
gladiatorum edere parabant, numquam ita ad curas intento
Vitellio ut voluptatum oblivisceretur.   10

Et *victas* quidem partis modeste distraxerat : apud vi- 68
ctores orta seditio, ludicro initio ni numerus caesorum invidiam Vitellio auxisset. discubuerat Vitellius Ticini adhibito
ad epulas Verginio. legati tribunique ex moribus imperatorum
severitatem aemulantur vel tempestivis conviviis gaudent ; pro- 5
inde miles intentus aut licenter agit. apud Vitellium omnia
indisposita, temulenta, pervigiliis ac bacchanalibus quam disciplinae et castris propiora. igitur duobus militibus, altero
legionis quintae, altero e Galli auxiliariorum, per lasciviam
ad certamen luctandi accensis, postquam legionarius proci- 10
derat, insultante Gallo et iis qui ad spectandum convenerant
in studia diductis, erupere legionarii in perniciem auxiliorum ac duae cohortes interfectae. remedium tumultus fuit
alius tumultus. pulvis procul et arma aspiciebantur : con-
clamatum repente quartam decimam legionem verso itinere 15
ad proelium venire ; sed erant agminis coactores : agniti
dempsere sollicitudinem. interim Verginii servus forte obvius
ut percussor Vitellii insimulatur : et ruebat ad convivium miles, mortem Verginii exposcens. ne Vitellius quidem, quamquam ad omnis suspiciones pavidus, de innocentia eius du- 20
bitavit : aegre tamen cohibiti qui exitium consularis et quondam ducis sui flagitabant. nec quemquam saepius quam Verginium omnis seditio infestavit : manebat admiratio viri et
fama, set oderant ut fastiditi.

Postero die Vitellius senatus legatione, quam ibi op- 69

8 iussi *Rhenanus* : iussit *M*   valen *M*
   68. 1 victas *add. Haase.* has *Meiser*   2 ni *Agricola, om. M*   3
Vitellio *Döderlein* : bel|lo *M* : belli traxisset *Meiser* : invidiam auxisset
Prammer   5 severitate *M, Bach, cf. A.* xii. 64   conviis *M*
perinde *dett.*   11 spectandum convenerant *M¹* : spectaculum venerant *M*   12 deductis *M*   pernicie *M*   20 omnis *M¹ in margine* :
omne *M*

periri iusserat, audita transgressus in castra ultro pietatem
militum conlaudavit, frementibus auxiliis tantum impunitatis
atque adrogantiae legionariis accessisse. Batavorum cohor-
5 tes, ne quid truculentius auderent, in Germaniam remissae,
principium interno simul externoque bello parantibus fatis.
reddita civitatibus Gallorum auxilia, ingens numerus et prima
statim defectione inter inania belli adsumptus. ceterum ut
largitionibus adfectae iam imperii opes sufficerent, amputari
10 legionum auxiliorumque numeros iubet vetitis supplementis;
et promiscae missiones offerebantur. exitiabile id rei publicae, ingratum militi, cui eadem munia inter paucos pericu-
laque ac labor crebrius redibant: et vires luxu corrumpe-
bantur, contra veterem disciplinam et instituta maiorum apud
15 quos virtute quam pecunia res Romana melius stetit.

70   Inde Vitellius Cremonam flexit et spectato munere
Caecinae insistere Bedriacensibus campis ac vestigia recentis
victoriae lustrare oculis concupivit, foedum atque atrox spectaculum. intra quadragensimum pugnae diem lacera corpora,
5 trunci artus, putres virorum equorumque formae, infecta
tabo humus, protritis arboribus ac frugibus dira vastitas. nec
minus inhumana pars viae quam Cremonenses lauru rosaque constraverant, extructis altaribus caesisque victimis regium in morem; quae laeta in praesens mox perniciem ipsis
10 fecere. aderant Valens et Caecina, monstrabantque pugnae
locos: hinc inrupisse legionum agmen, hinc equites coortos,
inde circumfusas auxiliorum manus: iam tribuni praefectique,
sua quisque facta extollentes, falsa vera aut maiora vero
miscebant. vulgus quoque militum clamore et gaudio defle-
15 ctere via, spatia certaminum recognoscere, aggerem armorum, strues corporum intueri mirari; et erant quos varia

69. 5 audirent *M*   6 pa|parantibus *M*   8 inania] initia *Agricola*
9 iam *Agricola* : tam *M*
70. 3 concupivit. foedum . . . diem : lacera *distinxerunt ed. Spirensis,*
Nipperdey, Meiser   7 rosaque *M*¹ : rosasque *M* : rosisque *al.*   9 per-
mitiem *M*   10 aderat *M*   11 cohortos *M*   15 aggeres *Nipperdey* :
stragem *Classen*

sors rerum lacrimaeque et misericordia subiret. at non Vitellius flexit oculos nec tot milia insepultorum civium exhor-
ruit : laetus ultro et tam propinquae sortis ignarus instaura-
bat sacrum dis loci.   20

    Exim Bononiae a Fabio Valente gladiatorum specta- 71
culum editur, advecto ex urbe cultu. quantoque magis propinquabat, tanto corruptius iter immixtis histrionibus et spa-
donum gregibus et cetero Neronianae aulae ingenio ; namque et Neronem ipsum Vitellius admiratione celebrabat, se- 5
ctari cantantem solitus, non necessitate, qua honestissimus
quisque, sed luxu et saginae mancipatus emptusque. ut Valenti et Caecinae vacuos honoris mensis aperiret, coartati
aliorum consulatus, dissimulatus Marci Macri tamquam Otho-
nianarum partium ducis ; et Valerium Marinum destinatum 10
a Galba consulem distulit, nulla offensa, sed mitem et iniuriam
segniter laturum. Pedanius Costa omittitur, ingratus principi
ut adversus Neronem ausus et Verginii extimulator, sed
alias protulit causas ; actaeque insuper Vitellio gratiae consuetudine servitii   15

    Non ultra paucos dies quamquam acribus initiis 72
coeptum mendacium valuit. extiterat quidam Scribonianum
se Camerinum ferens, Neronianorum temporum metu in Hi-
stria occultatum, quod illic clientelae et agri veterum Cras-
sorum ac nominis favor manebat. igitur deterrimo quoque 5
in argumentum fabulae adsumpto vulgus credulum et quidam
militum, errore veri seu turbarum studio, certatim adgregabantur, cum pertractus ad Vitellium interrogatusque quisnam
mortalium esset. postquam nulla dictis fides et a domino
noscebatur condicione fugitivus, nomine Geta, sumptum de 10
eo supplicium in servilem modum.

17 fors *M, Nipperdey*   19 propinque *M*
   71. 9 ma (*evanidis litteris*) marci matri *M*
   72. 8 pertractus| *M* : pertractus est *malebat Nipperdey*   9 esset,
postquam *ante Ritterum distinxerunt edd. post* esset *add.* fatetur *Novák*
11 servile *M*

97

73   Vix credibile memoratu est quantum superbiae so-
cordiaeque Vitellio adoleverit, postquam speculatores e Syria Iudaeaque adactum in verba eius Orientem nuntiavere.
nam etsi vagis adhuc et incertis auctoribus erat amen in ore
5 famaque Vespasianus ac plerumque ad nomen eius Vitellius
excitabatur: tum ipse exercitusque, ut nullo aemulo, saevitia
libidine raptu in externos mores proruperant.

74   At Vespasianus bellum armaque et procul vel iuxta
sitas viris circumspectabat. miles ipsi adeo paratus ut prae-
euntem sacramentum et fausta Vitellio omnia precantem per
silentium audierint; Muciani animus nec Vespasiano alienus
5 et in Titum pronior; praefectus Aegypti *Ti.* Alexander consilia sociaverat; tertiam legionem, quod e Syria in Moesiam
transisset, suam numerabat; ceterae Illyrici legiones secutu-
rae sperabantur; namque omnis exercitus flammaverat adrogantia venientium a Vitellio militum, quod truces corpore,
10 horridi sermone ceteros ut imparis inridebant. sed in tanta
mole belli plerumque cunctatio; et Vespasianus modo in
spem erectus, aliquando adversa reputabat: quis ille dies foret quo sexaginta aetatis annos et duos filios iuvenes bello
permitteret? esse privatis cogitationibus progressum et, prout
15 velint, plus minusve sumi ex fortuna: imperium cupientibus
nihil medium inter summa aut praecipitia.

75   Versabatur ante oculos Germanici exercitus robur,
notum viro militari: suas legiones civili bello inexpertas,
Vitellii victricis, et apud victos plus querimoniarum quam
virium. fluxam per discordias militum fidem et periculum ex
5 singulis: quid enim profuturas cohortis alasque, si unus al-

---

73. 7 proruperunt *Nipperdey*
74. 3 omina *Lipsius*   5 egypti *M*   Ti. *add. Ursinus*   6 e
Lipsius: de *M*   7 sua *M*   10 sed iniant amole *M*   14 pro-
gressum] regressum *Lipsius*: *post* progressum *Heraeus* esse regressum,
Weissenborn et regressum, *Müller* regressum *addiderunt*   16
suma *M*
75. 5 alterve *Wurm*: alterque *M*

terve praesenti facinore paratum ex diverso praemium pe-
tat? sic Scribonianum sub Claudio interfectum, sic percussorem eius Volaginium e gregario ad summa militiae provectum : facilius universos impelli quam singulos vitari.

His pavoribus nutantem et alii legati amicique firma- 76
bant et Mucianus, post multos secretosque sermones iam et
coram ita locutus: 'omnes, qui magnarum rerum consilia
suscipiunt, aestimare debent an quod inchoatur rei publicae
utile, ipsis gloriosum, promptum effectu aut certe non 5
arduum sit; simul ipse qui suadet considerandus est, ad-
iciatne consilio periculum suum, et, si fortuna coeptis adfue-
rit, cui summum decus adquiratur. ego te, Vespasiane, ad
imperium voco, quam salutare rei publicae, quam tibi magnificum, iuxta deos in tua manu positum est. nec speciem adu- 10
lantis expaveris : a contumelia quam a laude propius fuerit
post Vitellium eligi. non adversus divi Augusti acerrimam
mentem nec adversus cautissimam Tiberii senectutem, ne
contra Gai quidem aut Claudii vel Neronis fundatam longo
imperio domum exurgimus ; cessisti etiam Galbae imagini- 15
bus : torpere ultra et polluendam perdendamque rem publicam relinquere sopor et ignavia videretur, etiam si tibi quam
inhonesta, tam tuta servitus esset. abiit iam et transvectum
est tempus quo posses videri non cupisse : confugiendum est
ad imperium. an excidit trucidatus Corbulo? splendidior 20
origine quam nos sumus, fateor, sed et Nero nobilitate natalium Vitellium anteibat. satis clarus est apud timentem

6 facinore *det.* : facinora *M* : facinori *al.*   exidiverso *M, corr. M*[1]   7
alterum sic *del. Eussner*

76. 3 coronam| *M* : amicis coram *malebat Freinsheim* : corona *Bach*
4 inchoatur *M*[1] : inchoaturi *M*   5 promptum *Nipperdey* : aut promptum *M* : an promptum *Classen* : ac promptum *Pluygers*   effectum aut
non certe non *M*   9 quam salutare *Müller* : tanquam salutare *M* :
tam salutare *al.,* magnificum. iuxta *distinguentibus edd.*   16
torpore *M*   17 pessimis relinquere *Andresen*   sopore *M, corr. M*[1]
19 non cupisse *Ruperti et Madvig* : concu'pisse *M* : non concupisse
Novák   20 splendior *M*[1] : splendiori *M*

quisquis timetur. et posse ab exercitu principem fieri sibi
ipse Vitellius documento, nullis stipendiis, nulla militari fama,
25 Galbae odio provectus. ne Othonem quidem ducis arte aut
exercitus vi, sed praepropera ipsius desperatione victum,
iam desiderabilem et magnum principem fecit, cum interim
spargit legiones, exarmat cohortis, nova cotidie bello semina ministrat. si quid ardoris ac ferociae miles habuit, po-
30 pinis et comissationibus et principis imitatione deteritur: tibi
e Iudaea et Syria et Aegypto novem legiones integrae, nulla
acie exhaustae, non discordia corruptae, sed firmatus usu
miles et belli domitor externi: classium alarum cohortium
robora et fidissimi reges et tua ante omnis experientia.'

77   ' Nobis nihil ultra adrogabo quam ne post Valentem
et Caecinam numeremur: ne tamen Mucianum socium spre-
veris, quia aemulum non experiris. me Vitellio antepono, te
mihi. tuae domui triumphale nomen, duo iuvenes, capax iam
5 imperii alter et primis militiae annis apud Germanicos quoque exercitus clarus. absurdum fuerit non cedere imperio
ei cuius filium adoptaturus essem, si ipse imperarem. ceterum inter nos non idem prosperarum adversarumque rerum
ordo erit: nam si vincimus, honorem quem dederis habebo:
10 discrimen ac pericula ex aequo patiemur. immo, ut melius
est, tu tuos exercitus rege, mihi bellum et proeliorum incerta
trade. acriore hodie disciplina victi quam victores agunt.
hos ira, odium, ultionis cupiditas ad virtutem accendit: illi
per fastidium et contumacia hebescunt. aperiet et recludet
15 contecta et tumescentia victricium partium vulnera bellum
ipsum; nec mihi maior in tua vigilantia parsimonia sapientia
fiducia est quam in Vitellii torpore inscitia saevitia. sed me-

---

24 nulli *M*   26 exercitus vi *Rhenanus*: exercitu sui *M*   pro-
propera *M, corr. M*¹   30 commissationibus *M*   34 omnia *Ruperti*
   77. 1 postulantem *M, corr. m. recentissima*   10 partiemur *a,*
Puteolanus   11 tu tuos *Kiessling*: tuos *M*: tu hos *a, Puteolanus*:
tu tutus *Nipperdey*   14 contumaciam *dett., Meiser*   habescunt *M*
recludet] rescindet *tentabat Nettleship*

liorem in bello causam quam in pace habemus; nam qui de-
liberant, desciverunt.'

Post Muciani orationem ceteri audentius circum- 78
sistere, hortari, responsa vatum et siderum motus referre.
nec erat intactus tali superstitione, ut qui mox rerum domi-
nus Seleucum quendam mathematicum rectorem et praescium
palam habuerit. recursabant animo vetera omina: cupressus 5
arbor in agris eius conspicua altitudine repente prociderat
ac postera die eodem vestigio resurgens procera et latior
virebat. grande id prosperumque consensu haruspicum et
summa claritudo iuveni admodum Vespasiano promissa, sed
primo triumphalia et consulatus et Iudaicae victoriae decus 10
implesse fidem ominis videbatur: ut haec adeptus est, portendi sibi imperium credebat. est Iudaeam inter Syriamque
Carmelus: ita vocant montem deumque. nec simulacrum deo
aut templum—sic tradidere maiores—: ara tantum et reverentia. illic sacrificanti Vespasiano, cum spes occultas versa- 15
ret animo, Basilides sacerdos inspectis identidem extis 'quicquid est' inquit, 'Vespasiane, quod paras, seu domum extruere seu prolatare agros sive ampliare servitia, datur tibi
magna sedes, ingentes termini, multum hominum.' has ambages et statim exceperat fama et tunc aperiebat; nec quic- 20
quam magis in ore vulgi. crebriores apud ipsum sermones,
quanto sperantibus plura dicuntur. haud dubia destinatione
discessere Mucianus Antiochiam, Vespasianus Caesaream:
illa Syriae, hoc Iudaeae caput est.

Initium ferendi ad Vespasianum imperii Alexandriae 79
coeptum, festinante Tiberio Alexandro, qui kalendis Iuliis

78. 1 audientius M^1: audientium M 3 post superstitione add.
Vespasianus Novák   5 omina Rhenanus: omnia M, Heraeus (1904)
errore, ut videtur, typographico   7 laetior Triller   10 Iudaicae
M 11 hominis M videbantur dett., Halm   12 est] et M
14 templum situm t. maiores; aram . . . reverentiam Bipontini   ara . . .
reverentia Agricola: aram . . . reverentiam M
79. 1 avespasianum M

sacramento eius legiones adegit. isque primus principatus
dies in posterum celebratus, quamvis Iudaicus exercitus quin-
5 to nonas Iulias apud ipsum iurasset, eo ardore ut ne Titus
quidem filius expectaretur, Syria remeans et consiliorum inter
Mucianum ac patrem nuntius. cuncta impetu militum acta
non parata contione, non coniunctis legionibus.

80   Dum quaeritur tempus locus quodque in re tali diffi-
cillimum est, prima vox, dum animo spes timor, ratio casus
obversantur, egressum cubiculo Vespasianum pauci milites,
solito adsistentes ordine ut legatum salutaturi, imperatorem
5 salutavere: tum ceteri adcurrere, Caesarem et Augustum et
omnia principatus vocabula cumulare. mens a metu ad fortunam transierat: in ipso nihil tumidum, adrogans aut in rebus novis novum fuit. ut primum tantae altitudinis obfusam
oculis caliginem disiecit, militariter locutus laeta omnia et
10 affluentia excepit; namque id ipsum opperiens Mucianus ala-
crem militem in verba Vespasiani adegit. tum Antiochen-
sium theatrum ingressus, ubi illis consultare mos est, concurrentis et in adulationem effusos adloquitur, satis decorus
etiam Graeca facundia, omniumque quae diceret atque ageret
15 arte quadam ostentator. nihil aeque provinciam exercitum-
que accendit quam quod adseverabat Mucianus statuisse Vitellium ut Germanicas legiones in Syriam ad militiam opulen-
tam quietamque transferret, contra Syriacis legionibus Germanica hiberna caelo ac laboribus dura mutarentur; quippe
20 et provinciales sueto militum contubernio gaudebant, plerique necessitudinibus et propinquitatibus mixti, et militibus
vetustate stipendiorum nota et familiaria castra in modum
penatium diligebantur.

4 v. nōn Iulii M   quintum Ritter   8 contione Agricola: cognitione M
   80. 1 queritur M   4 adsistentes Pichena: adsistent M   6
fortunam] fiduciam Prammer, Novák   8 tante M   altitudinis
Triller: multitudinis| M: mutationis I. F. Gronovius: magnitudinis
Van der Vliet   fortuna obfusam Novák   12 illi M   15 sed
nihil aeque coni. Andresen   19 hiberna Rhenanus: hiberno M

Ante idus Iulias Syria omnis in eodem sacramento 81
fuit. accessere cum regno Sohaemus haud spernendis viribus,
Antiochus vetustis opibus ingens et servientium regum di-
tissimus. mox per occultos suorum nuntios excitus ab urbe
Agrippa, ignaro adhuc Vitellio, celeri navigatione propera- 5
verat. nec minore animo regina Berenice partis iuvabat,
florens aetate formaque et seni quoque Vespasiano magnificentia munerum grata. quidquid provinciarum adluitur mari
Asia atque Achaia tenus, quantumque introrsus in Pontum
et Armenios patescit, iuvavere; sed inermes legati regebant, 10
nondum additis Cappadociae legionibus. consilium de summa
rerum Beryti habitum. illuc Mucianus cum legatis tribunisque
et splendidissimo quoque centurionum ac militum venit, et e
Iudaico exercitu lecta decora: tantum simul peditum equitumque et aemulantium inter se regum paratus speciem for- 15
tunae principalis effecerant.

Prima belli cura agere dilectus, revocare veteranos; 82
destinantur validae civitates exercendis armorum officinis;
apud Antiochensis aurum argentumque signatur, eaque cuncta per idoneos ministros suis quaeque locis festinabantur.
ipse Vespasianus adire, hortari, bonos laude, segnis exem- 5
plo incitare saepius quam coercere, vitia magis amicorum
quam virtutes dissimulans. multos praefecturis et procura-
tionibus, plerosque senatorii ordinis honore percoluit, egre-
gios viros et mox summa adeptos; quibusdam fortuna pro
virtutibus fuit. donativum militi neque Mucianus prima con- 10
tione nisi modice ostenderat, ne Vespasianus quidem plus civili bello obtulit quam alii in pace, egregie firmus adversus
militarem largitionem eoque exercitu meliore. missi ad Par-

81. Id Iuli *M*   3 servientium *Novák*: inservientium *M, cf.* Inlitora,
c. 83   4 exercitus *M*   5 celerina vagatione *M, corr. m. recentior*
12 beriti *M*
82. 4 quaeque *M² in margine*: quoque *M*: quodque *Ritter*: quidque
Heraeus   11 ac ne *Ritter*   civili *M¹*: civile *M*   13 melior
W. *Heraeus*

thum Armeniumque legati, provisumque ne versis ad civile
15 bellum legionibus terga nudarentur. Titum instare Iudaeae,
Vespasianum obtinere claustra Aegypti placuit: sufficere videbantur adversus Vitellium pars copiarum et dux Mucianus
et Vespasiani nomen ac nihil arduum fatis. ad omnis exercitus legatosque scriptae epistulae praeceptumque ut prae-
20 torianos Vitellio infensos reciperandae militiae praemio in-
vitarent.

83   Mucianus cum expedita manu, socium magis imperii
quam ministrum agens, non lento itinere, ne cunctari videretur, neque tamen properans, gliscere famam ipso spatio sinebat, gnarus modicas viris sibi et maiora credi de absenti-
5 bus; sed legio sexta et tredecim vexillariorum milia ingenti
agmine sequebantur. classem e Ponto Byzantium adigi iusserat, ambiguus consilii num omissa Moesia Dyrrachium pedite
atque equite, simul longis navibus versum in Italiam mare
clauderet, tuta pone tergum Achaia Asiaque, quas inermis
10 exponi Vitellio, ni praesidiis firmarentur; atque ipsum Vitellium in incerto fore quam partem Italiae protegeret, si sibi
Brundisium Tarentumque et Calabriae Lucaniaeque litora infestis classibus peterentur.

84   Igitur navium militum armorum paratu strepere provinciae, sed nihil aeque fatigabat quam pecuniarum conqui-
sitio: eos esse belli civilis nervos dictitans Mucianus non ius
aut verum in cognitionibus, sed solam magnitudinem opum
5 spectabat. passim delationes, et locupletissimus quisque in
praedam correpti. quae gravia atque intoleranda, sed necessitate armorum excusata etiam in pace mansere, ipso
Vespasiano inter initia imperii ad obtinendas iniquitates haud
perinde obstinante, donec indulgentia fortunae et pravis ma-

83. 4 esse sibi *al.*   assentibus *M, corr. M²*   7 dirrachium *M*   8
equite peteret *al.*   9 quasi| *M*   11 sibi *secl. Weissenborn :* simul
Rhenanus   12 Inlito|ra *M*
    84. 9 perIn| *M*

gistris didicit aususque est. propriis quoque opibus Mucianus 10
bellum iuvit, largus privatim, quod avidius de re publica
sumeret. ceteri conferendarum pecuniarum exemplum secuti, rarissimus quisque eandem in reciperando licentiam ha-
buerunt.

Adcelerata interim Vespasiani coepta Illyrici exer- 85
citus studio transgressi in partis : tertia legio exemplum ceteris Moesiae legionibus praebuit ; octava erat ac septima
Claudiana, imbutae favore Othonis, quamvis proelio non in-
terfuissent. Aquileiam progressae, proturbatis qui de Othone 5
nuntiabant laceratisque vexillis nomen Vitellii praeferentibus,
rapta postremo pecunia et inter se divisa, hostiliter egerant.
unde metus et ex metu consilium, posse imputari Vespasiano quae apud Vitellium excusanda erant. ita tres Moesicae
legiones per epistulas adliciebant Pannonicum exercitum aut 10
abnuenti vim parabant. in eo motu Aponius Saturninus Moesiae rector pessimum facinus audet, misso centurione ad
interficiendum Tettium Iulianum septimae legionis legatum ob
simultates, quibus causam partium praetendebat. Iulianus
comperto discrimine et gnaris locorum adscitis per avia 15
Moesiae ultra montem Haemum profugit ; nec deinde civili
bello interfuit, per varias moras susceptum ad Vespasianum
iter trahens et ex nuntiis cunctabundus aut properans.

At in Pannonia tertia decima legio ac septima Gal- 86
biana, dolorem iramque Bedriacensis pugnae retinentes, haud
cunctanter Vespasiano accessere, vi praecipua Primi Antonii.
is legibus nocens et tempore Neronis falsi damnatus inter
alia belli mala senatorium ordinem reciperaverat. praeposi- 5
tus a Galba septimae legioni scriptitasse Othoni credebatur,
ducem se partibus offerens ; a quo neglectus in nullo Otho-

10 dicit *M*   11 quod] quo *Muretus*   12 pecuniam *M*
85. 2 studio. transgressa *Agricola*   10 allic|tebant *M*   14
causas *M*, s *del. M¹*   16 hemum *M*   17 ad] a *M*
86. 5 bellum *M* : bellorum *Döderlein*

niani belli usu fuit. labantibus Vitellii rebus Vespasianum
secutus grande momentum addidit, strenuus manu, sermone
10 promptus, serendae in alios invidiae artifex, discordiis et seditionibus potens, raptor, largitor, pace pessimus, bello non
spernendus. iuncti inde Moesici ac Pannonici exercitus Dal-
maticum militem traxere, quamquam consularibus legatis nihil turbantibus. Tampius Flavianus Pannoniam, Pompeius
15 Silvanus Dalmatiam tenebant, divites senes ; sed procurator
aderat Cornelius Fuscus, vigens aetate, claris natalibus.
prima iuventa quietis cupidine senatorium ordinem exuerat ;
idem pro Galba dux coloniae suae, eaque opera procura-
tionem adeptus, susceptis Vespasiani partibus acerrimam
20 bello facem praetulit : non tam praemiis periculorum quam
ipsis periculis laetus pro certis et olim partis nova ambigua
ancipitia malebat. igitur movere et quatere, quidquid usquam
aegrum foret, adgrediuntur. scriptae in Britanniam ad quartadecimanos, in Hispaniam ad primanos epistulae, quod utra-
25 que legio pro Othone, adversa Vitellio fuerat ; sparguntur
per Gallias litterae ; momentoque temporis flagrabat ingens
bellum, Illyricis exercitibus palam desciscentibus, ceteris
fortunam secuturis.

87   Dum haec per provincias a Vespasiano ducibusque
partium geruntur, Vitellius contemptior in dies segniorque,
ad omnis municipiorum villarumque amoenitates resistens,
gravi urbem agmine petebat. sexaginta milia armatorum se-
5 quebantur, licentia corrupta ; calonum numerus amplior, pro-
cacissimis etiam inter servos lixarum ingeniis ; tot legatorum
amicorumque comitatus inhabilis ad parendum, etiam si summa modestia regeretur. onerabant multitudinem obvii ex

12 delmaticum, *mox* dalmatiam *M*   14 Tampius *Faernus, coll.* iii. 10 :
Titus amplius *M*   fa|bianus *M*, b *in* v *corr.* *M*[1]   17 quaestus
Grotius : inquies *Meiser*   21 periculis *M*[1] : periculum *M*   laetus
M[1] : laeti *M*   22 ancipitia *suspicabatur Novák*
     87. 7 comitatus, inhabilis *distinxit Nipperdey*   8 regetur *M, quod*
Andresen dubitanter tuetur

urbe senatores equitesque, quidam metu, multi per adulationem, ceteri ac paulatim omnes ne aliis proficiscentibus ipsi 10
remanerent. adgregabantur e plebe flagitiosa per obsequia
Vitellio cogniti, scurrae, histriones, aurigae, quibus ille ami-
citiarum dehonestamentis mire gaudebat. nec coloniae modo
aut municipia congestu copiarum, sed ipsi cultores arvaque
maturis iam frugibus ut hostile solum vastabantur. 15

     Multae et atroces inter se militum caedes, post sedi- 88
tionem Ticini coeptam manente legionum auxiliorumque discordia ; ubi adversus paganos certandum foret, consensu.
sed plurima strages ad septimum ab urbe lapidem. singulis
ibi militibus Vitellius paratos cibos ut gladiatoriam saginam 5
dividebat ; et effusa plebes totis se castris miscuerat. incuriosos milites—vernacula utebantur urbanitate—quidam
spoliavere, abscisis furtim balteis an accincti forent rogitantes. non tulit ludibrium insolens contumeliarum animus : inermem populum gladiis invasere. caesus inter alios pater mili- 10
tis, cum filium comitaretur ; deinde agnitus et vulgata caede
temperatum ab innoxiis. in urbe tamen trepidatum praecurrentibus passim militibus ; forum maxime petebant, cupidine
visendi locum in quo Galba iacuisset. nec minus saevum
spectaculum erant ipsi, tergis ferarum et ingentibus telis hor- 15
rentes, cum turbam populi per inscitiam parum vitarent, aut
ubi lubrico viae vel occursu alicuius procidissent, ad iurgium,
mox ad manus et ferrum transirent. quin et tribuni praefectique cum terrore et armatorum catervis volitabant.

     Ipse Vitellius a ponte Mulvio insigni equo, paluda- 89
tus accinctusque, senatum et populum ante se agens, quo
minus ut captam urbem ingrederetur, amicorum consilio de-
territus, sumpta praetexta et composito agmine incessit.

13 mirae *M*
    88. 3 certandum *M*[1] : certando *M*   fore *M*   consensus *Walter*
7 ut rebantur *Lipsius, cf. Madvig. Advers.* iii. 224   9 contumeliarum
incerto compendio M : contumeliae *M*[2]   14 scaevum *M*
    89. 1 mulvi| *M*

5 quattuor legionum aquilae per frontem totidemque circa e
legionibus aliis vexilla, mox duodecim alarum signa et post
peditum ordines eques; dein quattuor et triginta cohortes, ut
nomina gentium aut species armorum forent, discretae. ante
aquilas praefecti castrorum tribunique et primi centurionum
10 candida veste, ceteri iuxta suam quisque centuriam, armis
donisque fulgentes; et militum phalerae torquesque splende-
bant: decora facies et non Vitellio principe dignus exercitus. sic Capitolium ingressus atque ibi matrem complexus
Augustae nomine honoravit.

90   Postera die tamquam apud alterius civitatis senatum
populumque magnificam orationem de semet ipso prompsit,
industriam temperantiamque suam laudibus attollens, consciis flagitiorum ipsis qui aderant omnique Italia, per quam
5 somno et luxu pudendus incesserat. vulgus tamen vacuum
curis et sine falsi verique discrimine solitas adulationes edo-
ctum clamore et vocibus adstrepebat; abnuentique nomen
Augusti expressere ut adsumeret, tam frustra quam recusa-
verat.

91   Apud civitatem cuncta interpretantem funesti ominis
loco acceptum est quod maximum pontificatum adeptus Vitellius de caerimoniis publicis xv kalendas Augustas edi-
xisset, antiquitus infausto die Cremerensi Alliensique cladi-
5 bus: adeo omnis humani divinique iuris expers, pari libertorum amicorum socordia, velut inter temulentos agebat.
sed comitia consulum cum candidatis civiliter celebrans omnem infimae plebis rumorem in theatro ut spectator, in
circo ut fautor adfectavit: quae grata sane et popularia, si
10 a virtutibus proficiscerentur, memoria vitae prioris indecora
et vilia accipiebantur. ventitabat in senatum, etiam cum par-

5 totidemque] septemque *Valmaggi ex c.* 100   9 aquilas *b* : aquila *M*
90. 2 ipse *Ritter*   4 ipsius *Ritter*   Italiam *M*
91. 1 omīs *M*   3 quintum decimum *Ritter*   Augustas] āg *M*
6 amicorumque *al.*   9 populari asya| *M*

108

vis de rebus patres consulerentur. ac forte Priscus Helvidius
praetor designatus contra studium eius censuerat. commotus
primo Vitellius, non tamen ultra quam tribunos plebis in
auxilium spretae potestatis advocavit; mox mitigantibus ami- 15
cis, qui altiorem iracundiam eius verebantur, nihil novi ac-
cidisse respondit quod duo senatores in re publica dissenti-
rent; solitum se etiam Thraseae contra dicere. inrisere plerique impudentiam aemulationis; aliis id ipsum placebat quod
neminem ex praepotentibus, sed Thraseam ad exemplar ve- 20
rae gloriae legisset.

Praeposuerat praetorianis Publilium Sabinum a praefectura 92
cohortis, Iulium Priscum tum centurionem : Priscus Valentis,
Sabinus Caecinae gratia pollebant; inter discordis Vitellio
nihil auctoritas. munia imperii Caecina ac Valens obibant,
olim anxii odiis, quae bello et castris male dissimulata pra- 5
vitas amicorum et fecunda gignendis inimicitiis civitas auxerat, dum ambitu comitatu et immensis salutantium agminibus
contendunt comparanturque, variis in hunc aut illum Vitellii
inclinationibus; nec umquam satis fida potentia, ubi nimia
est : simul ipsum Vitellium, subitis offensis aut intempesti- 10
vis blanditiis mutabilem, contemnebant metuebantque. nec eo
segnius invaserant domos hortos opesque imperii, cum fle-
bilis et egens nobilium turba, quos ipsos liberosque patriae
Galba reddiderat, nulla principis misericordia iuvarentur.
gratum primoribus civitatis etiam plebs adprobavit, quod re- 15
versis ab exilio iura libertorum concessisset, quamquam id
omni modo servilia ingenia corrumpebant, abditis pecuniis
per occultos aut ambitiosos sinus, et quidam in domum Caesaris transgressi atque ipsis dominis potentiores.

Sed miles, plenis castris et redundante multitudine, 93

12 consularen|tur *M*   20 exemplar *ex* explum *corr. M*[1]
    92. 1 Publilium *Halm, ex* iii. 36 : publium *M*   a *Mercerus* : ad *M* :
ab *Ritter*   2 tum centurionem *Lipsius* : dum centurio ē *M* : olim centurionem *Van der Vliet*

in porticibus aut delubris et urbe tota vagus, non principia
noscere, non servare vigilias neque labore firmari : per inle-
cebras urbis et inhonesta dictu corpus otio, animum libidi-
5 nibus imminuebant. postremo ne salutis quidem cura infamibus Vaticani locis magna pars tetendit, unde crebrae in
vulgus mortes ; et adiacente Tiberi Germanorum Gallorumque
obnoxia morbis corpora fluminis aviditas et aestus impatien-
tia labefecit. insuper confusus pravitate vel ambitu ordo mi-
10 litiae : sedecim praetoriae, quattuor urbanae cohortes scri-
bebantur, quis singula milia inessent. plus in eo dilectu Valens audebat, tamquam ipsum Caecinam periculo exemisset.
sane adventu eius partes convaluerant, et sinistrum lenti itineris rumorem prospero proelio verterat. omnisque inferi-
15 oris Germaniae miles Valentem adsectabatur, unde primum
creditur Caecinae fides fluitasse.

94   Ceterum non ita ducibus indulsit Vitellius ut non
plus militi liceret. sibi quisque militiam sumpsere : quamvis
indignus, si ita maluerat, urbanae militiae adscribebatur ;
rursus bonis remanere inter legionarios aut alaris volentibus
5 permissum. nec deerant qui vellent, fessi morbis et intem-
periem caeli incusantes ; robora tamen legionibus alisque
subtracta, convulsum castrorum decus, viginti milibus e toto
exercitu permixtis magis quam electis.

Contionante Vitellio postulantur ad supplicium Asiaticus
10 et Flavus et Rufinus duces Galliarum, quod pro Vindice bellassent. nec coercebat eius modi voces Vitellius : super
insitam [mortem] animo ignaviam conscius sibi instare donativum et deesse pecuniam omnia alia militi largiebatur. liberti
principum conferre pro numero mancipiorum ut tributum

93. 5 salutis cura : infamibus *ed. Spirensis, Gantrelle, Müller*   7
gavo|rumque *M*   8 aviditas *Puteolanus* : avi|ditate *M* : aviditate
aestus *Madvig* : aviditate . . . labefacta *Meiser*   9 confusus insuper
Gerber

94. 3 maluerat *M*[1] : maluerit *M*   4 aleres *M*   12 mortem
om. dett. : inerti *Pichena* : marcenti *Orelli* : socordi *Helmreich* : mortem
animo *del. W. Heraeus*

iussi : ipse sola perdendi cura stabula aurigis extruere, cir- 15
cum gladiatorum ferarumque spectaculis opplere, tamquam
in summa abundantia pecuniae inludere.

Quin et natalem Vitellii diem Caecina ac Valens 95
editis tota urbe vicatim gladiatoribus celebravere, ingenti
paratu et ante illum diem insolito. laetum foedissimo cuique
apud bonos invidiae fuit quod extructis in campo Martio
aris inferias Neroni fecisset. caesae publice victimae crema- 5
taeque ; facem Augustales subdidere, quod sacerdotium, ut
Romulus Tatio regi, ita Caesar Tiberius Iuliae genti sacravit.
nondum quartus a victoria mensis, et libertus Vitellii Asiaticus Polyclitos Patrobios et vetera odiorum nomina aequa-
bat. nemo in illa aula probitate aut industria certavit : unum 10
ad potentiam iter, prodigis epulis et sumptu ganeaque satiare
inexplebilis Vitellii libidines. ipse abunde ratus si praesentibus frueretur, nec in longius consultans, noviens miliens
sestertium paucissimis mensibus intervertisse creditur. magna
et misera civitas, eodem anno Othonem Vitellium passa, 15
inter Vinios Fabios Icelos Asiaticos varia et pudenda sorte
agebat, donec successere Mucianus et Marcellus et magis
alii homines quam alii mores.

Primae Vitellio tertiae legionis defectio nuntiatur, 96
missis ab Aponio Saturnino epistulis, antequam is quoque
Vespasiani partibus adgregaretur ; sed neque Aponius cuncta, ut trepidans re subita, perscripserat, et amici adulan-
tes mollius interpretabantur : unius legionis eam seditionem, 5

17 abundantiae
  95. 5 neronis M, corr. M¹   fecisset Lipsius : Iecisset M   6
subdidere Rhenanus : sub|dere M   7 romulus statio, s in voc. romulus
del. M¹   Tatio] Titios T. Tatio Heraeus   quod sacerdotium . . .
sacravit secl. Nipperdey, coll. A. i. 54 probante Macke cui Caesar Tiberius
suspectum   gentis M, corr. M¹   9 vetera] cetera Gudeman
11 prodigis epulis et secl. Novák, coll. I. 62   ganeaque Palmerius :
galane aque M : gula ganeaque Meiser   13 milliens M   14
crederetur M   magna et] sagina. at Mehler, Halm   15 vitellium|
M : Vitelliumque dett.
  96. 5 mollius ab : mullius M

ceteris exercitibus constare fidem. in hunc modum etiam Vitellius apud milites disseruit, praetorianos nuper exauctora-
tos insectatus, a quibus falsos rumores dispergi, nec ullum
civilis belli metum adseverabat, suppresso Vespasiani no-
10 mine et vagis per urbem militibus qui sermones populi coer-
cerent. id praecipuum alimentum famae erat.

97   Auxilia tamen e Germania Britanniaque et Hispaniis
excivit, segniter et necessitatem dissimulans. perinde legati
provinciaeque cunctabantur, Hordeonius Flaccus suspectis
iam Batavis anxius proprio bello, Vettius Bolanus numquam
5 satis quieta Britannia, et uterque ambigui. neque ex Hispaniis properabatur, nullo tum ibi consulari : trium legionum
legati, pares iure et prosperis Vitellii rebus certaturi ad obsequium, adversam eius fortunam ex aequo detrectabant. in
Africa legio cohortesque delectae a Clodio Macro, mox a
10 Galba dimissae, rursus iussu Vitellii militiam cepere ; simul
cetera iuventus dabat impigre nomina. quippe integrum illic
ac favorabilem proconsulatum Vitellius, famosum invisumque Vespasianus egerat : proinde socii de imperio utriusque
coniectabant, sed experimentum contra fuit.

98   Ac primo Valerius Festus legatus studia provincia-
lium cum fide iuvit ; mox nutabat, palam epistulis edictisque
Vitellium, occultis nuntiis Vespasianum fovens et haec illave
defensurus, prout invaluissent. deprehensi cum litteris edi-
5 ctisque Vespasiani per Raetiam et Gallias militum et centurionum quidam ad Vitellium missi necantur : plures fefellere,
fide amicorum aut suomet astu occultati. ita Vitellii paratus
noscebantur, Vespasiani consiliorum pleraque ignota, primum socordia Vitellii, dein Pannonicae Alpes praesidiis in-
10 sessae nuntios retinebant. mare quoque etesiarum flatu in
Orientem navigantibus secundum, inde adversum erat.

7 exaucto rato M
    97. 1 abrittaniaque M, corr. M¹   13 perinde Rhenanus
    98. 7 suomet astu Agricola : suo mestati M, i in u corr. M¹   10
etesiarum Rhenanus : et esi flabra aquilonis. arum M, cf. Lucr. v. 740,
vi. 730

Tandem inruptione hostium atrocibus undique nun- 99
tiis exterritus Caecinam ac Valentem expedire ad bellum
iubet. praemissus Caecina, Valentem e gravi corporis morbo
tum primum adsurgentem infirmitas tardabat. longe alia pro-
ficiscentis ex urbe Germanici exercitus species: non vigor 5
corporibus, non ardor animis; lentum et rarum agmen, fluxa
arma, segnes equi; impatiens solis pulveris tempestatum,
quantumque hebes ad sustinendum laborem miles, tanto ad
discordias promptior. accedebat huc Caecinae ambitio vetus,
torpor recens, nimia fortunae indulgentia soluti in luxum, seu 10
perfidiam meditanti infringere exercitus virtutem inter artis
erat. credidere plerique Flavii Sabini consiliis concussam
Caecinae mentem, ministro sermonum Rubrio Gallo: rata
apud Vespasianum fore pacta transitionis. simul odiorum
invidiaeque erga Fabium Valentem admonebatur ut impar 15
apud Vitellium gratiam virisque apud novum principem pararet.

Caecina e complexu Vitellii multo cum honore di- 100
gressus partem equitum ad occupandam Cremonam praemisit. mox vexilla primae, quartae, quintaedecimae, sextaedecimae legionum, dein quinta et duoetvicensima secutae;
postremo agmine unaetvicensima Rapax et prima Italica 5
incessere cum vexillariis trium Britannicarum legionum et electis auxiliis. profecto Caecina scripsit Fabius Valens exercitui, quem ipse ductaverat, ut in itinere opperiretur: sic
sibi cum Caecina convenisse. qui praesens eoque validior
mutatum id consilium finxit ut ingruenti bello tota mole 10

99. 1 inruptionem *M* : de inruptione *Freudenberg*   2 expedire
Acidalius : expediri *M, cf.* i. 10, 88   9 metus *M, corr. in textu et in
margine M*[1]   11 meditanti *Rhenanus* : meditatio *M* : meditato
I. Gronovius   12 savini *M*

100. 1 Caecina e *Orellius* : caecinae *M*   3 primae quartae quintaedecimae et sextaedecimae *Ferletus et Nipperdey* qui *et ante* sextaedecimae
ab illo additum sustulit : In quattuor| decum xvi *M*   4 duo et vince-|
sima *M, corr. M*[1]   5 unetvicesima *dett., Nipperdey*   10 mutatum
b : ramuta|tum *M*, r *del. M*[1] : immutatum *al.*

occurreretur. ita adcelerare legiones Cremonam, pars Hostiliam petere iussae : ipse Ravennam devertit praetexto
classem adloquendi ; mox Patavii secretum componendae proditionis quaesitum. namque Lucilius Bassus post praefectu
15 ram alae Ravennati simul ac Misenensi classibus a Vitellio
praepositus, quod non statim praefecturam praetorii adeptus
foret, iniquam iracundiam flagitiosa perfidia ulciscebatur.
nec sciri potest traxeritne Caecinam, an, quod evenit inter
malos ut et similes sint, eadem illos pravitas impulerit.

101   Scriptores temporum, qui potiente rerum Flavia
domo monimenta belli huiusce composuerunt, curam pacis
et amorem rei publicae, corruptas in adulationem causas,
tradidere : nobis super insitam levitatem et prodito Galba vi-
5 lem mox fidem aemulatione etiam invidiaque, ne ab aliis apud
Vitellium anteirentur, pervertisse ipsum Vitellium videntur.
Caecina legiones adsecutus centurionum militumque animos
obstinatos pro Vitellio variis artibus subruebat : Basso eadem
molienti minor difficultas erat, lubrica ad mutandam fidem classe
10 ob memoriam recentis pro Othone militiae.

11 cremona *M*   13 patvi *M*   proditioni *Rhenanus*   14 Bassus
Rhenanus : blaessus *M*   16 praefectura *M*   18 traxerit *M*[1] :
traxerat *M*   19 ut . . . sint *secl. Wurm* : ut et cogitationes similes
sint *Heraeus* : ut et consiliis similes sint *Urlichs*
101. 1 temporum illorum *Gercke*   2 Caecinae curam *Ritter*   4
insitas *M, corr. M*[1]   6 anteiretur *dett.*   ipsi *Classen, Halm* : ipsum
ex dittographia natum del. Novák   Vitellium *om. dett.*   videtur *dett.*

CORNELII TACITI

HISTORIARVM

LIBER III

MELIORE fato fideque partium Flavianarum duces con- 1
silia belli tractabant. Poetovionem in hiberna tertiae decimae legionis convenerant. illic agitavere placeretne obstrui
Pannoniae Alpes, donec a tergo vires universae consurge-
rent, an ire comminus et certare pro Italia constantius foret. 5
quibus opperiri auxilia et trahere bellum videbatur, Germanicarum legionum vim famamque extollebant, et advenisse
mox cum Vitellio Britannici exercitus robora : ipsis nec numerum parem pulsarum nuper legionum, et quamquam atro-
citer loquerentur, minorem esse apud victos animum. sed in- 10
sessis interim Alpibus venturum cum copiis Orientis Mucianum ; superesse Vespasiano mare, classis, studia provinciarum, per quas velut alterius belli molem cieret. ita salubri
mora novas viris adfore, ex praesentibus nihil periturum.

Ad ea Antonius Primus (is acerrimus belli concitator) 2
festinationem ipsis utilem, Vitellio exitiosam disseruit. plus
socordiae quam fiduciae accessisse victoribus; neque enim
in procinctu et castris habitos : per omnia Italiae municipia
desides, tantum hospitibus metuendos, quanto ferocius ante 5
se egerint, tanto cupidius insolitas voluptates hausisse. circo

1. 5 Italiam *M, corr. M*[1]   7 famanque *M*   8 mox] modo
Wölfflin   13 per quae *Nipperdey*   sulubri *M*   14 ex *Urlichs* :
et *M* : e *Nipperdey*
2. 1 conciator *M* : concitor *Orelli*   5 ante se] antea *coni.*
Nipperdey   6 se *del. Lallemand*

quoque ac theatris et amoenitate urbis emollitos aut valetu-
dinibus fessos : sed addito spatio rediturum et his robur me-
ditatione belli ; nec procul Germaniam, unde vires ; Britan-
10 niam freto dirimi, iuxta Gallias Hispaniasque, utrimque viros equos tributa, ipsamque Italiam et opes urbis ; ac si inferre arma ultro velint, duas classis vacuumque Illyricum
mare. quid tum claustra montium profutura ? quid tractum
in aestatem aliam bellum ? unde interim pecuniam et com-
15 meatus ? quin potius eo ipso uterentur quod Pannonicae legiones deceptae magis quam victae resurgere in ultionem
properent, Moesici exercitus integras viris attulerint. si numerus militum potius quam legionum putetur, plus hinc roboris, nihil libidinum ; et profuisse disciplinae ipsum pudo-
20 rem : equites vero ne tum quidem victos, sed quamquam rebus adversis disiectam Vitellii aciem. ' duae tunc Pannonicae
ac Moesicae alae perrupere hostem : nunc sedecim alarum
coniuncta signa pulsu sonituque et nube ipsa operient ac su-
perfundent oblitos proeliorum equites equosque. nisi quis
25 retinet, idem suasor auctorque consilii ero. vos, quibus fortuna in integro est, legiones continete : mihi expeditae cohortes sufficient. iam reseratam Italiam, impulsas Vitellii res
audietis. iuvabit sequi et vestigiis vincentis insistere.'

3   Haec ac talia flagrans oculis, truci voce, quo latius
audiretur (etenim se centuriones et quidam militum consilio
miscuerant), ita effudit ut cautos quoque ac providos per-
moveret, vulgus et ceteri unum virum ducemque, spreta alio-
5 rum segnitia, laudibus ferrent. hanc sui famam ea statim
contione commoverat, qua recitatis Vespasiani epistulis non
ut plerique incerta disseruit, huc illuc tracturus interpreta-

12 illyricūnare M, notam del. M¹, ut sit illyrici mare, et sic al.   14
Inter Inpecuniam M   15 pannonice legionis M, sed e superscr. M¹
24 ni sibi quis malebat Müller   25 suāosor M, notam del. M¹
actorque Jacob   27 reseratam Italiam Pichena : resera|ta militiam M
    3. 4 ceterum M. sed partim corr. M¹ : vulgus ceterum Madvig   7
interpretatione Acidalius : interpraetationem M accusativum probante

tione, prout conduxisset: aperte descendisse in causam videbatur, eoque gravior militibus erat culpae vel gloriae
socius.   10

Proxima Cornelii Fusci procuratoris auctoritas. is 4
quoque inclementer in Vitellium invehi solitus nihil spei sibi
inter adversa reliquerat. Tampius Flavianus, natura ac senecta cunctator, suspiciones militum inritabat, tamquam
adfinitatis cum Vitellio meminisset; idemque, quod coeptante 5
legionum motu profugus, dein sponte remeaverat, perfidiae
locum quaesisse credebatur. nam Flavianum, omissa Pannonia ingressum Italiam et discrimini exemptum, rerum novarum cupido legati nomen resumere et misceri civilibus armis
impulerat, suadente Cornelio Fusco, non quia industria Fla- 10
viani egebat, sed ut consulare nomen surgentibus cum maxime partibus honesta specie praetenderetur.

Ceterum ut transmittere in Italiam impune et usui 5
foret, scriptum Aponio Saturnino, cum exercitu Moesico celeraret. ac ne inermes provinciae barbaris nationibus exponerentur,
principes Sarmatarum Iazugum, penes quos civitatis regimen,
in commilitium adsciti. plebem quoque et vim equitum, qua 5
sola valent, offerebant: remissum id munus, ne inter discordias externa molirentur aut maiore ex diverso mercede ius
fasque exuerent. trahuntur in partis Sido atque Italicus reges
Sueborum, quis vetus obsequium erga Romanos et gens fidei
†commissior† patientior. posita in latus auxilia, infesta 10

Summers   9 gratior *dett.*, *Meiser, cf.* iv. 80 levior
   4. 2 inclimenter *M*   4 cunctator *Lipsius*: cuncta|tior *M*: cun-
ctantior *Halm, cf. tamen Suet. Iul.* 60 *Ihm*   5 idque *M*   12
honestas *M, corr. M¹*
   5. 1 transmittere bellum *Acidalius*: transmittere militem *Ritter*:
transmittere rem *Walter*: bellum *post* Italiam *addidit Halm*   inpunem
M   2 aponio satium *M, inter quam priorem nominis (sc.* Saturnino)
partem et alteram nino *in Medìceo posita sunt* revirescere (c. 7. 10) *usque
ad* inimici (c. 9. 22): *verum ordinem restituit Pichena*   exercitum *M,
corr. M¹*   3 ac ne... exponerentur *ante* posita *v.* 10 *transposuit
Acidalius*   4 principis *M*   8 trauntur (h *superscr. M²*) in parte
M   10 commissior *obelo notavi*: commissi *b, probante Valmaggi*:
commissae *al.*: commilitio *Meiser*: quam iussorum *Scheffer*   opposita
Rhenanus tacite

Raetia, cui Porcius Septiminus procurator erat, incorruptae
erga Vitellium fidei. igitur Sextilius Felix cum ala Auriana
et octo cohortibus ac Noricorum iuventute ad occupandam
ripam Aeni fluminis, quod Raetos Noricosque interfluit, mis-
15 sus. nec his aut illis proelium temptantibus, fortuna partium
alibi transacta.

6   Antonio vexillarios e cohortibus et partem equitum ad
invadendam Italiam rapienti comes fuit Arrius Varus, strenuus
bello, quam gloriam et dux Corbulo et prosperae in Armenia
res addiderant. idem secretis apud Neronem sermonibus fe-
5 rebatur Corbulonis virtutes criminatus; unde infami gratia
primum pilum adepto laeta ad praesens male parta mox in
perniciem vertere. sed Primus ac Varus occupata Aquileia
per proxima quaeque et Opitergii et Altini laetis animis accipiuntur. relictum Altini praesidium adversus classis Raven-
10 natis *conatus*, nondum defectione eius audita. inde Patavium
et Ateste partibus adiunxere. illic cognitum tris Vitellianas
cohortis et alam, cui Sebosianae nomen, ad Forum Alieni
ponte iuncto consedisse. placuit occasio invadendi incuriosos; nam id quoque nuntiabatur. luce prima inermos pleros-
15 que oppressere. praedictum ut paucis interfectis ceteros
pavore ad mutandam fidem cogerent. et fuere qui se statim dederent: plures abrupto ponte instanti hosti viam abstu-
lerunt. principia belli secundum Flavianos data.

Vulgata victoria legiones septima Galbiana, tertia decima 7
Gemina cum Vedio Aquila legato Patavium alacres veniunt.
ibi pauci dies ad requiem sumpti, et Minicius Iustus praefectus
castrorum legionis septimae, quia adductius quam civili bello
imperitabat, subtractus militum irae ad Vespasianum missus 5
est. desiderata diu res interpretatione gloriaque in maius
accipitur, postquam Galbae imagines discordia temporum
subversas in omnibus municipiis recoli iussit Antonius, decorum pro causa ratus, si placere Galbae principatus et partes revirescere crederentur.   10

Quaesitum inde quae sedes bello legeretur. Verona 8
potior visa, patentibus circum campis ad pugnam equestrem,
qua praevalebant : simul coloniam copiis validam auferre Vitellio in rem famamque videbatur. possessa ipso transitu Vi-
cetia ; quod per se parvum (etenim modicae municipio vires) 5
magni momenti locum obtinuit reputantibus illic Caecinam
genitum et patriam hostium duci ereptam. in Veronensibus
pretium fuit : exemplo opibusque partis iuvere ; et interiectus exercitus Raetiam Iuliasque Alpis, [ac] ne pervium
illa Germanicis exercitibus foret, obsaepserat. quae ignara 10
Vespasiano aut vetita : quippe Aquileiae sisti bellum expe-
ctarique Mucianum iubebat, adiciebatque imperio consilium,
quando Aegyptus, claustra annonae, vectigalia opulentissi-
marum provinciarum obtinerentur, posse Vitellii exercitum
egestate stipendii frumentique ad deditionem subigi. eadem 15
Mucianus crebris epistulis monebat, incruentam et sine luctu
victoriam et alia huiusce modi praetexendo, sed gloriae avidus atque omne belli decus sibi retinens. ceterum ex distantibus terrarum spatiis consilia post res adferebantur.

7. 2 Vedio *Rhenanus* : video *M*   3 Minicius *Klebs, cf. Valmaggi*
Mélanges Boissier, p. 450 : municius *M* : Minucius *vulgo*   4 quam
pro *Spengel*   6 gloriaque *b* : gloriaeque *M*   in *om. M*   8
municipis *M*
8. 5 parvum *Halm* : parum *M*   8 inter|tectus *M*   9 praetiam *M*
ex praetium *v.* 8   ac *secl. Lipsius* : ac Noricum *Weissenborn*   10 ob-
sepserat *M*   13 aegyptus *secl. Ritter*   19 p'tres *M, conf.* c. 6 p'rincipia

9   Igitur repentino incursu Antonius stationes hostium
inrupit; temptatisque levi proelio animis ex aequo discessum.
mox Caecina inter Hostiliam, vicum Veronensium, et paludes Tartari fluminis castra permuniit, tutus loco, cum terga
5 flumine, latera obiectu paludis tegerentur.   quod si adfuisset
fides, aut opprimi universis Vitellianorum viribus duae legiones, nondum coniuncto Moesico exercitu, potuere, aut retro
actae deserta Italia turpem fugam conscivissent.   sed Caecina
per varias moras prima hostibus prodidit tempora belli, dum
10 quos armis pellere promptum erat, epistulis increpat, donec
per nuntios pacta perfidiae firmaret.   interim Aponius Saturninus cum legione septima Claudiana advenit.   legioni tribunus Vipstanus Messala praeerat, claris maioribus, egregius
ipse et qui solus ad id bellum artis bonas attulisset.   has ad
15 copias nequaquam Vitellianis paris (quippe tres adhuc legiones erant) misit epistulas Caecina, temeritatem victa arma
tractantium incusans.   simul virtus Germanici exercitus laudibus attollebatur, Vitellii modica et vulgari mentione, nulla
in Vespasianum contumelia: nihil prorsus quod aut corrum-
20 peret hostem aut terreret.   Flavianarum partium duces omissa
prioris fortunae defensione pro Vespasiano magnifice, pro
causa fidenter, de exercitu securi, in Vitellium ut inimici praesumpsere, facta tribunis centurionibusque retinendi quae Vitellius indulsisset spe; atque ipsum Caecinam non obscure
25 ad transitionem hortabantur.   recitatae pro contione epistulae
addidere fiduciam, quod submisse Caecina, velut offendere
Vespasianum timens, ipsorum duces contemptim tamquam in-
sultantes Vitellio scripsissent.

9. 3 hostiam M   vicum Veronensium *secl. Helmreich*   4 cartari
M   8 concivissent *malebat Veress coll. A.* i. 23   13 Vipstanus
Rupertus: vipsanius M   messalla M, *item* iii. 18, 25, 28, iv. 42 *priore
loco*, messala iii. 11, iv. 42 *secundo loco*   15 quippe . . . erant *secl.
Weissenborn*   17 *ante* simul *duabus litteris* fo ⟨f erasa⟩ *praecepit* fortuna
l. 21 *librarius*   22 exercitu] exitu *Lipsius*   ut inimici] uti minis *Madvig*
praesumpsere] rescripsere *Freinsheim.   turbatur sane hic paginarum ordo
(vid. c. 5) ut in codice praesumpsere post partes c. 7. 9 occurrat, unde locum
iure suspiceris*   26 summisisse M   27 contemptim b : contempti M

Adventu deinde duarum legionum, e quibus tertiam 10
Dillius Aponianus, octavam Numisius Lupus ducebant, ostentare viris et militari vallo Veronam circumdare placuit. forte
Galbianae legioni in adversa fronte valli opus cesserat, et
visi procul sociorum equites vanam formidinem ut hostes 5
fecere. rapiuntur arma metu proditionis. ira militum in Tam-
pium Flavianum incubuit, nullo criminis argumento, sed iam
pridem invisus turbine quodam ad exitium poscebatur: pro-
pinquum Vitellii, proditorem Othonis, interceptorem donativi
clamitabant. nec defensioni locus, quamquam supplicis ma- 10
nus tenderet, humi plerumque stratus, lacera veste, pectus
atque ora singultu quatiens. id ipsum apud infensos incitamentum erat, tamquam nimius pavor conscientiam argueret.
obturbabatur militum vocibus Aponius, cum loqui coeptaret;
fremitu et clamore ceteros aspernantur. uni Antonio apertae 15
militum aures; namque et facundia aderat mulcendique vulgum artes et auctoritas. ubi crudescere seditio et a conviciis
ac probris ad tela et manus transibant, inici catenas Flaviano
iubet. sensit ludibrium miles, disiectisque qui tribunal tuebantur extrema vis parabatur. opposuit sinum Antonius stricto 20
ferro, aut militum se manibus aut suis moriturum obtestans,
ut quemque notum et aliquo militari decore insignem aspe-
xerat, ad ferendam opem nomine ciens. mox conversus ad
signa et bellorum deos, hostium potius exercitibus illum fu-
rorem, illam discordiam inicerent orabat, donec fatisceret 25
seditio et extremo iam die sua quisque in tentoria dilaberen-
tur. profectus eadem nocte Flavianus obviis Vespasiani litteris discrimini exemptus est.

Legiones velut tabe infectae Aponium Saturninum 11

10. 2 aponianus *Rhenanus*: apontanus *M, coll.* c. 11   octava *M*
5 |Inprocul *M, corr. M*¹   6 arma metu *Faernus*: armā et ut *M,*
*notam del. M*¹   .T. ampium *M, coll.* ii. 86   14 obturbatur *Orellius*
15 aspernābatur *pro* aspernabātur *b, Ernesti*   16 vulgus *Ritter*   23
auferendam *M*   25 fatiscere *M, Nipperdey*   28 discriminis *M,*
*corr. M*¹

Moesici exercitus legatum eo atrocius adgrediuntur, quod
non, ut prius, labore et opere fessae, sed medio diei exar-
serant, vulgatis epistulis, quas Saturninus ad Vitellium scri-
5 psisse credebatur. ut olim virtutis modestiaeque, tunc pro-
cacitatis et petulantiae certamen erat, ne minus violenter
Aponium quam Flavianum ad supplicium deposcerent. quippe
Moesicae legiones adiutam a se Pannonicorum ultionem re-
ferentes, et Pannonici, velut absolverentur aliorum seditione,
10 iterare culpam gaudebant. in hortos, in quibus devertebatur
Saturninus, pergunt. nec tam Primus et Aponianus et Messala, quamquam omni modo nisi, eripuere Saturninum quam
obscuritas latebrarum, quibus occulebatur, vacantium forte
balnearum fornacibus abditus. mox omissis lictoribus Pata-
15 vium concessit. digressu consularium uni Antonio vis ac
potestas in utrumque exercitum fuit, cedentibus collegis et
obversis militum studiis. nec deerant qui crederent utramque
seditionem fraude Antonii coeptam, ut solus bello frueretur.

12   Ne in Vitellii quidem partibus quietae mentes : exi-
tiosiore discordia non suspicionibus vulgi, sed perfidia ducum
turbabantur. Lucilius Bassus classis Ravennatis praefectus
ambiguos militum animos, quod magna pars Dalmatae Panno-
5 niique erant, quae provinciae Vespasiano tenebantur, partibus eius adgregaverat. nox proditioni electa, ut ceteris ignaris soli in principia defectores coirent. Bassus pudore seu
metu, quisnam exitus foret, intra domum opperiebatur. trierarchi magno tumultu Vitellii imagines invadunt ; et paucis
10 resistentium obtruncatis ceterum vulgus rerum novarum studio
in Vespasianum inclinabat. tum progressus Lucilius auctorem
se palam praebet. classis Cornelium Fuscum praefectum sibi

11. 2 eo M^1 : et M 5 virtutes M, corr. M^1 6 volenter M
8 legionis M, corr. M^1 10 hortus M 17 militibus| M : militis
I. Gronovius

12. 2 discordia quia Wolff   5 a Vespasiano ed. Spirensis   8
Trierarchus| M, corr. M^1 10 obtruncatis det. : obumbratis M pro-
bante Bach : obturbatis Schiller   12 post praebet lacunam suspicatur
Savilius   fuscum ed. Spirensis : tuscum M

destinat, qui propere adcucurrit. Bassus honorata custodia
Liburnicis navibus Atriam pervectus a praefecto alae Vibennio Rufino, praesidium illic agitante, vincitur, sed exoluta 15
statim vincula interventu Hormi Caesaris liberti: is quoque
inter duces habebatur.

 At Caecina, defectione classis vulgata, primores 13
centurionum et paucos militum, ceteris per militiae munera
dispersis, secretum castrorum adfectans in principia vocat.
ibi Vespasiani virtutem virisque partium extollit: transfugisse
classem, in arto commeatum, adversas Gallias Hispaniasque, 5
nihil in urbe fidum; atque omnia de Vitellio in deterius.
mox incipientibus qui conscii aderant, ceteros re nova attonitos in verba Vespasiani adigit; simul Vitellii imagines de-
reptae et missi qui Antonio nuntiarent. sed ubi totis castris
in fama proditio, recurrens in principia miles praescriptum 10
Vespasiani nomen, proiectas Vitellii effigies aspexit, vastum
primo silentium, mox cuncta simul erumpunt. huc cecidisse
Germanici exercitus gloriam ut sine proelio, sine vulnere
vinctas manus et capta traderent arma? quas enim ex diverso
legiones? nempe victas; et abesse unicum Othoniani exer- 15
citus robur, primanos quartadecimanosque, quos tamen isdem illis campis fuderint straverintque. ut tot armatorum milia,
velut grex venalium, exuli Antonio donum darentur? octo
nimirum legiones unius classis accessionem fore. id Basso,
id Caecinae visum, postquam domos hortos opes principi 20
abstulerint, etiam militem auferre. integros incruentosque,

14 Vibennio *Dessau*: vivenniorum *M, corr. M*[1]: Vivennio *vulgo*
 13. 2 munia *Ritter*   3 secretum *Agricola*: secretorum *M*: secreta
al.   castrorum in principia *coni. Godley*   4 transfugisset *M, corr. M*[1]
17 straverintque, ut *levi distinctione ed. Spirensis, Walther*: straverintque. ut . . . darentur (octo . . . fore), id Basso . . . Caecinae visum? . . .
auferre? *Nipperdey*   ut . . . darentur *post* arma *v.* 14 *transposuit
Haase*   tot *om. M*   20 principis *M, corr. M*[1]   21 etiam militem
(milites *Ferretus*) auferre *Müller*: etiam militibus principem auferre
litem *M*: etiam auferre militem *Halm*: etiam militibus principem auferre
Bekker: etiam militem, militibus principem auferre *Nipperdey*

Flavianis quoque partibus vilis, quid dicturos reposcentibus
aut prospera aut adversa?

14   Haec singuli, haec universi, ut quemque dolor impulerat, vociferantes, initio a quinta legione orto, repositis
Vitellii imaginibus vincla Caecinae iniciunt ; Fabium Fabul-
lum quintae legionis legatum et Cassium Longum praefectum
5 castrorum duces deligunt ; forte oblatos trium Liburnicarum
milites, ignaros et insontis, trucidant ; relictis castris, abrupto ponte Hostiliam rursus, inde Cremonam pergunt, ut
legionibus primae Italicae et unietvicensimae Rapaci iungerentur, quas Caecina ad obtinendam Cremonam cum parte
10 equitum praemiserat.

15   Vbi haec comperta Antonio, discordis animis, discretos viribus hostium exercitus adgredi statuit, antequam
ducibus auctoritas, militi obsequium et iunctis legionibus fiducia rediret. namque Fabium Valentem profectum ab urbe
5 adceleraturumque cognita Caecinae proditione coniectabat ;
et fidus Vitellio Fabius nec militiae ignarus. simul ingens
Germanorum vis per Raetiam timebatur. et Britannia Gal-
liaque et Hispania auxilia Vitellius acciverat, immensam belli
luem, ni Antonius id ipsum metuens festinato proelio victo-
10 riam praecepisset. universo cum exercitu secundis a Verona castris Bedriacum venit. postero die legionibus ad mu-
niendum retentis, auxiliares cohortes in Cremonensem agrum
missae ut specie parandarum copiarum civili praeda miles
imbueretur : ipse cum quattuor milibus equitum ad octavum
15 a Bedriaco progressus quo licentius popularentur. exploratores, ut mos est, longius curabant.

16   Quinta ferme hora diei erat, cum citus eques adven-
tare hostis, praegredi paucos, motum fremitumque late audiri

---

14. 1 inpulerant *M, corr. M*[1]   8 unetvicesimae *Nipperdey*
15. 7 et] ex *Agricola* : et ex *dett.*   9 luem] molem *Faernus*   10
secundi] *M*   13 milites *Halm*   14 inbuerentur *M*   16 cur-
sabant *Haase*

nuntiavit. dum Antonius quidnam agendum consultat, aviditate navandae operae Arrius Varus cum promptissimis equitum
prorupit impulitque Vitellianos modica caede; nam plurium 5
adcursu versa fortuna, et acerrimus quisque sequentium fugae
ultimus erat. nec sponte Antonii properatum, et fore quae
acciderant rebatur. hortatus suos ut magno animo capesserent pugnam, diductis in latera turmis vacuum medio relinquit
iter quo Varum equitesque eius reciperet; iussae armari 10
legiones: datum per agros signum ut, qua cuique proximum,
omissa praeda proelio occurreret. pavidus interim Varus turbae suorum miscetur intulitque formidinem. pulsi cum sauciis integri suomet ipsi metu et angustiis viarum conflicta-
bantur. 15

Nullum in illa trepidatione Antonius constantis ducis 17
aut fortis militis officium omisit. occursare paventibus, retinere cedentis, ubi plurimus labor, unde aliqua spes, consilio manu voce insignis hosti, conspicuus suis. eo postremo
ardoris provectus est ut vexillarium fugientem hasta trans- 5
verberaret; mox raptum vexillum in hostem vertit. quo pudore haud plures quam centum equites restitere: iuvit locus,
artiore illic via et fracto interfluentis rivi ponte, qui incerto
alveo et praecipitibus ripis fugam impediebat. ea necessitas
seu fortuna lapsas iam partis restituit. firmati inter se densis 10
ordinibus excipiunt Vitellianos temere effusos, atque illi consternantur. Antonius instare perculsis, sternere obvios, simul ceteri, ut cuique ingenium, spoliare, capere, arma
equosque abripere. et exciti prospero clamore, qui modo
per agros fuga palabantur, victoriae se miscebant. 15

16. 6 fuge *M*   7 ultimus] citissimus *Halm*: celerrimus *Nipperdey*:
primus *Ernesti*: velocissimus *Schenkl probante Andresen*: fugacissimus
pro fuge ultimus *Meiser*   8 acciderunt *Madvig*   12 amissa *M*,
corr. M[1]   14 integri *M*[1]: integrum *M*   suum et *M*
17. 2 fortis *Acidalius*: fortissimi *M*   occursa *M*, re *superscr. m. recens*
3 aliquo *M*   7 resistere *M*   11 illi *Rhenanus*: illic *M*   12
instere *M, corr. M*[1]   perculsis *b*: periculsis *M*[1]: periculi *M*   13
arme quosque *M, corr. m. recens*

18   Ad quartum a Cremona lapidem fulsere legionum
signa Rapacis atque Italicae, laeto inter initia equitum suorum proelio illuc usque provecta. sed ubi fortuna contra fuit,
non laxare ordines, non recipere turbatos, non obviam ire
5 ultroque adgredi hostem tantum per spatium cursu et pu-
gnando fessum. [forte victi] haud perinde rebus prosperis
ducem desideraverant atque in adversis deesse intellegebant.
nutantem aciem victor equitatus incursat ; et Vipstanus Messala tribunus cum Moesicis auxiliaribus adsequitur, quos
10 multi e legionariis quamquam raptim ductos aequabant : ita
mixtus pedes equesque rupere legionum agmen. et propinqua Cremonensium moenia quanto plus spei ad effugium minorem ad resistendum animum dabant. nec Antonius ultra
institit, memor laboris ac vulnerum, quibus tam anceps proelii
15 fortuna, quamvis prospero fine, equites equosque adflicta-
verat.

19   Inumbrante vespera universum Flaviani exercitus
robur advenit. utque cumulos super et recentia caede vestigia incessere, quasi debellatum foret, pergere Cremonam et
victos in deditionem accipere aut expugnare deposcunt. haec
5 in medio, pulchra dictu : illa sibi quisque, posse coloniam
plano sitam impetu capi. idem audaciae per tenebras in-
rumpentibus et maiorem rapiendi licentiam. quod si lucem
opperiantur, iam pacem, iam preces, et pro labore ac vulneribus clementiam et gloriam, inania, laturos, sed opes Cremo-
10 nensium in sinu praefectorum legatorumque fore. expugnatae
urbis praedam ad militem, deditae ad duces pertinere. sper-
nuntur centuriones tribunique, ac ne vox cuiusquam audiatur,
quatiunt arma, rupturi imperium ni ducantur.

18. 3 provectas. et *M*   6 forte victi *secl. Eussner* victi] victuri
Agricola : recti *Heraeus* : ducti *Halm et alii alia*   8 equita|tatus
M   Vipstanus *Rupertus* : vipsanus *M*   10 multi e *Dübner* :
mi'litiae *M*   cursu aequabant *Nipperdey*
    19. 2 corporum cumulos *Ritter, coll. A.* xiv. 37   3 incessere *M*¹ :
accessere *M*   6 in plano *Puteolanus*   9 inani|nia *M, corr. M*¹
13 quatiuntur *M*

Tum Antonius inserens se manipulis, ubi aspectu **20**
et auctoritate silentium fecerat, non se decus neque pretium
eripere tam bene merit*is* adfirmabat, sed divisa inter exercitum ducesque m unia: militibus cupidinem pugnandi convenire,
duces providendo, consultando, cunctatione saepius quam 5
temeritate prodesse. ut pro virili portione armis ac manu
victoriam iuverit, ratione et consilio, propriis ducis artibus,
profuturum; neque enim ambigua esse quae occurrant, noctem et ignotae situm urbis, intus hostis et cuncta insidiis
opportuna. non si pateant portae, nisi explorato, nisi die 10
intrandum. an obpugnationem inchoaturos adempto omni pro-
spectu, quis aequus locus, quanta altitudo moenium, tormen-
tisne et telis an operibus et vineis adgredienda urbs foret?
mox conversus ad singulos, num securis dolabrasque et
cetera expugnandis urbibus secum attulissent, rogitabat. et 15
cum abnuerent, 'gladiisne' inquit 'et pilis perfringere ac
subruere muros ullae manus possunt? si aggerem struere, si
pluteis cratibusve protegi necesse fuerit, ut vulgus improvi-
dum inriti stabimus, altitudinem turrium et aliena munimenta
mirantes? quin potius mora noctis unius, advectis tormentis 20
machinisque, vim victoriamque nobiscum ferimus?' simul
lixas calonesque cum recentissimis equitum Bedriacum mittit,
copias ceteraque usui adlaturos.

Id vero aegre tolerante milite prope seditionem ven- **21**
tum, cum progressi equites sub ipsa moenia vagos e Cre-
monensibus corripiunt, quorum indicio noscitur sex Vitellianas legiones omnemque exercitum, qui Hostiliae egerat, eo
ipso die triginta milia passuum emensum, comperta suorum 5
clade in proelium accingi ac iam adfore. is terror obstructas

---

20. 3 eriperet an *M, corr. M²* *in margine*   7 iuverit ita *Acidalius*
8 occurunt *M,* a *superscr. M¹*   nocte *M*   9 cunctas *M*   13
vineis [machimamenti] genus ad expugnandos muros in modum turrium
factum. is) *M, uncos addidit et super glossam* vacat *scripsit M², om. b*
    21. 1 aegro *M, corr. M¹*   2 egremonensibus *M, corr. M¹*   3
vitallianas *M*

mentis consiliis ducis aperuit. sistere tertiam decimam legionem in ipso viae Postumiae aggere iubet, cui iuncta a
laevo septima Galbiana patenti campo stetit, dein septima
10 Claudiana, agresti fossa (ita locus erat) praemunita; dextro
octava per apertum limitem, mox tertia densis arbustis intersepta. hic aquilarum signorumque ordo: milites mixti per
tenebras, ut fors tulerat; praetorianum vexillum proximum
tertianis, cohortes auxiliorum in cornibus, latera ac terga
15 equite circumdata; Sido atque Italicus Suebi cum delectis
popularium primori in acie versabantur.

22   At Vitellianus exercitus, cui adquiescere Cremonae
et reciperatis cibo somnoque viribus confectum algore atque
inedia hostem postera die profligare ac proruere ratio fuit,
indigus rectoris, inops consilii, tertia ferme noctis hora pa-
5 ratis iam dispositisque Flavianis impingitur. ordinem agminis
disiecti per iram ac tenebras adseverare non ausim, quamquam alii tradiderint quartam Macedonicam dextrum suorum
cornu, quintam et quintam decimam cum vexillis nonae se-
cundaeque et vicensimae Britannicarum legionum mediam
10 aciem, sextadecimanos duoetvicensimanosque et primanos
laevum cornu complesse. Rapaces atque Italici omnibus se
manipulis miscuerant; eques auxiliaque sibi ipsi locum legere. proelium tota nocte varium, anceps, atrox, his, rursus illis exitiabile. nihil animus aut manus, ne oculi quidem
15 provisu iuvabant. eadem utraque acie arma, crebris inter-
rogationibus notum pugnae signum, permixta vexilla, ut
quisque globus capta ex hostibus huc vel illuc raptabat. ur-
gebatur maxime septima legio, nuper a Galba conscripta.
occisi sex primorum ordinum centuriones, abrepta quaedam

8 In alae vo *M*   10 a dextro *Heraeus*   11 tertia *Pichena* :
tertia decima *M*   16 primore *Ritter probante Sirker*
  22. 4 hara *M*   7 alii tradiderint] Messalla tradiderit *Müller,
intellegere sibi visus cur iis quae sequuntur* suorum *additum sit*   dextrum
Faernus : dextro *M*   11 cornū *M*   14 exitiabiles *M, corr. M*[1]
17 urguebatur *M*   18 ad gaba *M*

signa : ipsam aquilam Atilius Verus primi pili centurio multa 20
cum hostium strage et ad extremum moriens servaverat.

Sustinuit labentem aciem Antonius accitis praeto- 23
rianis. qui ubi excepere pugnam, pellunt hostem, dein pelluntur. namque Vitelliani tormenta in aggerem viae contule-
rant ut tela vacuo atque aperto excuterentur, dispersa primo
et arbustis sine hostium noxa inlisa. magnitudine eximia 5
quintae decimae legionis ballista ingentibus saxis hostilem
aciem proruebat. lateque cladem intulisset ni duo milites
praeclarum facinus ausi, arreptis e strage scutis ignorati,
vincla ac libramenta tormentorum abscidissent. statim confossi
sunt eoque intercidere nomina : de facto haud ambigitur. 10
neutro inclinaverat fortuna donec adulta nocte luna surgens
ostenderet acies falleretque. sed Flavianis aequior a tergo ;
hinc maiores equorum virorumque umbrae, et falso, ut in corpora, ictu tela hostium citra cadebant.: Vitelliani adverso
lumine conlucentes velut ex occulto iaculantibus incauti of- 15
ferebantur.

Igitur Antonius, ubi noscere suos noscique poterat, 24
alios pudore et probris, multos laude et hortatu, omnis spe
promissisque accendens, cur resumpsissent arma, Pannonicas legiones interrogabat : illos esse campos, in quibus
abolere labem prioris ignominiae, ubi reciperare gloriam 5
possent. tum ad Moesicos conversus principes auctoresque
belli ciebat : frustra minis et verbis provocatos Vitellianos,
si manus eorum oculosque non tolerent. haec, ut quosque
accesserat ; plura ad tertianos, veterum recentiumque admo-

23. 1 labantem *al., Meiser*   2 excipere *M*   4 e vacuo *Heraeus*
disperso *M*   6 quintae *Lipsius* : quartae *M*   7 clateque *M, corr.*
*M*¹   8 strages *M, corr. M*¹   9 tormentorum *secl. Nipperdey* :
tormento *Lipsius, Ritter*   13 ut in corpora *secl. Hartman*   corpore
*M, corr. M*¹   14 iactu *Acidalius*
    24. 2 laudes *M, corr. M*¹   3 cur resumpsissent *Lipsius* : currari
sumpsissent *M,* cur rari *in margine M*¹ : cur nam sumpsissent *Agricola* :
cur rursus sumpsissent *Ferretus* : cur victa resumpsissent *Spengel*   7
frustrā Inisset| *M*   8 tollerent *M*

10 nens, ut sub M. Antonio Parthos, sub Corbulone Armenios,
nuper Sarmatas pepulissent. mox infensus praetorianis 'vos'
inquit, 'nisi vincitis, pagani, quis alius' imperator, quae castra alia excipient? illic signa armaque vestra sunt, et mors
victis; nam ignominiam consumpsistis.' undique clamor, et
15 orientem solem (ita in Syria mos est) tertiani salutavere.

25   Vagus inde an consilio ducis subditus rumor, advenisse Mucianum, exercitus in vicem salutasse. gradum in-
ferunt quasi recentibus auxiliis aucti, rariore iam Vitellianorum acie, ut quos nullo rectore suus quemque impetus vel
5 pavor contraheret diduceretve. postquam impulsos sensit Antonius, denso agmine obturbabat. laxati ordines abrumpun-
tur, nec restitui quivere impedientibus vehiculis tormentisque.
per limitem viae sparguntur festinatione consectandi victores. eo notabilior caedes fuit, quia filius patrem interfecit.
10 rem nominaque auctore Vipstano Messala tradam. Iulius
Mansuetus ex Hispania, Rapaci legioni additus, impubem
filium domi liquerat. is mox adultus, inter septimanos a
Galba conscriptus, oblatum forte patrem et vulnere stratum
dum semianimem scrutatur, agnitus agnoscensque et ex-
15 anguem amplexus, voce flebili precabatur placatos patris
manis, neve se ut parricidam aversarentur : publicum id facinus; et unum militem quotam civilium armorum partem?
simul attollere corpus, aperire humum, supremo erga parentem
officio fungi. advertere proximi, deinde plures : hinc per
20 omnem aciem miraculum et questus et saevissimi belli exe-
cratio. nec eo segnius propinquos adfinis fratres trucidant
spoliant ' factum esse scelus loquuntur faciuntque.

11 infensius *I. F. Gronovius, Halm*   13 excipiant *M, corr. M¹*   14
ignominia| *M*

      25. 2 mucianus *M, corr. M¹*   exercitum *M, corr. M¹*   5 didu-
ceretve *Lipsius* : |duceretve *M*   inpulsos *Bipontini* : pulsos *M, Val-
maggi*   6 obturbat *dett., Valmaggi*   laxati *M in rasura,* ti *in
margine add. M¹*   10 Vipstano *Rupertus* : vipsano *M*   12 mos
M, corr. M¹   15 placatos *dett.* : platos *M,* ca *superscr. m. recentior* :
ne piatos *b* : piatos *ed. Spirensis, Nipperdey, Halm*   18 attolere *M*
21 trucidant *I. Gronovius* : trucidati *M* : trucidatos *dett.*

Vt Cremonam venere, novum immensumque opus 26
occurrit. Othoniano bello Germanicus miles moenibus Cremonensium castra sua, castris vallum circumiecerat eaque
munimenta rursus auxerat. quorum aspectu haesere victores, incertis ducibus quid iuberent. incipere obpugnationem 5
fesso per diem noctemque exercitu arduum et nullo iuxta
subsidio anceps : sin Bedriacum redirent, intolerandus tam
longi itineris labor, et victoria ad inritum revolvebatur : mu-
nire castra, id quoque propinquis hostibus formidolosum, ne
dispersos et opus molientis subita eruptione turbarent. quae 10
super cuncta terrebat ipsorum miles periculi quam morae
patientior : quippe ingrata quae tuta, ex temeritate spes ;
omnisque caedes et vulnera et sanguis aviditate praedae pen-
sabantur.

Huc inclinavit Antonius cingique vallum corona iussit. 27
primo sagittis saxisque eminus certabant, maiore Flaviano-
rum pernicie, in quos tela desuper librabantur ; mox vallum
portasque legionibus attribuit, ut discretus labor fortis igna-
vosque distingueret atque ipsa contentione decoris accende- 5
rentur. proxima Bedriacensi viae tertiani septimanique sumpsere, dexteriora valli octava ac septima Claudiana ; tertia-
decimanos ad Brixianam portam impetus tulit. paulum inde
morae, dum ex proximis agris ligones dolabras et alii
falcis scalasque convectant : tum elatis super capita scutis 10
densa testudine succedunt. Romanae utrimque artes : pondera
saxorum Vitelliani provolvunt, disiectam fluitantemque testudinem lanceis contisque scrutantur, donec soluta compage
scutorum exanguis aut laceros prosternerent multa cum

26. 2 germa|cus *M*   6 fessos *M*   7 bedriaco *M, corr.*
M[1]   9 formidolesus *M, corr. M*[1]   10 subite ruptione *M*   12
quipe *M*
27. 5 distingeret *M, corr. M*[1]   ipsi *Ritter*   9 ex] et *M* : e *al.*
ligones *Rhenanus* : legiones *M*[1] : legionem *M*   12 fluitantemque
M   13 concitisque *M*   compale *M*, g *superscr. M*[1]   14 cum-
custrage *M*, cu *punctis del. M*[1]

¹⁵ strage. incesserat cunctatio, ni duces fesso militi et velut
inritas exhortationes abnuenti Cremonam monstrassent.

28   Hormine id ingenium, ut Messala tradit, an potior
auctor sit C. Plinius, qui Antonium incusat, haud facile dis-
creverim, nisi quod neque Antonius neque Hormus a fama
vitaque sua quamvis pessimo flagitio degeneravere. non iam
⁵ sanguis neque vulnera morabantur quin subruerent vallum
quaterentque portas, innixi umeris et super iteratam testudinem scandentes prensarent hostium tela brachiaque. integri cum sauciis, semineces cum expirantibus volvuntur, varia pereuntium forma et omni imagine mortium.

29   Acerrimum tertiae septimaeque legionum certamen;
et dux Antonius cum delectis auxiliaribus eodem incubuerat.
obstinatos inter se cum sustinere Vitelliani nequirent et superiacta tela testudine laberentur, ipsam postremo ballistam
⁵ in subeuntis propulere, quae ut ad praesens disiecit obruit-
que quos inciderat, ita pinnas ac summa valli ruina sua traxit; simul iuncta turris ictibus saxorum cessit, qua septimani
dum nituntur cuneis, tertianus securibus gladiisque portam
perfregit. primum inrupisse C. Volusium tertiae legionis mi-
¹⁰litem inter omnis auctores constat. is in vallum egressus,
deturbatis qui restiterant, conspicuus manu ac voce capta
castra conclamavit; ceteri trepidis iam Vitellianis seque e
vallo praecipitantibus perrupere. completur caede quantum
inter castra murosque vacui fuit.   •

30   Ac rursus nova laborum facies: ardua urbis moenia, saxeae turres, ferrati portarum obices, vibrans tela miles, frequens obstrictusque Vitellianis partibus Cremonensis

28. 1 traditam *M, partim corr. M*¹   potiora *M*   2 .G. plunius
M   discreverit *M, corr. M*¹   6 inixi *M* : et innixi *Francken*   7
integris *M*
   29. 3 superjecta *et* superjactata *dett.*   4 de testudine *Halm*   5
disiecto bruitque *M*   obtrivitque *coni. Ernesti*   6 quis *vel* in quos
malebat Ernesti   8 gladiisque] dolabrisque *Heinsius*   11 resi-
sterant *M*

populus, magna pars Italiae stato in eosdem dies mercatu
congregata, quod defensoribus auxilium ob multitudinem, 5
obpugnantibus incitamentum ob praedam erat. rapi ignis
Antonius inferrique amoenissimis extra urbem aedificiis iubet, si damno rerum suarum Cremonenses ad mutandam fidem
traherentur. propinqua muris tecta et altitudinem moenium
egressa fortissimo quoque militum complet; illi trabibus te- 10
gulisque et facibus propugnatores deturbant.

Iam legiones in testudinem glomerabantur, et alii 31
tela saxaque incutiebant, cum languescere paulatim Vitellianorum animi. ut quis ordine anteibat, cedere fortunae, ne
Cremona quoque excisa nulla ultra venia omnisque ira victoris non in vulgus inops, sed in tribunos centurionesque, 5
ubi pretium caedis erat, reverteretur. gregarius miles futuri
socors et ignobilitate tutior perstabat: vagi per vias, in domibus abditi pacem ne tum quidem orabant, cum bellum posuissent. primores castrorum nomen atque imagines Vitellii
amoliuntur; catenas Caecinae (nam etiam tunc vinctus erat) 10
exolvunt orantque ut causae suae deprecator adsistat. asper-
nantem tumentemque lacrimis fatigant, extremum malorum,
tot fortissimi viri proditoris opem invocantes; mox velamenta
et infulas pro muris ostentant. cum Antonius inhiberi tela
iussisset, signa aquilasque extulere; maestum inermium 15
agmen deiectis in terram oculis sequebatur. circumstiterant
victores et primo ingerebant probra, intentabant ictus: mox,
ut praeberi ora contumeliis et posita omni ferocia cuncta
victi patiebantur, subit recordatio illos esse qui nuper Bedriaci victoriae temperassent. sed ubi Caecina praetexta 20
lictoribusque insignis, dimota turba, consul incessit, exarsere
victores: superbiam saevitiamque (adeo invisa scelera sunt),

30. 4 merca|tus *M*
31. 3 ante ibant *M*   4 excissa *Lahmeyer*   5 inobs *M*   6
verteretur *Muretus, Heraeus*   miles *M, sed* m *corr. ex* qui *M*[1]   7
tututior *M, corr. M*[1]   8 potuissent *M,* s *superscr. M*[1]   10 etia
M   erant *M*   19 subiit *Nipperdey*

etiam perfidiam obiectabant. obstitit Antonius datisque defensoribus ad Vespasianum dimisit.

32   Plebs interim Cremonensium inter armatos conflicta-
batur ; nec procul caede aberant, cum precibus ducum mitigatus est miles. et vocatos ad contionem Antonius adloquitur, magnifice victores, victos clementer, de Cremona in
5 neutrum. exercitus praeter insitam praedandi cupidinem vetere odio ad excidium Cremonensium incubuit. iuvisse partis Vitellianas Othonis quoque bello credebantur; mox ter-
tiadecimanos ad extruendum amphitheatrum relictos, ut sunt
procacia urbanae plebis ingenia, petulantibus iurgiis inluse-
10 rant. auxit invidiam editum illic a Caecina gladiatorum spectaculum eademque rursus belli sedes et praebiti in acie
Vitellianis cibi, caesae quaedam feminae studio partium ad
proelium progressae; tempus quoque mercatus ditem alioqui
coloniam maiore opum specie complebat. ceteri duces in ob-
15 scuro : Antonium fortuna famaque omnium oculis exposuerat.
is balineas abluendo cruori propere petit. excepta vox est,
cum teporem incusaret, statim futurum ut incalescerent : ver-
nile dictum omnem invidiam in eum vertit, tamquam signum
incendendae Cremonae dedisset, quae iam flagrabat.

33   Quadraginta armatorum milia inrupere, calonum
lixarumque amplior numerus et in libidinem ac saevitiam corruptior. non dignitas, non aetas protegebat quo minus stupra caedibus, caedes stupris miscerentur. grandaevos senes,
5 exacta aetate feminas, vilis ad praedam, in ludibrium trahebant : ubi adulta virgo aut quis forma conspicuus incidisset,
vi manibusque rapientium divulsus ipsos postremo directo-
res in mutuam perniciem agebat. dum pecuniam vel gravia
auro templorum dona sibi quisque trahunt, maiore aliorum

32. 9 procacie *M, corr. M*[1]   10 gladiatorum|rum *M, pr.* rum *del.*
M[1]   14 maiorem *M* : maiorum *al.*   16 balneas *M, corr. M*[1]
petiit *malebat Nipperdey*   17 incalescerent *ed. Spirensis* : inalesceret
M, n *superscr. M*[1]

vi truncabantur. quidam obvia aspernati verberibus tormen- 10
tisque dominorum abdita scrutari, defossa eruere : faces in
manibus, quas, ubi praedam egesserant, in vacuas domos et
inania templa per lasciviam iaculabantur ; utque exercitu vario linguis moribus, cui cives socii externi interessent, diversae cupidines et aliud cuique fas nec quicquam inlicitum. 15
per quadriduum Cremona suffecit. cum omnia sacra profa-
naque in igne considerent, solum Mefitis templum stetit ante
moenia, loco seu numine defensum.

Hic exitus Cremonae anno ducentesimo octogesimo 34
sexto a primordio sui. condita erat Ti. Sempronio P. Cornelio consulibus, ingruente in Italiam Annibale, propugnaculum adversus Gallos trans Padum agentis et si qua alia vis
per Alpis rueret. igitur numero colonorum, opportunitate 5
fluminum, ubere agri, adnexu conubiisque gentium adolevit
floruitque, bellis externis intacta, civilibus infelix. Antonius
pudore flagitii, crebrescente invidia, edixit ne quis Cremonensem captivum detineret. inritamque praedam militibus effecerat consensus Italiae, emptionem talium mancipiorum asper- 10
nantis : occidi coepere ; quod ubi enotuit, a propinquis ad-
finibusque occulte redemptabantur. mox rediit Cremonam
reliquus populus : reposita fora templaque magnificentia muni-
cipum ; et Vespasianus hortabatur.

Ceterum adsidere sepultae urbis ruinis noxia tabo 35
humus haud diu permisit. ad tertium lapidem progressi vagos
paventisque Vitellianos, sua quemque apud signa, compo-
nunt ; et victae legiones, ne manente adhuc civili bello ambigue agerent, per Illyricum dispersae. in Britanniam inde 5

33. 10 obtruncabantur *Heinsius* : trucidabantur *Ernesti*   obviā *M*
13 lasci|via *M*   utque in *Ritter*   14 inessent *Ernesti*   16
cremonam *M, corr. M¹*   17 ignem *Heinsius, Halm* : ignes *Ernesti*
34. 1 cremonam *M, unde Onions coniecit* Cremonam . . . a primordio
sui tulit *coll. Aen.* ii. 554   2 suo *M,* i *superscr. M¹*   Ti. *Lipsius* :
.T. *M*   P. *Halm* : et *M* : et P. *Rhenanus, coll. A.* xi. 33   5 irrueret
al.   10 aspernantes *M*   13 munificentia *al.*
35. 1 adsideres epuliae *M*   4 ambiguae *M*   5 illiricum *M*

et Hispanias nuntios famamque, in Galliam Iulium Calenum
tribunum, in Germaniam Alpinium Montanum praefectum cohortis, quod hic Trevir, Calenus Aeduus, uterque Vitelliani
fuerant, ostentui misere. simul transitus Alpium praesidiis
10 occupati, suspecta Germania, tamquam in auxilium Vitellii
accingeretur.

36   At Vitellius profecto Caecina, cum Fabium Valentem
paucis post diebus ad bellum impulisset, curis luxum obten-
debat : non parare arma, non adloquio exercitioque militem
firmare, non in ore vulgi agere, sed umbraculis hortorum
5 abditus, ut ignava animalia, quibus si cibum suggeras, iacent
torpentque, praeterita instantia futura pari oblivione dimi-
serat. atque illum in nemore Aricino desidem et marcen-
tem proditio Lucilii Bassi ac defectio classis Ravennatis perculit ; nec multo post de Caecina adfertur mixtus gaudio do-
10 lor et descivisse et ab exercitu vinctum. plus apud socordem
animum laetitia quam cura valuit. multa cum exultatione in
urbem revectus frequenti contione pietatem militum laudibus
cumulat ; Publilium Sabinum praetorii praefectum ob amicitiam
Caecinae vinciri iubet, substituto in locum eius Alfeno Varo.

37   Mox senatum composita in magnificentiam oratione
adlocutus, exquisitis patrum adulationibus attollitur. initium
atrocis in Caecinam sententiae a L. Vitellio factum ; dein ceteri composita indignatione, quod consul rem publicam, dux
5 imperatorem, tantis opibus tot honoribus cumulatus amicum
prodidisset, velut pro Vitellio conquerentes, suum dolorem
proferebant. nulla in oratione cuiusquam erga Flavianos
duces obtrectatio : errorem imprudentiamque exercituum cul-
pantes, Vespasiani nomen suspensi et vitabundi circumibant,
10 nec defuit qui unum consulatus diem (is enim in locum Cae-

7 Alpinum *b, Puteolanus*
   36. 4 firmaret *M, corr. M*[1]   5 suggerant *M, corr. M*[1]   8
pertulit *M, corr. M*[1], *in textu et in margine*   13 Publilium *Halm* :
plublilium *M, coll.* ii. 92   14 loco *M, corr. M*[1]
   37. 3 ceteral *M, corr. M*[1]   5 amicus amicum *Meiser*

cinae supererat) magno cum inrisu tribuentis accipientisque
eblandiretur.   pridie kalendas Novembris Rosius Regulus
iniit eiuravitque.   adnotabant periti numquam antea non ab-
rogato magistratu neque lege lata alium suffectum ; nam consul uno die et ante fuerat Caninius Rebilus C. Caesare dicta- 15
tore, cum belli civilis praemia festinarentur.

    Nota per eos dies Iunii Blaesi mors et famosa fuit, 38
de qua sic accepimus.   gravi corporis morbo aeger Vitellius
Servilianis hortis turrim vicino sitam conlucere per noctem
crebris luminibus animadvertit.   sciscitanti causam apud Caecinam Tuscum epulari multos, praecipuum honore Iunium 5
Blaesum nuntiatur ; cetera in maius, de apparatu et solutis
in lasciviam animis.   nec defuere qui ipsum Tuscum et alios,
sed criminosius Blaesum incusarent, quod aegro principe
laetos dies ageret.   ubi asperatum Vitellium et posse Blaesum
perverti satis patuit iis qui principum offensas acriter spe- 10
culantur, datae L. Vitellio delationis partes.   ille infensus
Blaeso aemulatione prava, quod eum omni dedecore maculosum egregia fama anteibat, cubiculum imperatoris reserat,
filium eius sinu complexus et genibus accidens.   causam con-
fusionis quaerenti, non se proprio metu nec sui anxium, sed 15
pro fratre, pro liberis fratris preces lacrimasque attulisse.
frustra Vespasianum timeri, quem tot Germanicae legiones,
tot provinciae virtute ac fide, tantum denique terrarum ac
maris immensis spatiis arceat : in urbe ac sinu cavendum hostem, Iunios Antoniosque avos iactantem, qui se stirpe impe- 20
ratoria comem ac magnificum militibus ostentet.   versas illuc
omnium mentis, dum Vitellius amicorum inimicorumque ne-
glegens fovet aemulum principis labores e convivio prospe-
ctantem.   reddendam pro intempestiva laetitia maestam et

12 eblandiretur *Rhenanus* : blandiretur *M*   noveveb *M*   15 Rebilus
Rhenanus : rebitus *M*   caesarē *M, corr. M¹*
   38. 3 in vicino *Muretus*   8 criminosium *M*   24 reddenda *M*
maestitiam *M, corr. M¹*

25 funebrem noctem, qua sciat et sentiat vivere Vitellium et imperare et, si quid fato accidat, filium habere.

39   Trepidanti inter scelus metumque, ne dilata Blaesi
mors maturam perniciem, palam iussa atrocem invidiam ferret, placuit veneno grassari; addidit facinori fidem notabili
gaudio, Blaesum visendo. quin et audita est saevissima Vi-
5 tellii vox qua se (ipsa enim verba referam) pavisse oculos
spectata inimici morte iactavit. Blaeso super claritatem natalium et elegantiam morum fidei obstinatio fuit. integris quoque rebus a Caecina et primoribus partium iam Vitellium
aspernantibus ambitus abnuere perseveravit. sanctus, intur-
10 bidus, nullius repentini honoris, adeo non principatus adpetens, parum effugerat ne dignus crederetur.

40   Fabius interim Valens multo ac molli concubinarum
spadonumque agmine segnius quam ad bellum incedens, pro-
ditam a Lucilio Basso Ravennatem classem pernicibus nuntiis accepit. et si coeptum iter properasset, nutantem Caeci-
5 nam praevenire aut ante discrimen pugnae adsequi legiones
potuisset; nec deerant qui monerent ut cum fidissimis per
occultos tramites vitata Ravenna Hostiliam Cremonamve pergeret. aliis placebat accitis ex urbe praetoriis cohortibus
valida manu perrumpere: ipse inutili cunctatione agendi
10 tempora consultando consumpsit; mox utrumque consilium
aspernatus, quod inter ancipitia deterrimum est, dum media
sequitur, nec ausus est satis nec providit.

41   Missis ad Vitellium litteris auxilium postulat. venere
tres cohortes cum ala Britannica, neque ad fallendum aptus
numerus neque ad penetrandum. sed Valens ne in tanto quidem discrimine infamia caruit, quo minus rapere inlicitas

---

25 imperaret *M, corr. M*[1]   26 quit *M*
   39. 3 crassari *M*   notabili *Faernus* : nobili *M*   4 gaudio Blaesum
sine distinctione Valmaggi   L. Vitellii *Ritter*   7 elegantia *M*[1], *fortasse
recte*   fidei obstinatio] *in margine* a]} fides obstinata *M*[1], *vide Andresen
studia critica* ii. 22   fuit] obfuit *Madvig*
   40. 7 vitata Ravenna *secl. Valmaggi*

voluptates adulteriisque ac stupris polluere hospitum domus 5
crederetur : aderant vis et pecunia et ruentis fortunae novissima libido. adventu demum peditum equitumque pravitas
consilii patuit, quia nec vadere per hostis tam parva manu
poterat, etiam si fidissima foret, nec integram fidem attulerant ; pudor tamen et praesentis ducis reverentia moraba- 10
tur, haud diuturna vincla apud pavidos periculorum et dedecoris securos. eo metu cohortis Ariminum praemittit,
alam tueri terga iubet : ipse paucis, quos adversa non mu-
taverant, comitantibus flexit in Vmbriam atque inde Etru-
riam, ubi cognito pugnae Cremonensis eventu non ignavum 15
et, si provenisset, atrox consilium iniit, ut arreptis navibus in quamcumque partem Narbonensis provinciae egressus
Gallias et exercitus et Germaniae gentis novumque bellum
cieret.

Digresso Valente trepidos, qui Ariminum tenebant, 42
Cornelius Fuscus, admoto exercitu et missis per proxima litorum Liburnicis, terra marique circumvenit : occupantur plana
Vmbriae et qua Picenus ager Hadria adluitur, omnisque Italia
inter Vespasianum ac Vitellium Appennini iugis dividebatur. 5
Fabius Valens e sinu Pisano segnitia maris aut adversante
vento portum Herculis Monoeci depellitur. haud procul inde
agebat Marius Maturus Alpium maritimarum procurator, fidus
Vitellio, cuius sacramentum cunctis circa hostilibus nondum
exuerat. is Valentem comiter exceptum, ne Galliam Narbo- 10
nensem temere ingrederetur, monendo terruit ; simul ceterorum fides metu infracta.

Namque circumiectas civitates procurator Valerius 43
Paulinus, strenuus militiae et Vespasiano ante fortunam ami-

---

41. 5 domos *Sirker*   10 reverentiam *M, corr. M*[1]   11 pavidos
Faernus : avidos *M* : avidos praemiorum *Meiser*   12 *in Mediceo hic
verborum ordo est* eo metu et paucis . . . comitantibus . . . ipse flexit.
verum ordinem restituit Acidalius deleto et ante paucis   15 eventum
M, corr. M[1]   17 nerbo|nensis *M*   18 et exercitus *om. det.*, *Rhenanus*
42. 2 proximas *M, corr. M*[1]   3 occupatur *M*   5 appennini
Puteolanus : appenninis *M*   12 inracta *M*
43. 1 valerios *M*

cus, in verba eius adegerat; concitisque omnibus, qui ex-
auctorati a Vitellio bellum sponte sumebant, Foroiuliensem
5 coloniam, claustra maris, praesidio tuebatur, eo gravior
auctor, quod Paulino patria Forum Iulii et honos apud praetorianos, quorum quondam tribunus fuerat, ipsique pagani
favore municipali et futurae potentiae spe iuvare partis ad-
nitebantur. quae ut paratu firma et aucta rumore apud varios
10 Vitellianorum animos increbruere, Fabius Valens cum quattuor speculatoribus et tribus amicis, totidem centurionibus,
ad navis regreditur; Maturo ceterisque remanere et in verba
Vespasiani adigi volentibus fuit. ceterum ut mare tutius Valenti quam litora aut urbes, ita futuri ambiguus et magis quid
15 vitaret quam cui fideret certus, adversa tempestate Stoecha-
das Massiliensium insulas adfertur. ibi eum missae a Paulino
Liburnicae oppressere.

44   Capto Valente cuncta ad victoris opes conversa,
initio per Hispaniam a prima Adiutrice legione orto, quae
memoria Othonis infensa Vitellio decimam quoque ac
sextam traxit. nec Galliae cunctabantur. et Britanniam
5 inditus erga Vespasianum favor, quod illic secundae legioni
a Claudio praepositus et bello clarus egerat, non sine motu
adiunxit ceterarum, in quibus plerique centuriones ac milites
a Vitellio provecti expertum iam principem anxii mutabant.

45   Ea discordia et crebris belli civilis rumoribus Britanni sustulere animos auctore Venutio, qui super insitam
ferociam et Romani nominis odium propriis in Cartimanduam
reginam stimulis accendebatur. Cartimandua Brigantibus im-
5 peritabat, pollens nobilitate; et auxerat potentiam, postquam
capto per dolum rege Carataco instruxisse triumphum Clau-

3 exauctor rati *M, corr. M*[1]   5 *post* claustra *superscr.* que *m. recentior :*
claustraque *al.*   9 ut *Jacob* : vi *M* : ubi *dett.*   11 totidemque *al.*
12 Maturo *Agricola* : maturae *M*   16 defertur *Ernesti, Halm*
  44. 2 hispania adprima *M*   4 et] at *Nolte, Halm*   5 inditus] inclitus
dett., coll. v. 7 : inclinatus *Schütz* : vetus *Haase* : insitus *Ernesti* : traditus
Meiser : indutus *Andresen* : militis *Phillimore*   legionis| *M, corr. M*[1]
  45. 2 Venutio *Bipontini* : venusio *M et sic deinceps*   3 car|tismanduam *M*

dii Caesaris videbatur. inde opes et rerum secundarum
luxus : spreto Venutio (is fuit maritus) armigerum eius Vello-
catum in matrimonium regnumque accepit. concussa statim
flagitio domus : pro marito studia civitatis, pro adultero libido 10
reginae et saevitia. igitur Venutius accitis auxiliis, simul
ipsorum Brigantum defectione in extremum discrimen Cartimanduam adduxit. tum petita a Romanis praesidia. et cohortes alaeque nostrae variis proeliis, exemere tamen periculo reginam ; regnum Venutio, bellum nobis relictum.   15

   Turbata per eosdem dies Germania, et socordia du- 46
cum, seditione legionum, externa vi, perfidia sociali prope
adflicta Romana res. id bellum cum causis et eventibus
(etenim longius provectum est) mox memorabimus. mota et
Dacorum gens numquam fida, tunc sine metu, abducto e 5
Moesia exercitu. sed prima rerum quieti speculabantur : ubi
flagrare Italiam bello, cuncta in vicem hostilia accepere, expugnatis cohortium alarumque hibernis utraque Danuvii ripa
potiebantur. iamque castra legionum excindere parabant, ni
Mucianus sextam legionem opposuisset, Cremonensis victo- 10
riae gnarus, ac ne externa moles utrimque ingrueret, si Dacus
Germanusque diversi inrupissent. adfuit, ut saepe alias, fortuna populi Romani, quae Mucianum virisque Orientis illuc
tulit, et quod Cremonae interim transegimus. Fonteius Agrippa
ex Asia (pro consule eam provinciam annuo imperio tenuerat) 15
Moesiae praepositus est, additis copiis e Vitelliano exercitu,
quem spargi per provincias et externo bello inligari pars
consilii pacisque erat.

   Nec ceterae nationes silebant. subita per Pontum 47
arma barbarum mancipium, regiae quondam classis praefectus, moverat. is fuit Anicetus Polemonis libertus, prae-

8 vell locatum *in rasura* M, *corr.* M¹
   46. 3 romanas M, *corr.* M¹   7 hostiliam M   11 ignarus
Vürtheim   12 sepelias M, *corr. m. recentior*   13 mucianunum M
14 transegit M, *corr.* M¹   16 copis M
   47. 2 quodam M, *corr. m. recentior*   3 libertus | prepotens liber-
tus M

potens olim, et postquam regnum in formam provinciae ver-
5 terat, mutationis impatiens. igitur Vitellii nomine adscitis gentibus, quae Pontum accolunt, corrupto in spem rapinarum
egentissimo quoque, haud temnendae manus ductor, Trape-
zuntem vetusta fama civitatem, a Graecis in extremo Ponti-
cae orae conditam, subitus inrupit. caesa ibi cohors, regium
10 auxilium olim; mox donati civitate Romana signa armaque
in nostrum modum, desidiam licentiamque Graecorum retinebant. classi quoque faces intulit, vacuo mari eludens, quia
lectissimas Liburnicarum omnemque militem Mucianus Byzantium adegerat: quin et barbari contemptim vagabantur, fabri-
15 catis repente navibus. camaras vocant, artis lateribus latam
alvum sine vinculo aeris aut ferri conexam; et tumido mari,
prout fluctus attollitur, summa navium tabulis augent, donec
in modum tecti claudantur. sic inter undas volvuntur, pari
utrimque prora et mutabili remigio, quando hinc vel illinc
20 adpellere indiscretum et innoxium est.

48   Advertit ea res Vespasiani animum ut vexillarios e
legionibus ducemque Virdium Geminum spectatae militiae
deligeret. ille incompositum et praedae cupidine vagum hostem adortus coegit in navis; effectisque raptim Liburnicis
5 adsequitur Anicetum in ostio fluminis Chobi, tutum sub Se-
dochezorum regis auxilio, quem pecunia donisque ad societatem perpulerat. ac primo rex minis armisque supplicem
tueri: postquam merces proditionis aut bellum ostendebatur,
fluxa, ut est barbaris, fide pactus Aniceti exitium perfugas
10 tradidit, belloque servili finis impositus.

     Laetum ea victoria Vespasianum, cunctis super vota

4 verteret *M, corr. M*[1]   8 |manu *M,* mama *in textu et* f *in margine*
M[1]   12 classi *b*[2], *Rhenanus* : classis *M* : classis . . . faciem *Meiser*
13 lectissima *M*   mucianūs bizantium *M*   14 contempti *M*   febri-
catis *M*   15 navibus (camaras vocant) artis lateribus, lata alvo . . .
conexa *Lipsius* : vocant artis *sine distinctione plerique edd.*   artis] altis
Nipperdey   18 claudan| *in fine versus maculoso*   20 appellare *M*
     48. 5 Chobi *Colerus* : cohibi *M, supra* i *fortasse initium litterae* b *M*[1]
11 supra *Wölfflin, Andresen, coll. Sall. hist. fr.* 66

fluentibus, Cremonensis proelii nuntius in Aegypto adsequitur. eo properantius Alexandriam pergit, ut fractos Vitellii
exercitus urbemque externae opis indigam fame urgeret.
namque et Africam, eodem latere sitam, terra marique inva- 15
dere parabat, clausis annonae subsidiis inopiam ac discordiam hosti facturus.

Dum hac totius orbis nutatione fortuna imperii trans- 49
it, Primus Antonius nequaquam pari innocentia post Cremonam agebat, satis factum bello ratus et cetera ex facili,
seu felicitas in tali ingenio avaritiam superbiam ceteraque
occulta mala patefecit. ut captam Italiam persultare, ut suas 5
legiones colere ; omnibus dictis factisque viam sibi ad potentiam struere. utque licentia militem imbueret interfectorum
centurionum ordines legionibus offerebat. eo suffragio turbi-
dissimus quisque delecti ; nec miles in arbitrio ducum, sed
duces militari violentia trahebantur. quae seditiosa et cor- 10
rumpendae disciplinae mox in praedam vertebat, nihil ad-
ventantem Mucianum veritus, quod exitiosius erat quam Vespasianum sprevisse.

Ceterum propinqua hieme et umentibus Pado cam- 50
pis expeditum agmen incedere. signa aquilaeque victricium
legionum, milites vulneribus aut aetate graves, plerique etiam
integri Veronae relicti : sufficere cohortes alaeque et e legionibus lecti profligato iam bello videbantur. undecima legio 5
sese adiunxerat, initio cunctata, sed prosperis rebus anxia
quod defuisset ; sex milia Dalmatarum, recens dilectus, comitabantur ; ducebat Pompeius Silvanus consularis ; vis consiliorum penes Annium Bassum legionis legatum. is Silvanum
socordem bello et dies rerum verbis terentem specie obse- 10
quii regebat ad omniaque quae agenda forent quieta cum

---

13 fractos *Meiser* : fracto *M* : fracto . . . exercitu *dett.*   14 urbem-
que] urbem quoque *det.* : Italiam urbemque *Ritter*
    49. 1 dum ac *M*   6 viam *Lipsius* : vim| *M*   ad] ac *b*
    50. 11 ad *om. M* : et ad omnia *Halm* : atque ad omnia *malebat Veress*

industria aderat. ad has copias e classicis Ravennatibus,
legionariam militiam poscentibus, optimus quisque adsciti:
classem Dalmatae supplevēre. exercitus ducesque ad Fanum
15 Fortunae iter sistunt, de summa rerum cunctantes, quod mo-
tas ex urbe praetorias cohortis audierant et teneri praesidiis Appenninum rebantur; et ipsos in regione bello attrita
inopia et seditiosae militum voces terrebant, clavarium (donativi nomen est) flagitantium. nec pecuniam aut frumentum
20 providerant, et festinatio atque aviditas praepediebant, dum
quae accipi poterant rapiuntur.

51   Celeberrimos auctores habeo tantam victoribus adversus fas nefasque inreverentiam fuisse ut gregarius eques
occisum a se proxima acie fratrem professus praemium a
ducibus petierit. nec illis aut honorare eam caedem ius homi-
5 num aut ulcisci ratio belli permittebat. distulerant tamquam
maiora meritum quam quae statim exolverentur; nec quidquam ultra traditur. ceterum et prioribus civium bellis par
scelus inciderat. nam proelio, quo apud Ianiculum adversus
Cinnam pugnatum est, Pompeianus miles fratrem suum, dein
10 cognito facinore se ipsum interfecit, ut Sisenna memorat:
tanto acrior apud maiores, sicut virtutibus gloria, ita flagitiis
paenitentia fuit. sed haec aliaque ex vetere memoria petita,
quotiens res locusque exempla recti aut solacia mali poscet,
haud absurde memorabimus.

52   Antonio ducibusque partium praemitti equites omnemque Vmbriam explorari placuit, si qua Appennini iuga clemen-
tius adirentur: acciri aquilas signaque et quidquid Veronae
militum foret, Padumque et mare commeatibus compleri.
5 erant inter duces qui necterent moras: quippe nimius iam
Antonius, et certiora ex Muciano sperabantur. namque Mu-

12 aderat] agebat *Spengel*   15 cunctates *M*   17 regione *Faernus*:
legione *M*   18 donativi nomen est *secl. Castalio*
   51. 5 distulerunt *det.*   6 quam quae *Puteolanus*: quanquam *M*
10 ipse *Rupertus*   sisennam *M, corr. M¹*   11 flagitii *det.*

cianus tam celeri victoria anxius et, ni praesens urbe potiretur, expertem se belli gloriaeque ratus, ad Primum et Varum
media scriptitabat, instandum coeptis aut rursus cunctandi
utilitates disserens atque ita compositus ut ex eventu rerum 10
adversa abnueret vel prospera agnosceret. Plotium Grypum, nuper a Vespasiano in senatorium ordinem adscitum
ac legioni praepositum, ceterosque sibi fidos apertius monuit, hique omnes de festinatione Primi ac Vari sinistre et
Muciano volentia rescripsere. quibus epistulis Vespasiano 15
missis effecerat ut non pro spe Antonii consilia factaque
eius aestimarentur.

　　Aegre id pati Antonius et culpam in Mucianum con- 53
ferre, cuius criminationibus eviluissent pericula sua ; nec sermonibus temperabat, immodicus lingua et obsequii insolens.
litteras ad Vespasianum composuit iactantius quam ad principem, nec sine occulta in Mucianum insectatione : se Pan- 5
nonicas legiones in arma egisse ; suis stimulis excitos Moesiae duces, sua constantia perruptas Alpis, occupatam Italiam, intersepta Germanorum Raetorumque auxilia. quod
discordis dispersasque Vitellii legiones equestri procella,
mox peditum vi per diem noctemque fudisset, id pulcherri- 10
mum et sui operis. casum Cremonae bello imputandum : maiore damno, plurium urbium excidiis veteres civium discordias rei publicae stetisse. non se nuntiis neque epistulis, sed
manu et armis imperatori suo militare ; neque officere gloriae
eorum qui Daciam interim composuerint : illis Moesiae pacem, 15
sibi salutem securitatemque Italiae cordi fuisse ; suis exhor-
tationibus Gallias Hispaniasque, validissimam terrarum par-

52. 7 poteretur *Döderlein*　　10 disserens *scripsi* : edisserens *M*
ventu *M*, *litteram* e *ante* disserens *male ponebat librarius*　　11 Grypum
W. Heraeus : griphum *M*　　12 adscitum *Ritter* : additum *M*
　　53. 3 linguae *Lipsius*　　4 littera| *M*　　9 procellam *M. corr.*
M[1]　　10 dies *M*[1], *unde* dies noctesque *an scribendum dubitat Andresen*
11 bellum *M, corr. M*[1]　　14 imperatorium *M, corr. M*[1]　　15
Daciam *Sirker* : asiam *M* : avia *Van der Vliet, coll.* ii. 85 : Moesiam
Purser　　composuerit *M, corr. M*[1]

tem, ad Vespasianum conversas. sed cecidisse in inritum labores si praemia periculorum soli adsequantur qui periculis
20 non adfuerint. nec fefellere ea Mucianum ; inde graves simultates, quas Antonius simplicius, Mucianus callide eoque im-
placabilius nutriebat.

54   At Vitellius fractis apud Cremonam rebus nuntios
cladis occultans stulta dissimulatione remedia potius malorum quam mala differebat. quippe confitenti consultantique
supererant spes viresque : cum e contrario laeta omnia fin-
5 geret, falsis ingravescebat. mirum apud ipsum de bello silentium ; prohibiti per civitatem sermones, eoque plures ac, si
liceret, vere narraturi, quia vetabantur, atrociora vulgaverant.
nec duces hostium augendae famae deerant, captos Vitellii
exploratores circumductosque, ut robora victoris exercitus
10 noscerent, remittendo ; quos omnis Vitellius secreto percontatus interfici iussit. notabili constantia centurio Iulius Agrestis post multos sermones, quibus Vitellium ad virtutem frustra
accendebat, perpulit ut ad viris hostium spectandas quaeque
apud Cremonam acta forent ipse mitteretur. nec exploratione
15 occulta fallere Antonium temptavit, sed mandata imperatoris
suumque animum professus, ut cuncta viseret postulat. missi
qui locum proelii, Cremonae vestigia, captas legiones osten-
derent. Agrestis ad Vitellium remeavit abnuentique vera
esse quae adferret, atque ultro corruptum arguenti 'quando
20 quidem' inquit 'magno documento opus est, nec alius iam
tibi aut vitae aut mortis meae usus, dabo cui credas.' atque
ita digressus voluntaria morte dicta firmavit. quidam iussu
Vitellii interfectum, de fide constantiaque eadem tradidere.

55   Vitellius ut e somno excitus Iulium Priscum et Al-
fenum Varum cum quattuordecim praetoriis cohortibus et

20 grave *M*
54. 5 ingravescebant *Ernesti* : ingravescebat malum *Meiser, coll. A.* xiv.
51   7 vera *Probst*   9 uro|utrobora *M* : uro *del. M*[1]   16
cunta *M*   18 adgrestis *M*   23 constantiamque *M, corr. M*[1]
55. 2 '*fortasse* tredecim' *Nipperdey, coll.* ii. 73, iii. 78

omnibus equitum alis obsidere Appenninum iubet; secuta e
classicis legio.   tot milia armatorum, lecta equis virisque, si
dux alius foret, inferendo quoque bello satis pollebant.   cete- 5
rae cohortes ad tuendam urbem L. Vitellio fratri datae : ipse
nihil e solito luxu remittens et diffidentia properus festinare
comitia, quibus consules in multos annos destinabat ; foedera
sociis, Latium externis dilargiri ; his tributa dimittere, alios
immunitatibus iuvare; denique nulla in posterum cura lace- 10
rare imperium.   sed vulgus ad magnitudinem beneficiorum
hiabat, stultissimus quisque pecuniis mercabatur, apud sa-
pientis cassa habebantur quae neque dari neque accipi salva
re publica poterant.   tandem flagitante exercitu, qui Mevaniam
insederat, magno senatorum agmine, quorum multos ambi- 15
tione, pluris formidine trahebat, in castra venit, incertus animi
et infidis consiliis obnoxius.

Contionanti—prodigiosum   dictu—tantum   foedarum 56
volucrum supervolitavit ut nube atra diem obtenderent.   accessit dirum omen, profugus altaribus taurus disiecto sacri-
ficii apparatu, longe, nec ut feriri hostias mos est, confossus.
sed praecipuum ipse Vitellius ostentum erat, ignarus militiae, 5
improvidus consilii, quis ordo agminis, quae cura explorandi,
quantus urgendo trahendove bello modus, alios rogitans et
ad omnis nuntios vultu quoque et incessu trepidus, dein temulentus.   postremo taedio castrorum et audita defectione
Misenensis classis Romam revertit, recentissimum quodque 10
vulnus pavens, summi discriminis incuriosus.   nam cum transgredi Appenninum integro exercitus sui robore et fessos
hieme atque inopia hostis adgredi in aperto foret, dum dis-
pergit viris, acerrimum militem et usque in extrema obstina-

---

9 ternis *M*   remittere *Nipperdey ex coniectura incerti auctoris, probante*
Andresen   12 hiabat *I. F. Gronovius* : haberat *M* : aderat *al.* : hians
aderat *Meiser* : hebebat *Francken* : haerebat *Van der Vliet*
   56. 4 ut *Schneider* : vi *M* : ubi *dett.* : cui *Schramm*   6 consiliis|
M   8 denique *Heraeus*   10 recentissimus *M, corr. M*[1]   quoque *M*   11 summis *M*   13 dispergunt *Nipperdey*

15 tum trucidandum capiendumque tradidit, peritissimis centurionum dissentientibus et, si consulerentur, vera dicturis.
arcuere eos intimi amicorum Vitellii, ita formatis principis
auribus ut aspera quae utilia, nec quidquam nisi iucundum
et laesurum acciperet.

57   Sed classem Misenensem (tantum civilibus discordiis
etiam singulorum audacia valet) Claudius Faventinus centurio
per ignominiam a Galba dimissus ad defectionem traxit, fictis
Vespasiani epistulis pretium proditionis ɔstentans. praeerat
5 classi Claudius Apollinaris, neque fidei constans neque strenuus in perfidia ; et Apinius Tiro praetura functus ac tum
forte Minturnis agens ducem se defectoribus obtulit. a quibus
municipia coloniaeque impulsae, praecipuo Puteolanorum in
Vespasianum studio, contra Capua Vitellio fida, municipalem
10 aemulationem bellis civilibus miscebant. Vitellius Claudium
Iulianum (is nuper classem Misenensem molli imperio rexerat)
permulcendis militum animis delegit ; data in auxilium urbana
cohors et gladiatores, quibus Iulianus praeerat. ut conlata
utrimque castra, haud magna cunctatione Iuliano in partis
15 Vespasiani transgresso, Tarracinam occupavere, moenibus
situque magis quam ipsorum ingenio tutam.

58   Quae ubi Vitellio cognita, parte copiarum Narniae
cum praefectis praetorii relicta L. Vitellium fratrem cum sex
cohortibus et quingentis equitibus ingruenti per Campaniam
bello opposuit. ipse aeger animi studiis militum et clamori-
5 bus populi arma poscentis refovebatur, dum vulgus ignavum
et nihil ultra verba ausurum falsa specie exercitum et legiones appellat. hortantibus libertis (nam amicorum eius quanto
quis clarior, minus fidus) vocari tribus iubet, dantis nomina

17 arcuere *Lipsius* : arguere *M*   18 aspere *Bipontini*   19 acciperent
Faernus

    57. 7 for|tem inturnis *M*   8 praecipuae *M, corr. M*[1]   10
claudius *M, corr. M*[1]

    58. 2 praetoriis *M, corr. M*[1]   8 iubet| *M* : iubet et *malebam*
dantes *det.* : dante *M* : dantem *Jacob*

sacramento adigit. superfluente multitudine curam dilectus
in consules partitur; servorum numerum et pondus argenti 10
senatoribus indicit. equites Romani obtulere operam pecu-
niasque, etiam libertinis idem munus ultro flagitantibus. ea
simulatio officii a metu profecta verterat in favorem; ac plerique haud proinde Vitellium quam casum locumque principatus miserabantur. nec deerat ipse vultu voce lacrimis mi- 15
sericordiam elicere, largus promissis, et quae natura trepidantium est, immodicus. quin et Caesarem se dici voluit,
aspernatus antea, sed tunc superstitione nominis, et quia in
metu consilia prudentium et vulgi rumor iuxta audiuntur.
ceterum ut omnia inconsulti impetus coepta initiis valida 20
spatio languescunt, dilabi paulatim senatores equitesque,
primo cunctanter et ubi ipse non aderat, mox contemptim et
sine discrimine donec Vitellius pudore inriti conatus quae
non dabantur remisit.

    Vt terrorem Italiae possessa Mevania ac velut rena- **59**
tum ex integro bellum intulerat, ita haud dubium erga Fla-
vianas partis studium tam pavidus Vitellii discessus addidit.
erectus Samnis Paelignusque et Marsi aemulatione quod Campania praevenisset, ut in novo obsequio, ad cuncta belli mu- 5
nia acres erant. sed foeda hieme per transitum Appennini
conflictatus exercitus, et vix quieto agmine nives eluctanti-
bus patuit quantum discriminis adeundum foret, ni Vitellium
retro fortuna vertisset, quae Flavianis ducibus non minus
saepe quam ratio adfuit. obvium illic Petilium Cerialem ha- 10
buere, agresti cultu et notitia locorum custodias Vitellii ela-
psum. propinqua adfinitas Ceriali cum Vespasiano, nec ipse
inglorius militiae, eoque inter duces adsumptus est. Flavio
quoque Sabino ac Domitiano patuisse effugium multi tradi-

14 perinde *dett.*   21 senetores *M, corr. M*[1]   22 contemptim et
sine *Pichena* : contempti mesti ne
  59. 1 maevania *M*   4 aelignusque *M*, p *superscr. M*[2]   **12**
propinquas *M, corr. M*[1]   13 Flaviano *M*

15 dere; et missi ab Antonio nuntii per varias fallendi artis
penetrabant, locum ac praesidium monstrantes. Sabinus in-
habilem labori et audaciae valetudinem causabatur : Domitiano aderat animus, sed custodes a Vitellio additi, quamquam se socios fugae promitterent, tamquam insidiantes
20 timebantur. atque ipse Vitellius respectu suarum necessitu-
dinum nihil in Domitianum atrox parabat.

60   Duces partium ut Carsulas venere, paucos ad requiem dies sumunt, donec aquilae signaque legionum adsequerentur. et locus ipse castrorum placebat, late prospectans,
tuto copiarum adgestu, florentissimis pone tergum municipiis ;
5 simul conloquia cum Vitellianis decem milium spatio distantibus et proditio sperabatur. aegre id pati miles et victoriam
malle quam pacem ; ne suas quidem legiones opperiebantur,
ut praedae quam periculorum socias. vocatos ad contionem
Antonius docuit esse adhuc Vitellio viris, ambiguas, si deli-
10 berarent, acris, si desperassent. initia bellorum civilium
fortunae permittenda : victoriam consiliis et ratione perfici.
iam Misenensem classem et pulcherrimam Campaniae oram
descivisse, nec plus e toto terrarum orbe reliquum Vitellio
quam quod inter Tarracinam Narniamque iaceat. satis gloriae
15 proelio Cremonensi partum et exitio Cremonae nimium invidiae : ne concupiscerent Romam capere potius quam servare. maiora illis praemia et multo maximum decus, si incolumitatem senatui populoque Romano sine sanguine quae-
sissent. his ac talibus mitigati animi.

61   Nec multo post legiones venere. et terrore famaque
aucti exercitus Vitellianae cohortes nutabant, nullo in bellum
adhortante, multis ad transitionem, qui suas centurias turmasque tradere, donum victori et sibi in posterum gratiam,
5 certabant. per eos cognitum est Interamnam proximis campis

20 respectus uarus *M* : uarum *M*¹
    60. 2 aquilas *M, corr. M*¹   3 latae *M*   9 antonium *M, corr. M*¹
11 perfici *b* : profici *M*   12 misen|sem *M* capiniae *M*   17 maior*M*
61. 2 nutabant *det.* : nuntiabant *M*

praesidio quadringentorum equitum teneri. missus extemplo
Varus cum expedita manu paucos repugnantium interfecit;
plures abiectis armis veniam petivere. quidam in castra refugi cuncta formidine implebant, augendo rumoribus virtutem
copiasque hostium, quo amissi praesidii dedecus lenirent. 10
nec ulla apud Vitellianos flagitii poena, et praemiis defecto-
rum versa fides ac reliquum perfidiae certamen. crebra trans-
fugia tribunorum centurionumque; nam gregarius miles indu-
ruerat pro Vitellio, donec Priscus et Alfenus desertis castris
ad Vitellium regressi pudore proditionis cunctos exolverent. 15

Isdem diebus Fabius Valens Vrbini in custodia inter- 62
ficitur. caput eius Vitellianis cohortibus ostentatum ne quam
ultra spem foverent; nam pervasisse in Germanias Valentem
et veteres illic novosque exercitus ciere credebant: visa caede
in desperationem versi. et Flavianus exercitus immane quan- 5
tum *aucto* animo exitium Valentis ut finem belli accepit. natus erat Valens Anagniae equestri familia. procax moribus
neque absurdus ingenio famam urbanitatis per lasciviam
petere. ludicro Iuvenalium sub Nerone velut ex necessitate,
mox sponte mimos actitavit, scite magis quam probe. lega- 10
tus legionis et fovit Verginium et infamavit; Fonteium Capitonem corruptum, seu quia corrumpere nequiverat, interfecit:
Galbae proditor, Vitellio fidus et aliorum perfidia inlustratus.

Abrupta undique spe Vitellianus miles transiturus 63
in partis, id quoque non sine decore, sed sub signis vexillis-
que in subiectos Narniae campos descendere. Flavianus exercitus, ut ad proelium intentus armatusque, densis circa
viam ordinibus adstiterat. accepti in medium Vitelliani, et 5

---

9 augendorum oribus *M*: augendorum moribus *M*¹   12 versa *Freinsheim* : verba *M*
    62 2 osten|tatur *M, corr. M*¹   6 aucto *add. Haase* : animo auctus
Acidalius   9 petere *ut videtur M*¹ : peteret *M*   ni famam . . .
peteret *Halm* : cum . . . peteret *malebat Nipperdey*   Iuvenalium
Lipsius: iuvenum *M*
    63. 2 idque *Acidalius*   vexillisque, in *fortasse rectius distinxit Ritter*
    4 armatus *M*¹ *in margine* : ornatusque *M*   5 adsisterat *M*

circumdatos Primus Antonius clementer adloquitur : pars
Narniae, pars Interamnae subsistere iussi. relictae simul e
victricibus legiones, neque quiescentibus graves et adversus
contumaciam validae. non omisere per eos dies Primus ac
10 Varus crebris nuntiis salutem et pecuniam et secreta Campaniae offerre Vitellio, si positis armis seque ac liberos suos
Vespasiano permisisset. in eundem modum et Mucianus composuit epistulas ; quibus plerumque fidere Vitellius ac de
numero servorum, electione litorum loqui. tanta torpedo in-
15 vaserat animum ut, si principem eum fuisse ceteri non meminissent, ipse oblivisceretur.

64   At primores civitatis Flavium Sabinum praefectum
urbis secretis sermonibus incitabant, victoriae famaeque partem capesseret : esse illi proprium militem cohortium urba-
narum, nec defuturas vigilum cohortis, servitia ipsorum,
5 fortunam partium, et omnia prona victoribus : ne Antonio
Varoque de gloria concederet. paucas Vitellio cohortis et
maestis undique nuntiis trepidas ; populi mobilem animum
et, si ducem se praebuisset, easdem illas adulationes pro
Vespasiano fore ; ipsum Vitellium ne prosperis quidem parem,
10 adeo ruentibus debilitatum. gratiam patrati belli penes eum
qui urbem occupasset : id Sabino convenire ut imperium fratri
reservaret, id Vespasiano ut ceteri post Sabinum haberentur.

65   Haudquaquam erecto animo eas voces accipiebat,
invalidus senecta ; sed erant qui occultis suspicionibus incesserent, tamquam invidia et aemulatione fortunam fratris moraretur. namque Flavius Sabinus aetate prior privatis utrius-
5 que rebus auctoritate pecuniaque Vespasianum anteibat, et
credebatur adfectam eius fidem parce iuvisse domo agrisque

7 substitere M
   64. 12 reservari M, corr. M¹ : reseraret Jacob
   65. 2 post senecta in Mediceo sequuntur seu ferebatur lecticula (c. 67)
usque ad verba in Capitolium accivit (c. 69), unde huc redit erant qui.
verum ordinem restituit Puteolanus mutato seu in simul ; sed pro seu hic
inseruit Haase : seu secl. Baiter-Orelli   3 invidiae M   6 parce
iuvisse Halm : praeiuvisse M : parum iuvisse Bipontini : praes iuvisse
Heinsius : prave iuvisse Döderlein

pignori acceptis; unde, quamquam manente in speciem concordia, offensarum operta metuebantur. melior interpretatio,
mitem virum abhorrere a sanguine et caedibus, eoque crebris
cum Vitellio sermonibus de pace ponendisque per condicio- 10
nem armis agitare. saepe domi congressi, postremo in aede
Apollinis, ut fama fuit, pepigere. verba vocesque duos
testis habebant, Cluvium Rufum et Silium Italicum: vultus
procul visentibus notabantur, Vitellii proiectus et degener,
Sabinus non insultans et miseranti propior.   15

Quod si tam facile suorum mentis flexisset Vitellius, 66
quam ipse cesserat, incruentam urbem Vespasiani exercitus
intrasset. ceterum ut quisque Vitellio fidus, ita pacem et
condiciones abnuebant, discrimen ac dedecus ostentantes et
fidem in libidine victoris. nec tantam Vespasiano superbiam 5
ut privatum Vitellium pateretur, ne victos quidem laturos:
ita periculum ex misericordia. ipsum sane senem et prosperis
adversisque satiatum, sed quod nomen, quem statum filio
eius Germanico fore? nunc pecuniam et familiam et beatos
Campaniae sinus promitti: set ubi imperium Vespasianus 10
invaserit, non ipsi, non amicis eius, non denique exercitibus securitatem nisi extincto aemulo redituram. Fabium
illis Valentem, captivum et casibus dubiis reservatum, praegravem fuisse, nedum Primus ac Fuscus et specimen partium
Mucianus ullam in Vitellium nisi occidendi licentiam habeant. 15
non a Caesare Pompeium, non ab Augusto Antonium incolumis relictos, nisi forte Vespasianus altiores spiritus gerat,
Vitellii cliens, cum Vitellius collega Claudio foret. quin, ut

10 ponensisque *M*   condiciones *Agricola*   15 Sabini *Acidalius*
pro|prior *M*
  66. 2 vespa|ni *M*   3 et *punctis perperam not.* *M*[1]   5 super-
biam] socordiam *Meiser*   6 laturo *Tiedke*: lauro sita *M*   7 sanem
M   10 promittis. et *M*   12 extato *M, corr. M*[1]   aemulo redituram *Rhenanus*: emulatore dituram *M*: aemulatore redituram *dett.*,
Halm   13 captium et captis diebus *M*   17 altiore *M*

censuram patris, ut tris consulatus, ut tot egregiae domus
20 honores deceret, desperatione saltem in audaciam accingeretur. perstare militem, superesse studia populi; denique
nihil atrocius eventurum quam in quod sponte ruant. moriendum victis, moriendum deditis: id solum referre, novissimum spiritum per ludibrium et contumelias effundant an per
25 virtutem.

67   Surdae ad fortia consilia Vitellio aures: obruebatur
animus miseratione curaque, ne pertinacibus armis minus
placabilem victorem relinqueret coniugi ac liberis. erat illi
et fessa aetate parens; quae tamen paucis ante diebus oppor-
5 tuna morte excidium domus praevenit, nihil principatu filii
adsecuta nisi luctum et bonam famam. XV kalendas Ianuarias audita defectione legionis cohortiumque, quae se Narniae dediderant, pullo amictu Palatio degreditur, maesta circum familia; ferebatur lecticula parvulus filius velut in fune-
10 brem pompam: voces populi blandae et intempestivae, miles
minaci silentio.

68   Nec quisquam adeo rerum humanarum immemor
quem non commoveret illa facies, Romanum principem et
generis humani paulo ante dominum relicta fortunae suae
sede per populum, per urbem exire de imperio. nihil tale vi-
5 derant, nihil audierant. repentina vis dictatorem Caesarem
oppresserat, occultae Gaium insidiae, nox et ignotum rus
fugam Neronis absconderant, Piso et Galba tamquam in acie
cecidere: in sua contione Vitellius, inter suos milites, pro-
spectantibus etiam feminis, pauca et praesenti maestitiae

19 ut res *M*   20 degeret *M*   audacia| *M probante Van der
Vliet*   22 ruat *Nipperdey*
   67. 1 obrueban|tur *M*   3 coniugis *M*   4 ante *secl. Müller*
5 filia *M*   7 legiones cohortium | quaeque *M*   9 famia *M,*
post famia *spatium quattuor fere litterarum vacuum, dein sequitur novo
versu* misso *etc.* c. 69, 23 ; *vide ad* c. 65   ferebatur] seu ferebatur *M* :
simul ferebatur *Puteolanus, vide ad* c. 65
   68. 6 occulte *M*   7 et Otho *post* Galba *inseruit Herwerden*   8
milites | milites *M*

154

congruentia locutus — cedere se pacis et rei publicae causa, 10
retinerent tantum memoriam sui fratremque et coniugem et
innoxiam liberorum aetatem miserarentur —, simul filium
protendens, modo singulis modo universis commendans,
postremo fletu praepediente adsistenti consuli (Caecilius
Simplex erat) exolutum a latere pugionem, velut ius necis 15
vitaeque civium, reddebat. aspernante consule, reclamanti-
bus qui in contione adstiterant, ut in aede Concordiae posi-
turus insignia imperii domumque fratris petiturus discessit.
maior hic clamor obsistentium penatibus privatis, in Palatium vocantium. interclusum aliud iter, idque solum quo in 20
sacram viam pergeret patebat : tum consilii inops in Palatium
redit.

Praevenerat rumor eiurari ab eo imperium, scripse- 69
ratque Flavius Sabinus cohortium tribunis ut militem cohi-
berent. igitur tamquam omnis res publica in Vespasiani
sinum cecidisset, primores senatus et plerique equestris ordinis omnisque miles urbanus et vigiles domum Flavii Sabini 5
complevere. illuc de studiis vulgi et minis Germanicarum
cohortium adfertur. longius iam progressus erat quam ut
regredi posset ; et suo quisque metu, ne disiectos eoque
minus validos Vitelliani consectarentur, cunctantem in arma
impellebant : sed quod in eius modi rebus accidit, consilium 10
ab omnibus datum est, periculum pauci sumpsere. circa
lacum Fundani descendentibus qui Sabinum comitabantur
armatis occurrunt promptissimi Vitellianorum. modicum ibi
proelium improviso tumultu, sed prosperum Vitellianis fuit.
Sabinus re trepida, quod tutissimum e praesentibus, arcem 15
Capitolii insedit mixto milite et quibusdam senatorum equi-

11 suam *M, corr. M*[1]   19 hic] hinc *Haase, Halm*   20 inter clausum
M   quod *M*   21 sacra *M*   22 rediit *det., Halm*
69. 1 iurari *M*   3 vespasianis *M*   4 cecidisset *b, Agricola :*
cecississet *M :* cessisset *al.*   11 paucis *M, corr. M*[1]   13 armati
Kraffert   14 inprovisum *M, corr. M*[1]   15 quod] quoque *M,
corr. M*[1]

tumque, quorum nomina tradere haud promptum est, quoniam victore Vespasiano multi id meritum erga partis simu-
lavere. subierunt obsidium etiam feminae, inter quas maxime
20 insignis Verulana Gratilla, neque liberos neque propinquos
sed bellum secuta. Vitellianus miles socordi custodia clausos
circumdedit; eoque concubia nocte suos liberos Sabinus et
Domitianum fratris filium in Capitolium accivit, misso per
neglecta ad Flavianos duces nuntio qui circumsideri ipsos
25 et, ni subveniretur, artas res nuntiaret. noctem adeo quietam
egit ut digredi sine noxa potuerit: quippe miles Vitellii adversus pericula ferox, laboribus et vigiliis parum intentus
erat, et hibernus imber repente fusus oculos aurisque impediebat.

70   Luce prima Sabinus, antequam in vicem hostilia
coeptarent, Cornelium Martialem e primipilaribus ad Vitellium
misit cum mandatis et questu quod pacta turbarentur: simulationem prorsus et imaginem deponendi imperii fuisse ad
5 decipiendos tot inlustris viros. cur enim e rostris fratris domum, imminentem foro et inritandis hominum oculis, quam
Aventinum et penatis uxoris petisset? ita privato et omnem
principatus speciem vitanti convenisse. contra Vitellium in
Palatium, in ipsam imperii arcem regressum; inde armatum
10 agmen emissum, stratam innocentium caedibus celeberrimam
urbis partem, ne Capitolio quidem abstineri. togatum nempe
se et unum e senatoribus: dum inter Vespasianum ac Vitellium proeliis legionum, captivitatibus urbium, deditionibus
cohortium iudicatur, iam Hispaniis Germaniisque et Britannia
15 desciscentibus, fratrem Vespasiani mansisse in fide, donec

17 aut tradere haud *M*   19 maximae *M*   20 Gratilla *Ernesti*:
gra|tilia *M*   23 domitianus *M, corr. M*[1]   *post* accivit *spatium octo
fere litterarum vacuum. proximo versu sequitur* erant qui, *vide ad* c. 65
24 ipsos et ni *Pichena*: ipsos se Ini *M*   25 artes *M, corr. M*[1]
70. 3 quaestu *M*: questum *Madvig*   simulatione *M*   8 princi-
patūs *M*   contemnisse *M*   13 capti|vitatus *M*   14 germanis-
que *M*: Galliisque *Ritter, coll.* c. 44: Galliis Germaniisque *malebat
Nipperdey*

ultro ad condiciones vocaretur. pacem et concordiam victis
utilia, victoribus tantum pulchra esse. si conventionis paeniteat, non se, quem perfidia deceperit, ferro peteret, non filium
Vespasiani vix puberem — quantum occisis uno sene et uno
iuvene profici? — : iret obviam legionibus et de summa re- 20
rum illic certaret : cetera secundum eventum proelii cessura.
trepidus ad haec Vitellius pauca purgandi sui causa respondit, culpam in militem conferens, cuius nimio ardori imparem
esse modestiam suam ; et monuit Martialem ut per secretam
aedium partem occulte abiret, ne a militibus internuntius 25
invisae pacis interficeretur : ipse neque iubendi neque vetandi
potens non iam imperator sed tantum belli causa erat.

Vixdum regresso in Capitolium Martiale furens miles 71
aderat, nullo duce, sibi quisque auctor. cito agmine forum et
imminentia foro templa praetervecti erigunt aciem per adversum collem usque ad primas Capitolinae arcis fores. erant
antiquitus porticus in latere clivi dextrae subeuntibus, in 5
quarum tectum egressi saxis tegulisque Vitellianos obrue-
bant. neque illis manus nisi gladiis armatae, et arcessere
tormenta aut missilia tela longum videbatur : faces in promi-
nentem porticum iecere et sequebantur ignem ambustasque
Capitolii fores penetrassent, ni Sabinus revulsas undique 10
statuas, decora maiorum, in ipso aditu vice muri obiecisset.
tum diversos Capitolii aditus invadunt iuxta lucum asyli et
qua Tarpeia rupes centum gradibus aditur. improvisa utraque
vis ; propior atque acrior per asylum ingruebat. nec sisti
poterant scandentes per coniuncta aedificia, quae ut in multa 15
pace in altum edita solum Capitolii aequabant. hic ambigitur, ignem tectis obpugnatores iniecerint, an obsessi, quae
crebrior fama, dum nitentis ac progressos depellunt. inde

18 seque| M   23 nimio ardori *Puteolanus* : nimius ardor *M probante
Meiser*   24 secretam maedium M, *corr. M*¹   25 a *om. M*
  71. 4 colle *M*   erant tanti|quitus *M corr. M*¹   16 sonum *M*
18 fama, dum . . . depellunt *Heraeus* : famam . . . depulerint *M* : fama,
ita . . depulerint *Acidalius* : fama, ut . . . depellerent *Bezzenberger* : fama,
flamma . . . depulerint *Meiser* : obsessis . . . fama . . . depulerit *sc.* ignis
Müller : famam *in* fama *correcta Medicei lectionem defendit Valmaggi*

lapsus ignis in porticus adpositas aedibus ; mox sustinentes
20 fastigium aquilae vetere ligno traxerunt flammam alueruntque. sic Capitolium clausis foribus indefensum et indireptum
conflagravit.

72   Id facinus post conditam urbem luctuosissimum foedissimumque rei publicae populi Romani accidit, nullo externo hoste, propitiis, si per mores nostros liceret, deis, sedem
Iovis Optimi Maximi auspicato a maioribus pignus imperii
5 conditam, quam non Porsenna dedita urbe neque Galli capta
temerare potuissent, furore principum excindi. arserat et
ante Capitolium civili bello, sed fraude privata : nunc palam
obsessum, palam incensum, quibus armorum causis ? quo
tantae cladis pretio stetit ? pro patria bellavimus ? voverat
10 Tarquinius Priscus rex bello Sabino, ieceratque fundamenta
spe magis futurae magnitudinis quam quo modicae adhuc
populi Romani res sufficerent. mox Servius Tullius sociorum
studio, dein Tarquinius Superbus capta Suessa Pometia hostium spoliis extruxere. sed gloria operis libertati reservata :
15 pulsis regibus Horatius Pulvillus iterum consul dedicavit ea
magnificentia quam immensae postea populi Romani opes
ornarent potius quam augerent. isdem rursus vestigiis situm
est, postquam interiecto quadringentorum quindecim annorum spatio L. Scipione C. Norbano consulibus flagraverat.
20 curam victor Sulla suscepit, neque tamen dedicavit : hoc
solum felicitati eius negatum. Lutatii Catuli nomen inter tanta
Caesarum opera usque ad Vitellium mansit. ea tunc aedes
cremabatur.

19 Inp (in porticus) *ante* ignis *scripserat, dein in* ignis *mutare incipiebat,
postremo del. librarius*   20 vertere *M*
     72. 4 optimum *M*   9 stetit *om. det., del. Acidalius quem secutus*
pretio ? . . . bellavimus ? *distinxit Freinsheim* : quo tanta clades pretio
stetit ? *Pichena* : pretio ? scilicet . . . bellavimus *Acidalius* : pretio ? stetit
dum . . . bellavimus *Haase, Halm*   14 gloria| *M* : gloria patrati *Ritter,
coll.* c. 64   15 pulvilius *M*   consule *M, corr. M*[1]   18 quindecim]
viginti quinque *Lipsius*   19 Norbano consulibus] norbanacos| *M*   21
tanta] ta *M* : tot *Pichena*

Sed plus pavoris obsessis quam obsessoribus intulit. 73
quippe Vitellianus miles neque astu neque constantia inter
dubia indigebat : ex diverso trepidi milites, dux segnis et
velut captus animi non lingua, non auribus competere, neque
alienis consiliis regi neque sua expedire, huc illuc clamori- 5
bus hostium circumagi, quae iusserat vetare, quae vetuerat
iubere : mox, quod in perditis rebus accidit, omnes praeci-
pere, nemo exequi ; postremo abiectis armis fugam et fallendi artis circumspectabant. inrumpunt Vitelliani et cuncta
sanguine ferro flammisque miscent. pauci militarium viro- 10
rum, inter quos maxime insignes Cornelius Martialis, Aemilius Pacensis, Casperius Niger, Didius Scaeva, pugnam ausi
obtruncantur. Flavium Sabinum inermem neque fugam coeptantem circumsistunt, et Quintium Atticum consulem, umbra
honoris et suamet vanitate monstratum, quod edicta in po- 15
pulum pro Vespasiano magnifica, probrosa adversus Vitellium iecerat. ceteri per varios casus elapsi, quidam servili habitu, alii fide clientium contecti et inter sarcinas abditi.
fuere qui excepto Vitellianorum signo, quo inter se noscebantur, ultro rogitantes respondentesve audaciam pro latebra 20
haberent.

Domitianus prima inruptione apud aedituum occul- 74
tatus, sollertia liberti lineo amictu turbae sacricolarum immixtus ignoratusque, apud Cornelium Primum paternum clien-
tem iuxta Velabrum delituit. ac potiente rerum patre, disiecto
aeditui contubernio, modicum sacellum Iovi Conservatori 5
aramque posuit casus suos in marmore expressam ; mox imperium adeptus Iovi Custodi templum ingens seque in sinu
dei sacravit. Sabinus et Atticus onerati catenis et ad Vitellium ducti nequaquam infesto sermone vultuque excipiuntur,

73. 1 ante pavoris sed ita ut adiungatur litterae p scripta est in codice
littera i, ut videtur ; unde Andresen id vel id incendium conecit   11
insignis M   18 fidem M, corr. M¹   protecti Nipperdey   19 quo . . .
noscebantur secl. Nipperdey

10 frementibus qui ius caedis et praemia navatae operae petebant. clamore a proximis orto sordida pars plebis supplicium
Sabini exposcit, minas adulationesque miscet. stantem pro
gradibus Palatii Vitellium et preces parantem pervicere ut
absisteret : tum confossum laceratumque et absciso capite
15 truncum corpus Sabini in Gemonias trahunt.

75   Hic exitus viri haud sane spernendi. quinque et
triginta stipendia in re publica fecerat, domi militiaeque clarus. innocentiam iustitiamque eius non argueres; sermonis
nimius erat: id unum septem annis quibus Moesiam, duo-
5 decim quibus praefecturam urbis obtinuit, calumniatus est
rumor. in fine vitae alii segnem, multi moderatum et civium
sanguinis parcum credidere. quod inter omnis constiterit, ante
principatum Vespasiani decus domus penes Sabinum erat.
caedem eius laetam fuisse Muciano accepimus. ferebant ple-
10 rique etiam paci consultum dirempta aemulatione inter duos,
quorum alter se fratrem imperatoris, alter consortem imperii
cogitaret. sed Vitellius consulis supplicium poscenti populo
restitit, placatus ac velut vicem reddens, quod interroganti-
bus quis Capitolium incendisset, se reum Atticus obtulerat
15 eaque confessione, sive aptum tempori mendacium fuit, invidiam crimenque agnovisse et a partibus Vitellii amolitus
videbatur.

76   Isdem diebus L. Vitellius positis apud Feroniam
castris excidio Tarracinae imminebat, clausis illic gladiatoribus remigibusque, qui non egredi moenia neque periculum
in aperto audebant. praeerat, ut supra memoravimus, Iulia-
5 nus gladiatoribus, Apollinaris remigibus, lascivia socordiaque

74. 10 e|novatae *M* : enavatae *al.*   11 a *om. M* : e *Baiter*   13
parantem *M*² : parentem *M*   14 confossus *M, corr. M*¹   lacera-
tumque *Nipperdey* : conlace|ratumque *M*
    75. 4 duodecim] septem *vel* totidem *Borghesi* : octo *vel* novem *Ritter*
10 direpta *M*   15 temporis *M*
    76. 1 Feroniae *malebat Heraeus*   2 terraci|nae *M*   5 polli-
naris *M*

gladiatorum magis quam ducum similes. non vigilias agere,
non intuta moenium firmare : noctu dieque fluxi et amoena
litorum personantes, in ministerium luxus dispersis militibus,
de bello tantum inter convivia loquebantur. paucos ante dies
discesserat Apinius Tiro donisque ac pecuniis acerbe per 10
municipia conquirendis plus invidiae quam virium partibus
addebat.

Interim ad L. Vitellium servus Vergilii Capitonis 77
perfugit pollicitusque, si praesidium acciperet, vacuam arcem traditurum, multa nocte cohortis expeditas summis
montium iugis super caput hostium sistit : inde miles ad caedem magis quam ad pugnam decurrit. sternunt inermos aut 5
arma capientis et quosdam somno excitos, cum tenebris,
pavore, sonitu tubarum, clamore hostili turbarentur. pauci
gladiatorum resistentes neque inulti cecidere : ceteri ad navis
ruebant, ubi cuncta pari formidine implicabantur, permixtis
paganis, quos nullo discrimine Vitelliani trucidabant. sex 10
Liburnicae inter primum tumultum evasere, in quis praefectus
classis Apollinaris ; reliquae in litore captae, aut nimio ruen-
tium onere pressas mare hausit. Iulianus ad L. Vitellium
perductus et verberibus foedatus in ore eius iugulatur. fuere
qui uxorem L. Vitellii Triariam incesserent, tamquam gladio 15
militari cincta inter luctum cladisque expugnatae Tarracinae
superbe saeveque egisset. ipse lauream gestae prospere rei
ad fratrem misit, percontatus statim regredi se an perdomandae Campaniae insistere iuberet. quod salutare non modo
partibus Vespasiani, sed rei publicae fuit. nam si recens 20
victoria miles et super insitam pervicaciam secundis ferox
Romam contendisset, haud parva mole certatum nec sine

77. 1 servūs *M*   Verginii *Puteolanus, Halm, coll.* iv. 3   3 traditurum *b* : tradi futurum *M*   11 liburnice *M*   12 reliquas *M*
aut] ut *M*   *fortasse* irruentium *Nipperdey*   15 incesserent *b* : inces-
serant *M*   16 cinc|tam *M*   terracinae *M, corr. M¹*   22 parvam
M, corr. M¹

incautum et tamquam ad victos ruentem Vitelliani, interiectus
equiti pedes, excepere. pugnatum haud procul urbe inter
aedificia hortosque et anfractus viarum, quae gnara Vitellianis, incomperta hostibus metum fecerant. neque omnis
eques concors, adiunctis quibusdam, qui nuper apud Narniam 10
dediti fortunam partium speculabantur. capitur praefectus
alae Iulius Flavianus; ceteri foeda fuga consternantur, non
ultra Fidenas secutis victoribus.

     Eo successu studia populi aucta; vulgus urbanum 80
arma cepit. paucis scuta militaria, plures raptis quod cuique obvium telis signum pugnae exposcunt. agit grates Vitellius et ad tuendam urbem prorumpere iubet. mox vocato
senatu deliguntur legati ad exercitus ut praetexto rei publi- 5
cae concordiam pacemque suaderent. varia legatorum sors
fuit. qui Petilio Ceriali occurrerant extremum discrimen
adiere, aspernante milite condiciones pacis. vulneratur praetor Arulenus Rusticus: auxit invidiam super violatum legati
praetorisque nomen propria dignatio viri. pulsantur comites, 10
occiditur proximus lictor, dimovere turbam ausus: et ni dato
a duce praesidio defensi forent, sacrum etiam inter exteras
gentis legatorum ius ante ipsa patriae moenia civilis rabies
usque in exitium temerasset. aequioribus animis accepti sunt
qui ad Antonium venerant, non quia modestior miles, sed 15
duci plus auctoritatis.

     Miscuerat se legatis Musonius Rufus equestris or- 81
dinis, studium philosophiae et placita Stoicorum aemulatus;
coeptabatque permixtus manipulis, bona pacis ac belli discrimina disserens, armatos monere. id plerisque ludibrio, pluribus taedio: nec deerant qui propellerent proculcarentque, 5

12 Iulius *Agricola*: tulius *M* : Tullius *dett. probante Van der Vliet, coll.*
iv. 68
   80. 1 aucti *M, corr. M*[1]   2 rapti *M*   3 vitellium *M*   4 vocatis
M, corr. M[1]   8 condiones *M*, ti *superscr. m. recentior*   9 arulenius
M   10 pulsantur *Kiessling*: palantur *M*: pelluntur *b, Meiser*   12
inter] in *M probante Ernesti, sed coll.* iv. 1

exitio urbis foret. quippe L. Vitellio quamvis infami inerat
industria, nec virtutibus, ut boni, sed quo modo pessimus
25 quisque, vitiis valebat.

78   Dum haec in partibus Vitellii geruntur, digressus
Narnia Vespasiani exercitus festos Saturni dies Ocriculi per
otium agitabat. causa tam pravae morae ut Mucianum oppe-
rirentur. nec defuere qui Antonium suspicionibus arguerent
5 tamquam dolo cunctantem post secretas Vitellii epistulas,
quibus consulatum et nubilem filiam et dotalis opes pretium
proditionis offerebat. alii ficta haec et in gratiam Muciani
composita; quidam omnium id ducum consilium fuisse, ostentare potius urbi bellum quam inferre, quando validissimae
10 cohortes a Vitellio descivissent, et abscisis omnibus praesidiis cessurus imperio videbatur: sed cuncta festinatione,
deinde ignavia Sabini corrupta, qui sumptis temere armis
munitissimam Capitolii arcem et ne magnis quidem exercitibus expugnabilem adversus tris cohortis tueri nequivisset.
15 haud facile quis uni adsignaverit culpam quae omnium fuit.
nam et Mucianus ambiguis epistulis victores morabatur, et
Antonius praepostero obsequio, vel dum regerit invidiam,
crimen meruit; ceterique duces dum peractum bellum putant,
finem eius insignivere. ne Petilius quidem Cerialis, cum mille
20 equitibus praemissus, ut transversis itineribus per agrum
Sabinum Salaria via urbem introiret, satis maturaverat, donec
obsessi Capitolii fama cunctos simul exciret.

79   Antonius per Flaminiam ad Saxa rubra multo iam
noctis serum auxilium venit. illic interfectum Sabinum, con-
flagrasse Capitolium, tremere urbem, maesta omnia accepit;
plebem quoque et servitia pro Vitellio armari nuntiabatur. et
5 Petilio Ceriali equestre proelium adversum fuerat; namque

---

24 bonis *M, corr. M*[1]   modo *del. Eussner*
78. 2 festo *M*   3 prave *M*   9 validissime *M*   17 regerit
Pichena : regeret *M*
    79. 5 prorelium *M*   adversus *M, corr. M*[1]

ni admonitu modestissimi cuiusque et aliis minitantibus omisisset intempestivam sapientiam. obviae fuere et virgines
Vestales cum epistulis Vitellii ad Antonium scriptis: eximi
supremo certamini unum diem postulabat: si moram interie-
10 cissent, facilius omnia conventura. virgines cum honore dimissae; Vitellio rescriptum Sabini caede et incendio Capitolii
dirempta belli commercia.

82   Temptavit tamen Antonius vocatas ad contionem
legiones mitigare, ut castris iuxta pontem Mulvium positis
postera die urbem ingrederentur. ratio cunctandi, ne aspe-
ratus proelio miles non populo, non senatui, ne templis qui-
5 dem ac delubris deorum consuleret. sed omnem prolationem
ut inimicam victoriae suspectabant; simul fulgentia per collis
vexilla, quamquam imbellis populus sequeretur, speciem hostilis exercitus fecerant. tripertito agmine pars, ut adstiterat,
Flaminia via, pars iuxta ripam Tiberis incessit; tertium agmen
10 per Salariam Collinae portae propinquabat. plebs invectis
equitibus fusa; miles Vitellianus trinis et ipse praesidiis occurrit. proelia ante urbem multa et varia, sed Flavianis consilio ducum praestantibus saepius prospera. ii tantum con-
flictati sunt qui in partem sinistram urbis ad Sallustianos
15 hortos per angusta et lubrica viarum flexerant. superstantes
maceriis hortorum Vitelliani ad serum usque diem saxis pilis-
que subeuntis arcebant, donec ab equitibus, qui porta Collina inruperant, circumvenirentur. concurrere et in campo
Martio infestae acies. pro Flavianis fortuna et parta totiens
20 victoria: Vitelliani desperatione sola ruebant, et quamquam
pulsi, rursus in urbe congregabantur.

83   Aderat pugnantibus spectator populus, utque in ludicro certamine, hos, rursus illos clamore et plausu fovebat.

81. 9 certamine *M*   Inter Iecissecissent *M*   12 direpta *M*
82. 2 mulvi *M*   3 diem *M*, corr. *M*¹   8 adsisterat *M*   11
oc|currit *M*   19 prosluvianis *M*: profluvianis *M*¹
83. 2 *ante* rursus *in margine* modo *addidit M*² *et del. M*³

quotiens pars altera inclinasset, abditos in tabernis aut si
quam in domum perfugerant, erui iugularique expostulantes
parte maiore praedae potiebantur : nam milite ad sanguinem 5
et caedis obverso spolia in vulgus cedebant. saeva ac deformis urbe tota facies : alibi proelia et vulnera, alibi bali-
neae popinaeque ; simul cruor et strues corporum, iuxta
scorta et scortis similes ; quantum in luxurioso otio libidinum, quidquid in acerbissima captivitate scelerum, prorsus 10
ut eandem civitatem et furere crederes et lascivire. conflixe-
rant *et* ante armati exercitus in urbe, bis Lucio Sulla, semel
Cinna victoribus, nec tunc minus crudelitatis : nunc inhumana securitas et ne minimo quidem temporis voluptates
intermissae : velut festis diebus id quoque gaudium accede- 15
ret, exultabant, fruebantur, nulla partium cura, malis publicis laeti.

    Plurimum molis in obpugnatione castrorum fuit, **84**
quae acerrimus quisque ut novissimam spem retinebant. eo
intentius victores, praecipuo veterum cohortium studio, cuncta validissimarum urbium excidiis reperta simul admovent,
testudinem tormenta aggeres facesque, quidquid tot proeliis 5
laboris ac periculi hausissent, opere illo consummari clami-
tantes. urbem senatui ac populo Romano, templa dis reddita : proprium esse militis decus in castris : illam patriam,
illos penatis. ni statim recipiantur, noctem in armis agen-
dam. contra Vitelliani, quamquam numero fatoque dispares, 10
inquietare victoriam, morari pacem, domos arasque cruore
foedare suprema victis solacia amplectebantur. multi semiani-
mes super turris et propugnacula moenium expiravere : con-
vulsis portis reliquus globus obtulit se victoribus, et ceci-

7 Iacies *M*, fa *superscr. m. rec.*   alibi] alii *M*   8 simul *secl. Nipperdey*
cruoret et *M*, *supra* ret *eam formam litterae* r *superscr. qua vo abula
clauduntur M*[1]   12 et ante *Ritter* : ante *M*   silla *M*   13
L. Cinna *Ritter*, *Halm*
    84. 5 aggerem *Ritter. Halm*   falcesque *Ritter*   6 periculis *M*,
corr. M[1]   consu|mari *M*

15 dere omnes contrariis vulneribus, versi in hostem : ea cura
etiam morientibus decori exitus fuit.

　　Vitellius capta urbe per aversam Palatii partem Aventinum in domum uxoris sellula defertur, ut si diem latebra
vitavisset, Tarracinam ad cohortis fratremque perfugeret.
20 dein mobilitate ingenii et, quae natura pavoris est, cum omnia metuenti praesentia maxime displicerent, in Palatium
regreditur vastum desertumque, dilapsis etiam infimis servitiorum aut occursum eius declinantibus. terret solitudo et
tacentes loci ; temptat clausa, inhorrescit vacuis ; fessusque
25 misero errore et pudenda latebra semet occultans ab Iulio
Placido tribuno cohortis protrahitur. vinctae pone tergum
manus ; laniata veste, foedum spectaculum, ducebatur, multis
increpantibus, nullo inlacrimante : deformitas exitus misericordiam abstulerat. obvius e Germanicis militibus Vitellium
30 infesto ictu per iram, vel quo maturius ludibrio eximeret, an
tribunum adpetierit, in incerto fuit : aurem tribuni amputavit
ac statim confossus est.

85　　　　　Vitellium infestis mucronibus coactum modo erigere
os et offerre contumeliis, nunc cadentis statuas suas, plerumque rostra aut Galbae occisi locum contueri, postremo
ad Gemonias, ubi corpus Flavii Sabini iacuerat, propulere.
5 una vox non degeneris animi excepta, cum tribuno insultanti
se tamen imperatorem eius fuisse respondit ; ac deinde in-
gestis vulneribus concidit. et vulgus eadem pravitate inse-
ctabatur interfectum qua foverat viventem.

86　　　　　Patrem illi . . . Luceriam. septimum et quinquagensimum

---

15 versi in hostem *ut glossam suspicatur Ernesti*　　17 Aventinum *secl.*
Nipperdey ut glossam ex c. 70　　25 latebras *M, corr. M*[1]　　26 poene
M　　29 abstulerant *M, corr. M*[1]　　militibus 'Vitellium . . . in incerto
fuit) aurem *distinxit Meiser*
　　85. 7 pravitatem *M, corr. M*[1]
　　86. 1 Patrem . . . Luceriam] patria illi Luceria *Oberlin* : patria illi . . .
Nuceria *Gruter e Suet. Vit.* 1 : *lacunam primus suspicatus est Weissenborn* :
patrem illi Lucium Vitellium censorem ac ter consulem fuisse memoravi,
patriam habuit Luceriam *supplevit Andresen*

aetatis annum explebat, consulatum, sacerdotia, nomen locumque inter primores nulla sua industria, sed cuncta patris
claritudine adeptus. principatum ei detulere qui ipsum non
noverant : studia exercitus raro cuiquam bonis artibus quae- 5
sita perinde adfuere quam huic per ignaviam. inerat tamen
simplicitas ac liberalitas, quae, ni adsit modus, in exitium
vertuntur. amicitias dum magnitudine munerum, non constantia morum contineri putat, meruit magis quam habuit.
rei publicae haud dubie intererat Vitellium vinci, sed impu- 10
tare perfidiam non possunt qui Vitellium Vespasiano prodidere, cum a Galba descivissent.

Praecipiti in occasum die ob pavorem magistratuum se-
natorumque, qui dilapsi ex urbe aut per domos clientium semet occultabant, vocari senatus non potuit. Domitianum, 15
postquam nihil hostile metuebatur, ad duces partium progressum et Caesarem consalutatum miles frequens utque erat
in armis in paternos penatis deduxit.

4 prin|patum *M*   ei detulere *Rhenanus* : eidem tulere *M*   8 magni-
tudinem *M, corr. M*[1]   9 contineri *Acidalius* : continere *M probante*
Walther   10 vicinis *M*   13 precipit *M*

CORNELII TACITI

HISTORIARVM

LIBER IV

Interfecto Vitellio bellum magis desierat quam pax 1
coeperat. armati per urbem victores implacabili odio victos
consectabantur : plenae caedibus viae, cruenta fora templaque, passim trucidatis, ut quemque fors obtulerat. ac mox
augescente licentia scrutari ac protrahere abditos ; si quem 5
procerum habitu et iuventa conspexerant, obtruncare nullo
militum aut populi discrimine. quae saevitia recentibus odiis
sanguine explebatur, dein verterat in avaritiam. nihil usquam secretum aut clausum sinebant, Vitellianos occultari
simulantes. initium id perfringendarum domuum, vel si resi- 10
steretur, causa caedis ; nec deerat egentissimus quisque e
plebe et pessimi servitiorum prodere ultro ditis dominos,
alii ab amicis monstrabantur. ubique lamenta, conclamatio-
nes et fortuna captae urbis, adeo ut Othoniani Vitellianique
militis invidiosa antea petulantia desideraretur. duces par- 15
tium accendendo civili bello acres, temperandae victoriae
impares, quippe inter turbas et discordias pessimo cuique
plurima vis, pax et quies bonis artibus indigent.

Nomen sedemque Caesaris Domitianus acceperat, 2
nondum ad curas intentus, sed stupris et adulteriis filium
principis agebat. praefectura praetorii penes Arrium Varum,

1. 4 fors *M²* *in margine* : sors *M*   6 conspexerat *M, corr. M¹*
obtruncaret *M, corr. M¹*   10 domum| *M*   12 pessimis *M, corr.*
M¹   13 ubi *M*, que *superscr. et in margine* ubique *M¹*   14
fortunae *M*   16 accendo *M*   17 inter *Wurm* : in *M*

summa potentiae in Primo Antonio. is pecuniam familiam-
5 que e principis domo quasi Cremonensem praedam rapere :
ceteri modestia vel ignobilitate ut in bello obscuri, ita praemiorum expertes. civitas pavida et servitio parata occupari
redeuntem Tarracina L. Vitellium cum cohortibus extingui-
que reliqua belli postulabat : praemissi Ariciam equites, ag-
10 men legionum intra Bovillas stetit. nec cunctatus est Vitellius seque et cohortis arbitrio victoris permittere, et miles
infelicia arma haud minus ira quam metu abiecit. longus
deditorum ordo saeptus armatis per urbem incessit, nemo
supplici vultu, sed tristes et truces et adversum plausus ac
15 lasciviam insultantis vulgi immobiles. paucos erumpere ausos
circumiecti pressere ; ceteri in custodiam conditi, nihil
quisquam locutus indignum, et quamquam inter adversa, salva
virtutis fama. dein L. Vitellius interficitur, par vitiis fratris,
in principatu eius vigilantior, nec perinde prosperis socius
20 quam adversis abstractus.

3   Isdem diebus Lucilius Bassus cum expedito equite ad
componendam Campaniam mittitur, discordibus municipiorum
animis magis inter semet quam contumacia adversus principem. viso milite quies et minoribus coloniis impunitas : Ca-
5 puae legio tertia hiemandi causa locatur et domus inlustres
adflictae, cum contra Tarracinenses nulla ope iuvarentur.
tanto proclivius est iniuriae quam beneficio vicem exolvere,
quia gratia oneri, ultio in quaestu habetur. solacio fuit servus Vergilii Capitonis, quem proditorem Tarracinensium
10 diximus, patibulo adfixus in isdem anulis quos acceptos a
Vitellio gestabat. at Romae senatus cuncta principibus solita
Vespasiano decernit, laetus et spei certus, quippe sumpta
per Gallias Hispaniasque civilia arma, motis ad bellum Ger-

2. 7 occupare *Rhenanus*   8 tarracinam *M, corr. M*[1]   9 arciam|
M   13 septus *M*   14 plasus *M*   16 oppressere *Faernus,*
Halm   18 fratri *Faernus, Halm*
3. 9 Verginii *Puteolanus, coll.* iii. 77   13 germanis *M,* i *superscr. M*[2]

maniis, mox Illyrico, postquam Aegyptum Iudaeam Syriam- 15
que et omnis provincias exercitusque lustraverant, velut ex-
piato terrarum orbe cepisse finem videbantur : addidere ala-
critatem Vespasiani litterae tamquam manente bello scriptae.
ea prima specie forma ; ceterum ut princeps loquebatur, civilia de se, et rei publicae egregia. nec senatus obsequium
deerat : ipsi consulatus cum Tito filio, praetura Domitiano 20
et consulare imperium decernuntur.

Miserat et Mucianus epistulas ad senatum, quae ma- 4
teriam sermonibus praebuere. si privatus esset, cur publice
loqueretur ? potuisse eadem paucos post dies loco sententiae dici. ipsa quoque insectatio in Vitellium sera et sine
libertate : id vero erga rem publicam superbum, erga prin- 5
cipem contumeliosum, quod in manu sua fuisse imperium do-
natumque Vespasiano iactabat. ceterum invidia in occulto,
adulatio in aperto erant : multo cum honore verborum Muciano
triumphalia de bello civium data, sed in Sarmatas expeditio
fingebatur. adduntur Primo Antonio consularia, Cornelio 10
Fusco et Arrio Varo praetoria insignia. mox deos respexere ;
restitui Capitolium placuit. eaque omnia Valerius Asiaticus
consul designatus censuit : ceteri vultu manuque, pauci,
quibus conspicua dignitas aut ingenium adulatione exercitum,
compositis orationibus adsentiebantur. ubi ad Helvidium Pri- 15
scum praetorem designatum ventum, prompsit sententiam ut
honorificam in bonum principem, * * falsa aberant, et studiis
senatus attollebatur. isque praecipuus illi dies magnae of-
fensae initium et magnae gloriae fuit.

Res poscere videtur, quoniam iterum in mentionem 5

15 lustraverat *M, corr. M*[1]   19 et rei publicae *I. Gronovius* :
et RP.| *M*: de republica *Muretus, Halm*   21 consularem *M,
corr. M*[1]

4. 1 senatus *M, corr. M*[1]   8 erat *M,* n *superscr. M*[1]   9 civium
Walther: civilium *M*   11 respere| *M*   16 ut *om. b*   17
bonum] novum *Halm, coll.* ii. 99   principem] *post* principem *suppl.*
ita *Agricola* : ita adulationis expertem *Lipsius*: ita pro re publica decoram. adulationum *Heraeus* : ita ipsi decoram ; quippe *Andresen*

incidimus viri saepius memorandi, ut vitam studiaque eius,
et quali fortuna sit usus, paucis repetam. Helvidius Priscus
[regione Italiae Carecina] e municipio Cluviis, patre, qui or-
5 dinem primi pili duxisset, ingenium inlustre altioribus studiis
iuvenis admodum dedit, non, ut plerique, ut nomine ma-
gnifico segne otium velaret, sed quo firmior adversus fortuita rem publicam capesseret. doctores sapientiae secutus
est, qui sola bona quae honesta, mala tantum quae turpia,
10 potentiam nobilitatem ceteraque extra animum neque bonis
neque malis adnumerant. quaestorius adhuc a Paeto Thrasea
gener delectus e moribus soceri nihil aeque ac libertatem
hausit, civis, senator, maritus, gener, amicus, cunctis vitae
officiis aequabilis, opum contemptor, recti pervicax, con-
15 stans adversus metus.

6   Erant quibus adpetentior famae videretur, quando
etiam sapientibus cupido gloriae novissima exuitur. ruina soceri in exilium pulsus, ut Galbae principatu rediit, Marcellum
Eprium, delatorem Thraseae, accusare adgreditur. ea ultio,
5 incertum maior an iustior, senatum in studia diduxerat : nam
si caderet Marcellus, agmen reorum sternebatur. primo minax
certamen et egregiis utriusque orationibus testatum ; mox
dubia voluntate Galbae, multis senatorum deprecantibus,
omisit Priscus, variis, ut sunt hominum ingenia, sermonibus
10 moderationem laudantium aut constantiam requirentium.

Ceterum eo senatus die quo de imperio Vespasiani censebant, placuerat mitti ad principem legatos. hinc inter Hel-

5. 4 [regione Italiae Carecina] e municipio Cluviis *Haase et Nipperdey.*
uncos posuit Nipperdey, regione Italiae *iam incluserat Ernesti* : regione
italiae care|cinae municipio cluvios *M* (cluvio *M¹*): origine Italica
(*Lipsius*) e Caracinae (*Madvig*) municipio Cluviis *Halm* : *codicis scripturam tuentur Nissen et Van der Vliet nisi quatenus hic* Carecina e municipio Cluvia *in textum recepit*   patrem *M, corr. M¹*   6 non ut
plerique| *M, post* plerique *suppl.* ut *dett.*, quo *Weissenborn* : non ut, ut
Spengel   8 sapientiae *det.* : sapientium *M probante Walther*   10
ceteraque quae *Agricola*
6. 7 testatum mox *sine interstinctione Bötticher*

vidium et Eprium acre iurgium: Priscus eligi nominatim a
magistratibus iuratis, Marcellus urnam postulabat, quae consulis designati sententia fuerat.   15

Sed Marcelli studium proprius rubor excitabat ne aliis 7
electis posthabitus crederetur. paulatimque per altercatio-
nem ad continuas et infestas orationes provecti sunt, quae-
rente Helvidio quid ita Marcellus iudicium magistratuum
pavesceret: esse illi pecuniam et eloquentiam, quis multos 5
anteiret, ni memoria flagitiorum urgeretur. sorte et urna
mores non discerni: suffragia et existimationem senatus reperta ut in cuiusque vitam famamque penetrarent. pertinere
ad utilitatem rei publicae, pertinere ad Vespasiani honorem,
occurrere illi quos innocentissimos senatus habeat, qui ho- 10
nestis sermonibus auris imperatoris imbuant. fuisse Vespasiano amicitiam cum Thrasea, Sorano, Sentio; quorum accusatores etiam si puniri non oporteat, ostentari non debere.
hoc senatus iudicio velut admoneri principem quos probet,
quos reformidet. nullum maius boni imperii instrumentum 15
quam bonos amicos esse. satis Marcello quod Neronem in
exitium tot innocentium impulerit: frueretur praemiis et im-
punitate, Vespasianum melioribus relinqueret.

Marcellus non suam sententiam impugnari, sed con- 8
sulem designatum censuisse dicebat, secundum vetera exempla quae sortem legationibus posuissent, ne ambitioni aut
inimicitiis locus foret. nihil evenisse cur antiquitus instituta
exolescerent aut principis honor in cuiusquam contumeliam 5
verteretur; sufficere omnis obsequio. id magis vitandum
ne pervicacia quorundam inritaretur animus novo principatu
suspensus et vultus quoque ac sermones omnium circumspe-
ctans. se meminisse temporum quibus natus sit, quam civi-

13 prium *M*, e *superscr. M*[1]   14 nurnam *M*
    7. 1 studio *M, corr. M*[1]   2 crederentur *M, corr. M*[1]   3 que-
rente *M*   12 Sentio] Seneca *al.*: Senecione *Gudeman*   17
inpunitatem *M, corr. M*[1]
    8. 1 consule *M*[1] *per errorem*   7 principatu *ex* principis *corr. M*[1]

10 tatis formam patres avique instituerint ; ulteriora mirari, praesentia sequi ; bonos imperatores voto expetere, qualiscum-
que tolerare.   non magis sua oratione Thraseam quam iudicio senatus adflictum ; saevitiam Neronis per eius modi imagines inlusisse, nec minus sibi anxiam talem amicitiam quam
15 aliis exilium.   denique constantia fortitudine Catonibus et
Brutis aequaretur Helvidius : se unum esse ex illo senatu,
qui simul servierit.   suadere etiam Prisco ne supra principem
scanderet, ne Vespasianum senem triumphalem, iuvenum
liberorum patrem, praeceptis coerceret.   quo modo pessimis
20 imperatoribus sine fine dominationem, ita quamvis egregiis
modum libertatis placere.   haec magnis utrimque contentio-
nibus iactata diversis studiis accipiebantur.   vicit pars quae
sortiri legatos malebat, etiam mediis patrum adnitentibus retinere morem ; et splendidissimus quisque eodem inclinabat
25 metu invidiae,. si ipsi eligerentur.

9   Secutum aliud certamen.   praetores aerarii (nam tum
a praetoribus tractabatur aerarium) publicam paupertatem.
questi modum impensis postulaverant.   eam curam consul designatus ob magnitudinem oneris et remedii difficultatem prin-
5 cipi reservabat : Helvidius arbitrio senatus agendum censuit.
cum perrogarent sententias consules, Vulcacius Tertullinus
tribunus plebis intercessit ne quid super tanta re principe
absente statueretur.   censuerat Helvidius ut Capitolium publice restitueretur, adiuvaret Vespasianus.   eam sententiam
10 modestissimus quisque silentio, deinde oblivio transmisit :
fuere qui et meminissent.

10   Tum invectus est Musonius Rufus in P. Celerem, a
quo Bareas Soranum falso testimonio circumventum arguebat.   ea cognitione renovari odia accusationum videbantur.

16 se] sed *Godley*   23 mallebat *M*
    9. 3 consul *M*¹ : curam *M*   designatūs *M*   6 Volcatius
vulgo   tertullinus *M, sed* i *ex* u *corr. M*¹   8 absentes *M, corr. M*¹
10 oblivione *Madvig*
    10. 3 accusatorum *Nipperdey*

sed vilis et nocens reus protegi non poterat : quippe Sorani
sancta memoria ; Celer professus sapientiam, dein testis in 5
Baream, proditor corruptorque amicitiae cuius se magi-
strum ferebat. proximus dies causae destinatur ; nec tam
Musonius aut Publius quam Priscus et Marcellus ceterique,
motis ad ultionem animis, expectabantur.

Tali rerum statu, cum discordia inter patres, ira 11
apud victos, nulla in victoribus auctoritas, non leges, non
princeps in civitate essent, Mucianus urbem ingressus cuncta
simul in se traxit. fracta Primi Antonii Varique Arrii potentia,
male dissimulata in eos Muciani iracundia, quamvis vultu te- 5
geretur. sed civitas rimandis offensis sagax verterat se trans-
tuleratque : ille unus ambiri, coli. nec deerat ipse, stipa-
tus armatis domos hortosque permutans, apparatu incessu
excubiis vim principis amplecti, nomen remittere. plurimum
terroris intulit caedes Calpurnii Galeriani. is fuit filius Gai 10
Pisonis, nihil ausus : sed nomen insigne et decora ipsius iuventa rumore vulgi celebrabantur, erantque in civitate adhuc
turbida et novis sermonibus laeta qui principatus inanem ei
famam circumdarent. iussu Muciani custodia militari cinctus,
ne in ipsa urbe conspectior mors foret, ad quadragensimum 15
ab urbe lapidem Appia via fuso per venas sanguine extingui-
tur. Iulius Priscus praetoriarum sub Vitellio cohortium praefectus se ipse interfecit, pudore magis quam necessitate. Alfenus Varus ignaviae infamiaeque suae superfuit. Asiaticus
(is enim libertus) malam potentiam servili supplicio expiavit. 20

Isdem diebus crebrescentem cladis Germanicae fa- 12
mam nequaquam maesta civitas excipiebat ; caesos exercitus,

6 cuius ... ferebat *post* Baream *ponebat Urlichs probante Nipperdey*   9
ad ultionem *Lipsius* : adulationem *M*[1] : adulationibus *M*
11. 1 partes *M*   3 esset *Gudeman*   7 stipatis *M*   10
cedem *M*   11 ipsius *ed. Spirensis* : ipsi *M*   13 et] ei *M*   20
is enim *Döderlein* : enim is *M* : etenim is *Ernesti* : is *om. ed. Spirensis* :
enim *secl. Nipperdey* : is libertus *secl. Ritter* : Asiaticus enim (is libertus)
distinxit Puteolanus, glossam suspicatur Ernesti

capta legionum hiberna, descivisse Gallias non ut mala loquebantur. id bellum quibus causis ortum, quanto externa-
5 rum sociarumque gentium motu flagraverit, altius expediam.
Batavi, donec trans Rhenum agebant, pars Chattorum, seditione domestica pulsi extrema Gallicae orae vacua cultoribus simulque insulam iuxta sitam occupavere, quam mare
Oceanus a fronte, Rhenus amnis tergum ac latera circumluit.
10 nec opibus (rarum in societate validiorum) attritis viros tantum armaque imperio ministrant, diu Germanicis bellis exer-
citi, mox aucta per Britanniam gloria, transmissis illuc cohortibus, quas vetere instituto nobilissimi popularium regebant. erat et domi delectus eques, praecipuo nandi studio,
15 arma equosque retinens integris turmis Rhenum perrumpere . . .
13   Iulius Paulus et Iulius Civilis regia stirpe multo ceteros anteibant. Paulum Fonteius Capito falso rebellionis
crimine interfecit ; iniectae Civili catenae, missusque ad Neronem et a Galba absolutus sub Vitellio rursus discrimen
5 adiit, flagitante supplicium eius exercitu : inde causae irarum spesque ex malis nostris. sed Civilis ultra quam barbaris solitum ingenio sollers et Sertorium se aut Annibalem
ferens simili oris dehonestamento, ne ut hosti obviam iretur,
si a populo Romano palam descivisset, Vespasiani amicitiam
10 studiumque partium praetendit, missis sane ad eum Primi Antonii litteris, quibus avertere accita Vitellio auxilia et tumultus Germanici specie retentare legiones iubebatur. eadem
Hordeonius Flaccus praesens monuerat, inclinato in Vespa-

12. 8 iuxta *Walch* : iuvata *M*   sit|an *M*   9 rarum *Tiedke* :
romanis *M, secl. Van der Vliet*   10 adtritis *Tiedke* : adtriti *M, Van
der Vliet*   11 ministrabant *Wurm*   12 gloriam *M, corr. M¹*   13
erant *M* : adsuerat *vel* insuerat *Heinisch*   14 studio et *Müller*   15
perrumpere| *M, post* perrumpere *lacunam notavit Halm* : suetus *vel*
solitus *vel* exercitus *suppl. Pichena*
     13. 1 Iulius Civilis *Ritter, Halm* : claudius civilis *M* : Iulius Civilis et
Claudius Paulus *Heraeus, unde* Claudius Paulus et Iulius Civilis *coni.
Halm*   multos *M*   2 anteibat *M, corr. M¹*   5 adit *M*   7
haud *M*   11 averteret *M, corr. M¹*   a Vitellio *dett., Halm*   13
vespano *M* : vespanum *M¹*

sianum animo et rei publicae cura, cui excidium adventabat,
si redintegratum bellum et tot armatorum milia Italiam in- 15
rupissent.

Igitur Civilis desciscendi certus, occultato interim 14
altiore consilio, cetera ex eventu iudicaturus, novare res hoc
modo coepit. iussu Vitellii Batavorum iuventus ad dilectum
vocabatur, quem suapte natura gravem onerabant ministri
avaritia ac luxu, senes aut invalidos conquirendo, quos pre- 5
tio dimitterent : rursus impubes et forma conspicui (et est
plerisque procera pueritia) ad stuprum trahebantur. hinc invidia, et compositae seditionis auctores perpulere ut dilectum
abnuerent. Civilis primores gentis et promptissimos vulgi
specie epularum sacrum in nemus vocatos, ubi nocte ac lae- 10
titia incaluisse videt, a laude gloriaque gentis orsus iniurias
et raptus et cetera servitii mala enumerat : neque enim societatem, ut olim, sed tamquam mancipia haberi : quando
legatum, gravi quidem comitatu et superbo, cum imperio venire ? tradi se praefectis centurionibusque : quos ubi spoliis 15
et sanguine expleverint, mutari, exquirique novos sinus et
varia praedandi vocabula. instare dilectum quo liberi a parentibus, fratres a fratribus velut supremum dividantur. numquam magis adflictam rem Romanam nec aliud in hibernis
quam praedam et senes : attollerent tantum oculos et inania 20
legionum nomina ne pavescerent. at sibi robur peditum equitumque, consanguineos Germanos, Gallias idem cupientis.
ne Romanis quidem ingratum id bellum, cuius ambiguam fortunam Vespasiano imputaturos : victoriae rationem non reddi.

Magno cum adsensu auditus barbaro ritu et patriis 15
execrationibus universos adigit. missi ad Canninefatis qui

14. 3 dilectus *M, corr. M*[1]   6 inpubes set *M, pr.* s *del. M*[1] :
inpubes et *coniecerat Halm* : inpubes sed *vulgo*   8 compositae *det.* :
compositi *M*   14 *ita distinxit Wurm* : superbo cum imperio *vulgo*   17
apparentibus *M, pr.* p *del. M*[1]   20 at tollerent *M*   22 cupientibus *M, corr. M*[1]
   15. 1 ritus *M, corr. M*[1]   et *del. Eussner*   2 canine fates *M* : Can-
nenefates *W. Heraeus, conf.* cc. 32, 56, 79, 85

consilia sociarent. ea gens partem insulae colit, origine lingua virtute par Batavis; numero superantur. mox occultis
5 nuntiis pellexit Britannica auxilia, Batavorum cohortis mis-
sas in Germaniam, ut supra rettulimus, ac tum Mogontiaci
agentis. erat in Canninefatibus stolidae audaciae Brinno,
claritate natalium insigni; pater eius multa hostilia ausus
Gaianarum expeditionum ludibrium impune spreverat. igitur
10 ipso rebellis familiae nomine placuit impositusque scuto more
gentis et sustinentium umeris vibratus dux deligitur. statimque accitis Frisiis (transrhenana gens est) duarum cohortium hiberna proximo †occupata† Oceano inrumpit. nec providerant impetum hostium milites, nec, si providissent, satis
15 virium ad arcendum erat: capta igitur ac direpta castra.
dein vagos et pacis modo effusos lixas negotiatoresque Romanos invadunt. simul excidiis castellorum imminebant, quae
a praefectis cohortium incensa sunt, quia defendi nequibant.
signa vexillaque et quod militum in superiorem insulae par-
20 tem congregantur, duce Aquilio primipilari, nomen magis
exercitus quam robur : quippe viribus cohortium abductis
Vitellius e proximis Nerviorum Germanorumque pagis segnem
numerum armis oneraverat.

16   Civilis dolo grassandum ratus incusavit ultro praefectos quod castella deseruissent : se cum cohorte, cui praeerat, Canninefatem tumultum compressurum, illi sua quisque hiberna repeterent. subesse fraudem consilio et disper-
5 sas cohortis facilius opprimi, nec Brinnonem ducem eius

7 canine ne fatibus *M*, ne *del. M*[2]   8 insigni| *M* : insignis *Kiessling*
10 homine *M, corr. M*[1]   11 vibratis *M, corr. M*[1]   13 proxima (proximo
M[1], *in textu et in margine*) occupata oceano *M* : occupata *obelo notavi* :
proxima [occupata] oceano *Urlichs, Novák* : proxima occupatum oceano
Weissenborn : proxima (proximo *Müller*) accubantia oceano *Meiser* :
proxima applicata o. *Polster, unde* proximo applicata o. *Andresen* providerant *ed. Spirensis* : praeviderant *M*   14 praevidissent *al.*   22
Germanorumque] Gugernorumque *Ritter* : Cugernorumque *Müller* : Tungrorumque *Heraeus*
    16. 2 sesecum *M, post.* se *del. M*[1]   3 can|ninefatem *M, item v.* 8,
cf. supra c. 15

belli, sed Civilem esse patuit, erumpentibus paulatim indiciis,
quae Germani, laeta bello gens, non diu occultaverant. ubi
insidiae parum cessere, ad vim transgressus Canninefatis,
Frisios, Batavos propriis cuneis componit: derecta ex diverso acies haud procul a flumine Rheno et obversis in ho- 10
stem navibus, quas incensis castellis illuc adpulerant. nec
diu certato Tungrorum cohors signa ad Civilem transtulit,
perculsique milites improvisa proditione a sociis hostibusque
caedebantur. eadem etiam *in* navibus perfidia: pars remigum
e Batavis tamquam imperitia officia nautarum propugnato- 15
rumque impediebant; mox contra tendere et puppis hostili
ripae obicere: ad postremum gubernatores centurionesque,
nisi eadem volentis, trucidant, donec universa quattuor et
viginti navium classis transfugeret aut caperetur.

    Clara ea victoria in praesens, in posterum usui; ar- 17
maque et navis, quibus indigebant, adepti magna per Germanias Galliasque fama libertatis auctores celebrabantur.
Germaniae statim misere legatos auxilia offerentis: Galliarum societatem Civilis arte donisque adfectabat, captos co- 5
hortium praefectos suas in civitates remittendo, cohortibus,
abire an manere mallent, data potestate. manentibus honorata militia, digredientibus spolia Romanorum offerebantur:
simul secretis sermonibus admonebat malorum, quae tot annis perpessi miseram servitutem falso pacem vocarent. Ba- 10
tavos, quamquam tributorum expertis, arma contra commu-
nis dominos cepisse; prima acie fusum victumque Romanum.
quid si Galliae iugum exuant? quantum in Italia reliquum?
provinciarum sanguine provincias vinci. ne Vindicis aciem
cogitarent: Batavo equite protritos Aeduos Arvernosque; 15
fuisse inter Verginii auxilia Belgas, vereque reputantibus

---

6 esse *det.* : eius *M, repetita lectione v. precedentis*   10 acie *Pichena*
et] est *Madvig*   11 quasi *M*   14 in *add. Wurm*   remigium *M*
15 nau|torum *M*
    17. 4 Germani *Ritter*   13 exuant, quantum *distinxit Döderlein*

Galliam suismet viribus concidisse. nunc easdem omnium partis, addito si quid militaris disciplinae in castris Romanorum viguerit; esse secum veteranas cohortis, quibus nuper
20 Othonis legiones procubuerint. servirent Syria Asiaque et
suetus regibus Oriens: multos adhuc in Gallia vivere ante
tributa genitos. nuper certe caeso Quintilio Varo pulsam e
Germania servitutem, nec Vitellium principem sed Caesarem
Augustum bello provocatum. libertatem natura etiam mutis
25 animalibus datam, virtutem proprium hominum bonum; deos
fortioribus adesse: proinde arriperent vacui occupatos, integri fessos. dum alii Vespasianum, alii Vitellium foveant,
18 patere locum adversus utrumque. sic in Gallias Germaniasque intentus, si destinata provenissent, validissimarum
ditissimarumque nationum regno imminebat.

   At Flaccus Hordeonius primos Civilis conatus per dissi-
5 mulationem aluit: ubi expugnata castra, deletas cohortis,
pulsum Batavorum insula Romanum nomen trepidi nuntii
adferebant, Munium Lupercum legatum (is duarum legionum
hibernis praeerat) egredi adversus hostem iubet. Lupercus
legionarios e praesentibus, Vbios e proximis, Trevirorum
10 equites haud longe agentis raptim transmisit, addita Batavorum ala, quae iam pridem corrupta fidem simulabat, ut pro-
ditis in ipsa acie Romanis maiore pretio fugeret. Civilis captarum cohortium signis circumdatus, ut suo militi recens
gloria ante oculos et hostes memoria cladis terrerentur, ma-
15 trem suam sororesque, simul omnium coniuges parvosque liberos consistere a tergo iubet, hortamenta victoriae vel pulsis pudorem. ut virorum cantu, feminarum ululatu sonuit
acies, nequaquam par a legionibus cohortibusque redditur

17 Gallias *Wurm. Halm*   19 vigueret *M, corr. M*[1]   21 gallias
M, corr. M[1] : Galliis *Wurm, Halm*   ante] an *M*   22 nuper *secl.*
Prammer   24 naturam *M, corr. M*[1]   brutis *Acidalius*   26
for|fortioribus *M*   28 utrimque *M*
   18. 5 *locus evanidus*   dissimulatione aluit *M, notam del. M*[1], *et* m *supra*
a *scripsit manus fortasse prima, unde* maluit *ed. Spirensis*   12 captarum]
caesarum *malebat Nipperdey*   16 pulsus *M*

clamor. nudaverat sinistrum cornu Batavorum ala transfugiens
statimque in nos versa. sed legionarius miles, quamquam 20
rebus trepidis, arma ordinesque retinebat. Vbiorum Trevi-
rorumque auxilia foeda fuga dispersa totis campis palantur: illuc incubuere Germani, et fuit interim effugium legionibus in castra, quibus Veterum nomen est. praefectus alae
Batavorum Claudius Labeo, oppidano certamine aemulus Ci- 25
vili, ne interfectus invidiam apud popularis vel, si retinere-
tur, semina discordiae praeberet, in Frisios avehitur.

Isdem diebus Batavorum et Canninefatium cohortis, 19
cum iussu Vitellii in urbem pergerent, missus a Civile
nuntius adsequitur. intumuere statim superbia ferociaque
et pretium itineris donativum, duplex stipendium, augeri
equitum numerum, promissa sane a Vitellio, postulabant, 5
non ut adsequerentur, sed causam seditioni. et Flaccus multa
concedendo nihil aliud effecerat quam ut acrius exposcerent
quae sciebant negaturum. spreto Flacco inferiorem Germaniam petivere ut Civili iungerentur. Hordeonius adhibitis
tribunis centurionibusque consultavit num obsequium ab- 10
nuentis vi coerceret; mox insita ignavia et trepidis mini-
stris, quos ambiguus auxiliorum animus et subito dilectu
suppletae legiones angebant, statuit continere intra castra
militem: dein paenitentia et arguentibus ipsis qui suaserant,
tamquam secuturus scripsit Herennio Gallo legionis primae 15
legato, qui Bonnam obtinebat, ut arceret transitu Batavos:
se cum exercitu tergis eorum haesurum. et opprimi poterant
si hinc Hordeonius, inde Gallus, motis utrimque copiis, me-
dios clausissent. Flaccus omisit inceptum aliisque litteris
Gallum monuit ne terreret abeuntis: unde suspicio sponte 20
legatorum excitari bellum cunctaque quae acciderant aut

19 cornū *M*   26 invidia| *M*
    19. 1 et Canninefatium *secl. Ritter*   12 auxiliorum auxiliorum| *M*,
alterum del. M[1]   15 herrennio *M, item* c. 20. 2   16 bonam *M*
19 inceptus *M, corr. M*[1]

metuebantur non inertia militis neque hostium vi, sed fraude
ducum evenire.

20   Batavi cum castris Bonnensibus propinquarent, prae-
misere qui Herennio Gallo mandata cohortium exponeret.
nullum sibi bellum adversus Romanos, pro quibus totiens
bellassent : longa atque inrita militia fessis patriae atque otii
5 cupidinem esse. si nemo obsisteret, innoxium iter fore : sin
arma occurrant, ferro viam inventuros. cunctantem legatum
milites perpulerant fortunam proelii experiretur. tria milia
legionariorum et tumultuariae Belgarum cohortes, simul paganorum lixarumque ignava sed procax ante periculum manus
10 omnibus portis prorumpunt ut Batavos numero imparis cir-
cumfundant. illi veteres militiae in cuneos congregantur,
densi undique et frontem tergaque ac latus tuti ; sic tenuem
nostrorum aciem perfringunt. cedentibus Belgis pellitur legio,
et vallum portasque trepidi petebant. ibi plurimum cladis :
15 cumulatae corporibus fossae, nec caede tantum et vulneribus, sed ruina et suis plerique telis interiere. victores colonia Agrippinensium vitata, nihil cetero in itinere hostile
ausi, Bonnense proelium excusabant, tamquam petita pace,
postquam negabatur, sibimet ipsi consuluissent.

21   Civilis adventu veteranarum cohortium iusti iam
exercitus ductor, sed consilii ambiguus et vim Romanam reputans, cunctos qui aderant in verba Vespasiani adigit mit-
titque legatos ad duas legiones, quae priore acie pulsae in
5 Vetera castra concesserant, ut idem sacramentum acciperent. redditur responsum : neque proditoris neque hostium
se consiliis uti ; esse sibi Vitellium principem, pro quo fidem
et arma usque ad supremum spiritum retenturos : proinde

20. 2 exponerent *det.*   6 occurant *M*   cunctem *M*   7 experi-
retur] experiri. igitur *Wurm*   8 legioniarum *M, corr. M*[1]   9 Ignavia
M   10 prorumpunt *Ritter* : rumpunt *M probante Van der Vliet* :
erumpunt *dett.*   12 lateribus *Francken*   15 caedi *M*   16
interire *M*   17 Agrippinensi *Meiser at conf. Agr.* 4   18 bonense
M   19 consiluissent *M*

perfuga Batavus arbitrium rerum Romanarum ne ageret, sed
meritas sceleris poenas expectaret. quae ubi relata Civili, 10
incensus ira universam Batavorum gentem in arma rapit;
iunguntur Bructeri Tencterique et excita nuntiis Germania ad
praedam famamque.

Adversus has concurrentis belli minas legati legio- 22
num Munius Lupercus et Numisius Rufus vallum murosque firmabant. subversa longae pacis opera, haud procul
castris in modum municipii extructa, ne hostibus usui forent. sed parum provisum ut copiae in castra conveheren- 5
tur; rapi permisere: ita paucis diebus per licentiam absumpta sunt quae adversus necessitates in longum suffecissent.
Civilis medium agmen cum robore Batavorum obtinens utramque Rheni ripam, quo truculentior visu foret, Germanorum
catervis complet, adsultante per campos equite; simul na- 10
ves in adversum amnem agebantur. hinc veteranarum cohortium signa, inde depromptae silvis lucisque ferarum imagines, ut cuique genti inire proelium mos est, mixta belli civilis externique facie obstupefecerant obsessos. et spem obpugnantium augebat amplitudo valli, quod duabus legionibus 15
situm vix quinque milia armatorum Romanorum tuebantur;
sed lixarum multitudo turbata pace illuc congregata et bello
ministra aderat.

Pars castrorum in collem leniter exurgens, pars 23
aequo adibatur. quippe illis hibernis obsideri premique Germanias Augustus crediderat, neque umquam id malorum ut
obpugnatum ultro legiones nostras venirent; inde non loco

21. 9 arbitrum *det. secunda manu, Puteolanus* romanorum *M* 10
merita *M* 11 arma *M, corr. M*[1]
22. 1 consurgentis *Cornelissen coll. Aen.* viii. 637 3 longe *M*
5 ut *Lipsius*: vi| *M* 8 utrimque *Lipsius* 12 luusque *M, ad
hunc versum recens manus duas litteras in margine addidit, quas ut* d. a.
i.e. ' desunt aliqua,' dubitanter tamen, interpretatus est Meiser. ut d. d. *ego
potius litteras interpretor, et sunt aut stili tentamentnm aut verborum in*de
de quasi repetitio 13 civili *M* 16 Romanorum *om. det., Rhenanus,
Heraeus*
23. 2 p̄mique *M*

5 neque munimentis labor additus: vis et arma satis placebant.
Batavi Transrhenanique, quo discreta virtus manifestius spe-
ctaretur, sibi quaeque gens consistunt, eminus lacessentes.
post ubi pleraque telorum turribus pinnisque moenium inrita
haerebant et desuper saxis vulnerabantur, clamore atque im-
10 petu invasere vallum, adpositis plerique scalis, alii per testudinem suorum; scandebantque iam quidam, cum gladiis
et armorum incussu praecipitati sudibus et pilis obruuntur,
praeferoces initio et rebus secundis nimii. sed tum praedae
cupidine adversa quoque tolerabant; machinas etiam, inso-
15 litum sibi, ausi. nec ulla ipsis sollertia: perfugae captivique
docebant struere materias in modum pontis, mox subiectis
rotis propellere, ut alii superstantes tamquam ex aggere proe-
liarentur, pars intus occulti muros subruerent. sed excussa
ballistis saxa stravere informe opus. et cratis vineasque
20 parantibus adactae tormentis ardentes hastae, ultroque
ipsi obpugnatores ignibus petebantur, donec desperata vi
verterent consilium ad moras, haud ignari paucorum dierum inesse alimenta et multum imbellis turbae; simul ex
inopia proditio et fluxa servitiorum fides ac fortuita belli
25 sperabantur.

24   Flaccus interim cognito castrorum obsidio et missis per
Gallias qui auxilia concirent, lectos e legionibus Dillio Voculae duoetvicensimae legionis legato tradit, ut quam maximis
per ripam itineribus celeraret, ipse navibus *invadit* inva-
5 lidus corpore, invisus militibus. neque enim ambigue fremebant: emissas a Mogontiaco Batavorum cohortis, dissimula-
tos Civilis conatus, adsciri in societatem Germanos. non Primi
Antonii neque Muciani ope Vespasianum magis adolevisse.
aperta odia armaque palam depelli: fraudem et dolum obscura

---

10 tustudinem *M*   11 suorum] scutorum *Walter*   scandebanque *M*
18 occultis (s *del. M*[1]) muro *M*
  24. 2 e om. *M*   4 navibus] pavidus *al.*   navibus inva| *in fine
paginae* lidus *M*: invadit *post* navibus *addid: coll. Renz Alliterationen bei
Tacitus,* p. 29: vectus *post* navibus *add. Haase*   5 fremebant *Rhena-
nus*: p̄me|bant *M*

eoque inevitabilia. Civilem stare contra, struere aciem : Hor- 10
deonium e cubiculo et lectulo iubere quidquid hosti conducat.
tot armatas fortissimorum virorum manus unius senis valetu-
dine regi : quin potius interfecto traditore fortunam virtu-
temque suam malo omine exolverent. his inter se vocibus
instinctos flammavere insuper adlatae a Vespasiano litterae, 15
quas Flaccus, quia occultari nequibant, pro contione recita-
vit, vinctosque qui attulerant ad Vitellium misit.

    Sic mitigatis animis Bonnam, hiberna primae legio- 25
nis, ventum. infensior illic miles culpam cladis in Hordeonium vertebat : eius iussu derectam adversus Batavos aciem,
tamquam a Mogontiaco legiones sequerentur ; eiusdem proditione caesos, nullis supervenientibus auxiliis : ignota haec 5
ceteris exercitibus neque imperatori suo nuntiari, cum adcursu tot provinciarum extingui repens perfidia potuerit.
Hordeonius exemplaris omnium litterarum, quibus per Gallias Britanniamque et Hispanias auxilia orabat, exercitui re-
citavit instituitque pessimum facinus, ut epistulae aquiliferis 10
legionum traderentur, a quis ante militi quam ducibus lege-
bantur. tum e seditiosis unum vinciri iubet, magis usurpandi
iuris, quam quia unius culpa foret. motusque Bonna exercitus
in coloniam Agrippinensem, adfluentibus auxiliis Gallorum,
qui primo rem Romanam enixe iuvabant : mox valescentibus 15
Germanis pleraeque civitates adversum nos arma *sumpsere*
spe libertatis et, si exuissent servitium, cupidine imperitandi.
gliscebat iracundia legionum, nec terrorem unius militis vincula indiderant : quin idem ille arguebat ultro conscientiam
ducis, tamquam nuntius inter Civilem Flaccumque falso cri- 20
mine testis veri opprimeretur. conscendit tribunal Vocula
mira constantia, prensumque militem ac vociferantem duci
ad supplicium iussit : et dum mali pavent, optimus quisque

13 proditore *Ferretus, vulgo*   14 homine *M*
  25. 1 bonam *M*   3 derecta *M*   4 amagontiae *M* : amagontiaco *M*[1],
item magontiaco c. 33   5 se caesos *Ritter*   8 exemplaria *al.* : exempla *malebat Ritter*   9 et] ex *M*   12 siditionis *M* : siditiosis *M*[1]
16 sumpsere *add. Agricola*   19 indiderant *b*[2] : indiderat *M*

iussis paruere. exim consensu ducem Voculam poscentibus,
25 Flaccus summam rerum ei permisit.

26   Sed discordis animos multa efferabant : inopia stipendii frumentique et simul dilectum tributaque Galliae aspernantes, Rhenus incognita illi caelo siccitate vix navium patiens, arti commeatus, dispositae per omnem ripam stationes
5 quae Germanos vado arcerent, eademque de causa minus
frugum et plures qui consumerent. apud imperitos prodigii
loco accipiebatur ipsa aquarum penuria, tamquam nos amnes
quoque et vetera imperii munimenta desererent : quod in pace
fors seu natura, tunc fatum et ira dei vocabatur.

10 Ingressis Novaesium sexta decima legio coniungitur. additus Voculae in partem curarum Herennius Gallus legatus ;
nec ausi ad hostem pergere * * (loco Gelduba nomen est)
castra fecere. ibi struenda acie, muniendo vallandoque et
ceteris belli meditamentis militem firmabant. utque praeda
15 ad virtutem accenderetur, in proximos Cugernorum pagos,
qui societatem Civilis acceperant, ductus a Vocula exercitus ;
pars cum Herennio Gallo permansit.

27   Forte navem haud procul castris, frumento gravem,
cum per vada haesisset, Germani in suam ripam trahebant.
non tulit Gallus misitque subsidio cohortem : auctus et Germanorum numerus, paulatimque adgregantibus se auxiliis
5 acie certatum. Germani multa cum strage nostrorum navem
abripiunt. victi, quod tum in morem verterat, non suam ignaviam, sed perfidiam legati culpabant. protractum e tentorio,
scissa veste, verberato corpore, quo pretio, quibus consciis
prodidisset exercitum, dicere iubent. redit in Hordeonium

24 consensum *M, corr. M*[1]   25 flaccum *M*
   26. 1 efferabant *Beroaldus* : efferebant *M*   9 di *i. e.* dei *M* : deum
Nipperdey, Halm   10 novesium *M*   12 *lacunam notavit Wurm,
haec fere supplens* ad quintum (ad tertium decimum *coni. Heraeus*) ab
Novaesio lapidem cui : *post* loco *addidit* cui *det.* : loco Gelduba nomen
est *secl. Ritter*   15 Cugernorum *Nipperdey* : gugernorum *M*   16
a *om. M*   17 remansit *Nipperdey, Halm*
   27. 6 arripiunt *M, corr. M*[1]   Imorem *M*

invidia : illum auctorem sceleris, hunc ministrum vocant, do- 10
nec exitium minitantibus exterritus proditionem et ipse Hordeonio obiecit ; vinctusque adventu demum Voculae exolvi-
tur. is postera die auctores seditionis morte adfecit : tanta
illi exercitui diversitas inerat licentiae patientiaeque. haud
dubie gregarius miles Vitellio fidus, splendidissimus quisque 15
in Vespasianum proni : inde scelerum ac suppliciorum vices
et mixtus obsequio furor, ut contineri non possent qui puniri poterant.

    At Civilem immensis auctibus universa Germania ex- 28
tollebat, societate nobilissimis obsidum firmata. ille, ut cuique proximum, vastari Vbios Trevirosque, et aliam manum
Mosam amnem transire iubet, ut Menapios et Morinos et extrema Galliarum quateret. actae utrobique praedae, infestius 5
in Vbiis, quod gens Germanicae originis eiurata patria [Ro-
manorum nomen] Agrippinenses vocarentur. caesae cohortes eorum in vico Marcoduro incuriosius agentes, quia procul
ripa aberant. nec quievere Vbii quo minus praedas e Germania peterent, primo impune, dein circumventi sunt, per 10
omne id bellum meliore usi fide quam fortuna. contusis Vbiis
gravior et successu rerum ferocior Civilis obsidium legionum
urgebat, intentis custodiis ne quis occultus nuntius venientis auxilii penetraret. machinas molemque operum Batavis
delegat : Transrhenanos proelium poscentis ad scindendum 15
vallum ire detrusosque redintegrare certamen iubet, supe-
rante multitudine et facili damno.

    Nec finem labori nox attulit : congestis circum lignis 29
accensisque, simul epulantes, ut quisque vino incaluerat, ad
pugnam temeritate inani ferebantur. quippe ipsorum tela per
tenebras vana : Romani conspicuam barbarorum aciem, et si

12 victus *M, corr. M*[1]   15 splendissimus *M*
   28. 3 aliam manum *Fremsheim* : alia manu *M*   4 transire *in*
transiri *manu prima correctum dicit Meiser, negat Andresen, studia critica*
ii. 9   6 Romanorum nomen *secl. Gruter* : Romano nomine *Lipsius*
8 vicos *M, corr. M*[1]   14 penetrarent *M, corr. M*[1]
  29. 1 concestis *M*   4 perspicuam *M, corr. M*[1]

187

5 quis audacia aut insignibus effulgens, ad ictum destinabant.
intellectum id Civili et restincto igne misceri cuncta tenebris
et armis iubet. tum vero strepitus dissoni, casus incerti, neque feriendi neque declinandi providentia : unde clamor acci-
derat, circumagere corpora, tendere artus ; nihil prodesse
10 virtus, fors cuncta turbare et ignavorum saepe telis fortissimi
cadere. apud Germanos inconsulta ira : Romanus miles periculorum gnarus ferratas sudis, gravia saxa non forte iacie-
bat. ubi sonus molientium aut adpositae scalae hostem in
manus dederant, propellere umbone, pilo sequi ; multos in
15 moenia egressos pugionibus fodere. sic exhausta nocte novam aciem dies aperuit.

30   Eduxerant Batavi turrim duplici tabulato, quam praetoriae portae (is aequissimus locus) propinquantem promoti
contra validi asseres et incussae trabes perfregere multa su-
perstantium pernicie. pugnatumque in perculsos subita et
5 prospera eruptione ; simul a legionariis peritia et arte praestantibus plura struebantur. praecipuum pavorem intulit sus-
pensum et nutans machinamentum, quo repente demisso praeter suorum ora singuli pluresve hostium sublime rapti verso
pondere intra castra effundebantur. Civilis omissa expu-
10 gnandi spe rursus per otium adsidebat, nuntiis et promissis
fidem legionum convellens.

31   Haec in Germania ante Cremonense proelium gesta,
cuius eventum litterae Primi Antonii docuere, addito Caecinae edicto ; et praefectus cohortis e victis, Alpinius Montanus, fortunam partium praesens fatebatur. diversi hinc motus
5 animorum : auxilia e Gallia, quis nec amor neque odium in
partis, militia sine adfectu, hortantibus praefectis statim a

---

5 et fulgens *M*   7 casus incerti *dett.* : corsus inceptti *in frustulo mem-*
branae agglut nato M² : *prior Medicei scriptura cooperta est* : concursus
incerti *Heraeus*   9 circumageret *M, corr. M¹*   artus *Lipsius* : arcus *M*
11 apud | apud *M, pr. del. M¹*   12 gnarus *b²* : ignarus *M*
  30. 2 locum *M*   5 prospere ruptione *M*   9 infra *M*   ex-
pugnandi *Ruperti* : obpugnan|di *M*
  31. 3 victis *Rhenanus* : victus *M*   6 militia *Rhenanus* : militiae *M*

Vitellio desciscunt : vetus miles cunctabatur. sed adigente
Hordeonio Flacco, instantibus tribunis, dixit sacramentum,
non vultu neque animo satis adfirmans : et cum cetera iuris
iurandi verba conciperent, Vespasiani nomen haesitantes aut 10
levi murmure et plerumque silentio transmittebant.

Lectae deinde pro contione epistulae Antonii ad Ci- 32
vilem suspiciones militum inritavere, tamquam ad socium
partium scriptae et de Germanico exercitu hostiliter. mox
adlatis Geldubam in castra nuntiis eadem dicta factaque, et
missus cum mandatis Montanus ad Civilem ut absisteret 5
bello neve externa armis falsis velaret : si Vespasianum iuvare adgressus forét, satis factum coeptis. ad ea Civilis primo
callide : post ubi videt Montanum praeferocem ingenio para-
tumque in res novas, orsus a questu periculisque quae per
quinque et viginti annos in castris Romanis exhausisset, 10
'egregium' inquit 'pretium laborum recepi, necem fratris et
vincula mea et saevissimas huius exercitus voces, quibus ad
supplicium petitus iure gentium poenas reposco. vos autem
Treviri ceteraeque servientium animae, quod praemium effusi
totiens sanguinis expectatis nisi ingratam militiam, inmortalia 15
tributa, virgas, securis et dominorum ingenia? en ego praefectus unius cohortis et Canninefates Bataviqne, exigua Galliarum portio, vana illa castrorum spatia excidimus vel
saepta ferro fameque premimus. denique ausos aut libertas
sequetur aut victi idem erimus.' sic accensum, sed molliora 20
referre iussum dimittit : ille ut inritus legationis redit, cetera
dissimulans, quaé mox erupere.

Civilis parte copiarum retenta veteranas cohortis et 33
quod e Germanis maxime promptum adversus Voculam exer-
citumque eius mittit, Iulio Maximo et Claudio Victore, soro-

11 transmittebat *M, corr. M*[1]
   32. 4 gelduban *M*   5 absi|stere *M*   6 arma *Lipsius*   11
recipi *M*   17 cannene fates *M, vid.* c. 15   18 exscidimus *tacite*
Halm   21 rediit *Rhenanus*
   33. 3 victores *M, corr. M*[1]

ris suae filio, ducibus. rapiunt in transitu hiberna alae Asci-
5 burgii sita; adeoque improvisi castra involavere ut non ad-
loqui, non pandere aciem Vocula potuerit: id solum ut in
tumultu monuit, subsignano milite media firmare: auxilia
passim circumfusa sunt. eques prorupit, exceptusque compositis hostium ordinibus terga in suos vertit. caedes inde,
10 non proelium. et Nerviorum cohortes, metu seu perfidia, latera nostrorum nudavere: sic ad legiones perventum, quae
amissis signis intra vallum sternebantur, cum repente novo
auxilio fortuna pugnae mutatur. Vasconum lectae a Galba
cohortes ac tum accitae, dum castris propinquant, audito
5 proeliantium clamore intentos hostis a tergo invadunt latio-
remque quam pro numero terrorem faciunt, aliis a Novaesio,
aliis a Mogontiaco universas copias advenisse credentibus.
is error Romanis addit animos, et dum alienis viribus confidunt,
suas recepere. fortissimus quisque e Batavis, quantum peditum
20 erat, funduntur: eques evasit cum signis captivisque, quos
prima acie corripuerant. caesorum eo die in partibus nostris
maior numerus et imbellior, e Germanis ipsa robora.

34   Dux uterque pari culpa meritus adversa prosperis
defuere. nam Civilis si maioribus copiis instruxisset aciem,
circumiri a tam paucis cohortibus nequisset castraque perrupta excidisset: Vocula nec adventum hostium exploravit,
5 eoque simul egressus victusque; dein victoriae parum confisus, tritis frustra diebus castra in hostem movit, quem si
statim impellere cursumque rerum sequi maturasset, solvere
obsidium legionum eodem impetu potuit. temptaverat interim
Civilis obsessorum animos, tamquam perditae apud Roma-
10 nos res et suis victoria provenisset: circumferebantur signa

15 intentos *det.*: Intento *M*   17 magontiaco *M*   18 is error
Romanis *al.* : is error *M* : is nostris error *Müller*   20 funduntur] truci-
dantur *Nipperdey*: conciduntur *Halm*   22 et] set *Madvig, Halm*
    34. 3 p̄rupta *M, sed* p *ante* t *del. et* p *puncto notavit M¹, unde* proruta
coni. Andresen   4 exscidisset *Halm tacite*   6 triti *M*
cursum *M¹*

vexillaque, ostentati etiam captivi. ex quibus unus, egregium facinus ausus, clara voce gesta patefecit, confossus illico a Germanis : unde maior indici fides ; simul vastatione incendiisque flagrantium villarum venire victorem exercitum intellegebatur. in conspectu castrorum constitui signa fos- 15 samque et vallum circumdari Vocula iubet : depositis impedimentis sarcinisque expediti certarent. hinc in ducem clamor pugnam poscentium ; et minari adsueverant. ne tempore quidem ad ordinandam aciem capto incompositi fessique proelium sumpsere ; nam Civilis aderat, non minus vitiis ho- 20 stium quam virtute suorum fretus. varia apud Romanos fortuna et seditiosissimus quisque ignavus : quidam recentis victoriae memores retinere locum, ferire hostem, seque et proximos hortari et redintegrata acie manus ad obsessos tendere ne tempori deessent. illi cuncta e muris cernentes 25 omnibus portis prorumpunt. ac forte Civilis lapsu equi prostratus, credita per utrumque exercitum fama vulneratum aut interfectum, immane quantum suis pavoris et hostibus alacritatis indidit : sed Vocula omissis fugientium tergis vallum turrisque castrorum augebat, tamquam rursus obsidium im- 30 mineret, corrupta totiens victoria non falso suspectus bellum malle.

Nihil aeque exercitus nostros quam egestas copia- 35 rum fatigabat. impedimenta legionum cum imbelli turba Novaesium missa ut inde terrestri itinere frumentum adveherent ; nam flumine hostes potiebantur. primum agmen securum incessit, nondum satis firmo Civile. qui ubi rursum mis- 5 sos Novaesium frumentatores datasque in praesidium cohortis velut multa pace ingredi accepit, rarum apud signa militem, arma in vehiculis, cunctos licentia vagos, compositus invadit, praemissis qui pontis et viarum angusta insiderent. pugnatum longo agmine et incerto Marte, donec proelium 10

13 illico *Freinsheim* : illic *M* : ilico *Halm, coll. A.* ii. 8, xiii. 52   26 labsu *M*   28 Inmanem *M*   31 falsos *M*

191

nox dirimeret. cohortes Geldubam perrexere, manentibus, ut
fuerant, castris, quae relictorum illic militum praesidio tenebantur. non erat dubium quantum in regressu discriminis
adeundum foret frumentatoribus onustis perculsisque. addit
15 exercitui suo Vocula mille delectos e quinta et quinta decima
legionibus apud Vetera obsessis, indomitum militem et ducibus infensum. plures quam iussum erat profecti palam in
agmine fremebant, non se ultra famem, insidias legatorum
toleraturos : at qui remanserant, desertos se abducta parte
20 legionum querebantur. duplex hinc seditio, aliis revocanti-
bus Voculam, aliis redire in castra abnuentibus.

36   Interim Civilis Vetera circumsedit : Vocula Geldubam
atque inde Novaesium concessit, [Civilis capit Geldubam]
mox haud procul Novaesio equestri proelio prospere
certavit. sed miles secundis adversisque perinde in exitium
5 ducum accendebatur ; et adventu quintanorum quintadecima-
norumque auctae legiones donativum exposcunt, comperto
pecuniam a Vitellio missam. nec diu cunctatus Hordeonius
nomine Vespasiani dedit, idque praecipuum fuit seditionis
alimentum. effusi in luxum et epulas et nocturnos coetus ve-
10 terem in Hordeonium iram renovant, nec ullo legatorum tri-
bunorumve obsistere auso (quippe omnem pudorem nox ade-
merat) protractum e cubili interficiunt. eadem in Voculam pa-
rabantur, nisi servili habitu per tenebras ignoratus evasisset.

37   Vbi sedato impetu metus rediit, centuriones cum epistulis ad civitates Galliarum misere, auxilia ac stipendia ora-
turos : ipsi, ut est vulgus sine rectore praeceps pavidum so-

35. 14 adeundem *M*   frumentoribus *M*   perculsisque *Agricola* :
periculisque *M*   19 remanserat *M, corr. M*[1]   se] que *M* :
desertos *sine* se *Gantrelle, coll. A.* i. 35 : ?desertos se proditosque *Weissenborn, Heraeus*
    36. 1 interim] iterum *Nipperdey, Müller*   2 Civilis capit Geldu-
bam *secl. Urlichs*   3 Vocula *post* mox *add. Gutmann,* Romanus *post*
proelio *Ritter*   inprospere *Weissenborn*   4 proinde *M*   5
adventum *M, corr. M*[1]   11 ausos *M, corr. M*[1]
    37. 1 redit *M,* i *superscr. M*[1]

cors, adventante Civile raptis temere armis ac statim omissis, in fugam vertuntur. res adversae discordiam peperere, 5
iis qui e superiore exercitu erant causam suam dissocianti-
bus; Vitellii tamen imagines in castris et per proximas Belgarum civitates repositae, cum iam Vitellius occidisset. dein
mutati in paenitentiam primani quartanique et duoetvicensi-
mani Voculam sequuntur, apud quem resumpto Vespasiani 10
sacramento ad liberandum Mogontiaci obsidium ducebantur.
discesserant obsessores, mixtus ex Chattis Vsipis Mattiacis
exercitus, satietate praedae nec incruenti : in via dispersos
et nescios miles noster invaserat. quin et loricam vallumque
per finis suos Treviri struxere, magnisque in vicem cladibus 15
cum Germanis certabant, donec egregia erga populum Romanum merita mox rebelles foedarent.

   Interea Vespasianus iterum ac Titus consulatum ab- **38**
sentes inierunt, maesta et multiplici metu suspensa civitate,
quae super instantia mala falsos pavores induerat, descivisse
Africam res novas moliente L. Pisone. is *pro consule* provinciae nequaquam turbidus ingenio; sed quia naves saevitia 5
hiemis prohibebantur, vulgus alimenta in dies mercari solitum, cui una ex re publica annonae cura, clausum litus, retineri commeatus, dum timet, credebat, augentibus famam Vitellianis, qui studium partium nondum posuerant, ne victoribus quidem ingrato rumore, quorum cupiditates externis quo- 10
que bellis inexplebilis nulla umquam civilis victoria satiavit.

   Kalendis Ianuariis in senatu, quem Iulius Frontinus **39**
praetor urbanus vocaverat, legatis exercitibusque ac regibus

5 vertentur *M*, u *superscr.* *M*[1]   12 ex Cattis *Rhenanus* : et caitis *M*
13 incruenti *Agricola* : incruentari *M* : incruentati *dett.* : incruenta re
Meiser in via *Lipsius* : via *M*   incruentati quia *Heraeus*, *Halm*   adis-
persos *M*
   38. 2 inierant *Haase*, *Halm*   4 pro consule *add. I. Gronovius*   provinciae praeerat *Agricola*   7 re publica] rep *M*   8 commeatum
M, *corr.* *M*[1]   9 ne *I. Gronovius* : nec| *M*   11 nullam *M*,
corr. *M*[1]

laudes gratesque decretae ; Tettio Iuliano praetura, tamquam transgredientem in partis Vespasiani legionem dese-
5 ruisset, ablata ut in Plotium Grypum transferretur ; Hormo
dignitas equestris data. et mox eiurante Frontino Caesar
Domitianus praeturam cepit. eius nomen epistulis edictisque
praeponebatur, vis penes Mucianum erat, nisi quod pleraque
Domitianus instigantibus amicis aut propria libidine audebat.
10 sed praecipuus Muciano metus e Primo Antonio Varoque Arrio, quos recentis clarosque rerum fama ac militum studiis
etiam populus fovebat, quia in neminem ultra aciem saevie-
rant. et ferebatur Antonius Scribonianum Crassum, egregiis
maioribus et fraterna imagine fulgentem, ad capessendam rem
15 publicam hortatus, haud defutura consciorum manu, ni Scribonianus abnuisset, ne paratis quidem corrumpi facilis, adeo
metuens incerta. igitur Mucianus, quia propalam opprimi Antonius nequibat, multis in senatu laudibus cumulatum secretis
promissis onerat, citeriorem Hispaniam ostentans discessu
20 Cluvii Rufi vacuam ; simul amicis eius tribunatus praefectu-
rasque largitur. dein postquam inanem animum spe et cupidine impleverat, viris abolet dimissa in hiberna legione septima, cuius flagrantissimus in Antonium amor. et tertia legio,
familiaris Arrio Varo miles, in Syriam remissa ; pars exerci-
25 tus in Germanias ducebatur. sic egesto quidquid turbidum
redit urbi sua forma legesque et munia magistratuum.

40   Quo die senatum ingressus est Domitianus, de absen-
tia patris fratrisque ac iuventa sua pauca et modica disseruit,
decorus habitu ; et ignotis adhuc moribus crebra oris confu-
sio pro modestia accipiebatur. referente Caesare de resti-
5 tuendis Galbae honoribus, censuit Curtius Montanus ut Pisonis quoque memoria celebraretur. patres utrumque iussere :

39. 3 Tettio *Andresen, coll.* i. 79 : et tito *M* : et Tettio *Orelli*   5
griphum *M. conf.* iii. 52   14 maioribus *M¹* : maioribusque *M* : moribus *Bötticher* : artibus maioribusque *Haase*   19 decessu *Nipperdey*
22 legiones *M*   26 rediit *Haase, Halm*
   40. 2 modice *W. Heraeus*

de Pisone inritum fuit. tum sorte ducti per quos redderen-
tur bello rapta, quique aera legum vetustate delapsa noscerent figerentque, et fastos adulatione temporum foedatos ex-
onerarent modumque publicis impensis facerent. redditur 10
Tettio Iuliano praetura, postquam cognitus est ad Vespasianum confugisse : Grypo honor mansit. repeti inde cognitionem inter Musonium Rufum et Publium Celerem placuit,
damnatusque Publius et Sorani manibus satis factum. insignis
publica severitate dies ne privatim quidem laude caruit. iu- 15
stum iudicium explesse Musonius videbatur, diversa fama De-
metrio Cynicam sectam professo, quod manifestum reum am-
bitiosius quam honestius defendisset : ipsi Publio neque animus in periculis neque oratio suppeditavit. signo ultionis in
accusatores dato, petit a Caesare Iunius Mauricus ut com- 20
mentariorum principalium potestatem senatui faceret, per
quos nosceret quem quisque accusandum poposcisset. con-
sulendum tali super re principem respondit.

Senatus inchoantibus primoribus ius iurandum con- 41
cepit quo certatim omnes magistratus, ceteri, ut sententiam
rogabantur, deos testis advocabant, nihil ope sua factum quo
cuiusquam salus laederetur, neque se praemium aut honorem
ex calamitate civium cepisse, trepidis et verba iuris iurandi 5
per varias artis mutantibus, quis flagitii conscientia inerat.
probabant religionem patres, periurium arguebant ; eaque
velut censura in Sariolenum Voculam et Nonium Attianum et
Cestium Severum acerrime incubuit, crebris apud Neronem
delationibus famosos. Sariolenum et recens crimen urge- 10
bat, quod apud Vitellium molitus eadem foret : nec destitit

7 pisonem *M*   8 delabsa *M, corr. M*[1] : dilapsa *al.*   9 exonora-
rent *M*   12 gripho *M, conf.* iii. 52   13 masonium *M*, o *superscr. M*[1]
15 cauruit *M*   16 iudicium] officium *Nipperdey* : iustam vindictam
Meiser   fama| *M*   de *post* fama *add. Heraeus*   17 abitiosius *M*
18 am͞; *M* : am͞us *M*[1]   20 petiit *Nipperdey*   Mauricus *Beroaldus* :
maricus *M*   21 faceret qu͞e| *M*, qu͞e *del. M*[1]   23 talis *M*
   41. 4 cusquam *M, corr. M*[2]   5 cepisset| *M*   6 flagitiis *M,
corr. M*[1]   11 destit *M*

195

senatus manus intentare Voculae, donec curia excederet. ad
Paccium Africanum transgressi eum quoque proturbant, tamquam Neroni Scribonios fratres concordia opibusque insignis
15 ad exitium monstravisset. Africanus neque fateri audebat
neque abnuere poterat : in Vibium Crispum, cuius interroga-
tionibus fatigabatur, ultro conversus, miscendo quae defendere nequibat, societate culpae invidiam declinavit.

42   Magnam eo die pietatis eloquentiaeque famam Vipstanus Messala adeptus est, nondum senatoria aetate, ausus
pro fratre Aquilio Regulo deprecari. Regulum subversa Cras-
sorum et Orfiti domus in summum odium extulerat : sponte
5 [e x͞s͞c] accusationem subisse iuvenis admodum, nec depel-
lendi periculi sed in spem potentiae videbatur ; et Sulpicia Prae-
textata Crassi uxor quattuorque liberi, si cognosceret senatus, ultores aderant. igitur Messala non causam neque reum
tueri, sed periculis fratris semet opponens flexerat quosdam.
10 occurrit truci oratione Curtius Montanus, eo usque progressus ut post caedem Galbae datam interfectori Pisonis pecuniam a Regulo adpetitumque morsu Pisonis caput obiectaret.
'hoc certe' inquit 'Nero non coegit, nec dignitatem aut salutem illa saevitia redemisti. sane toleremus istorum defensio-
15 nes qui perdere alios quam periclitari ipsi maluerunt : te
securum reliquerat exul pater et divisa inter creditores bona,
nondum honorum capax aetas, nihil quod ex te concupisceret
Nero, nihil quod timeret. libidine sanguinis et hiatu praemiorum ignotum adhuc ingenium et nullis defensionibus ex-
20 pertum caede nobili imbuisti, cum ex funere rei publicae raptis consularibus spoliis, septuagiens sestertio saginatus et

12 intentaret *M, corr. M*¹   15 audebant *M*
  42. 1 Vipstanus *Ruperti* : viptanus *M*   3 castrorum *M, corr. in
margine M*¹   5 e x͞s͞c *secl. Colerus, Ernesti, W. Heraeus* : Caesaris
Müller : senum consularium *Meiser*   accusationem *det.* : accusatio
M   6 Sulpicia *Puteolanus* : sup|plicia *M*   7 liberis| *M*   13
aut salutem *Lipsius* : austa lutem *M*   14 illam *M*   defensionem
*M, corr. M*¹   21 septuagenses tertio *M*   saginatus *b* : signatus *M*

sacerdotio fulgens innoxios pueros, inlustris senes, conspi-
cuas feminas eadem ruina prosterneres, cum segnitiam Neronis incusares, quod per singulas domos seque et delatores
fatigaret : posse universum senatum una voce subverti. reti- 25
nete, patres conscripti, et reservate hominem tam expediti
consilii ut omnis aetas instructa sit, et quo modo senes nostri Marcellum, Crispum, iuvenes Regulum imitentur. invenit
aemulos etiam infelix nequitia : quid si floreat vigeatque? et
quem adhuc quaestorium offendere non audemus, praetorium 30
et consularem ausuri sumus? an Neronem extremum dominorum putatis? idem crediderant qui Tiberio, qui Gaio superstites fuerunt, cum interim intestabilior et saevior exortus est.
non timemus Vespasianum ; ea principis aetas, ea moderatio :
sed diutius durant exempla quam mores. elanguimus, patres 35
conscripti, nec iam ille senatus sumus qui occiso Nerone
delatores et ministros more maiorum puniendos flagitabat.
optimus est post malum principem dies primus.'

    Tanto cum adsensu senatus auditus est Montanus ut **43**
spem caperet Helvidius posse etiam Marcellum prosterni. igitur a laude Cluvii Rufi orsus, qui perinde dives et eloquentia clarus nulli umquam sub Nerone periculum facessisset,
crimine simul exemploque Eprium urgebat, ardentibus pa- 5
trum animis. quod ubi sensit Marcellus, velut excedens curia 'imus' inquit, 'Prisce, et relinquimus tibi senatum tuum :
regna praesente Caesare.' sequebatur Vibius Crispus, ambo
infensi, vultu diverso, Marcellus minacibus oculis, Crispus
renidens, donec adcursu amicorum retraherentur. cum glisce- 10
ret certamen, hinc multi bonique, inde pauci et validi pertinacibus odiis tenderent, consumptus per discordiam dies.

---

23 segnitia *M*   24 seques *M*   28 Crispumve *Ritter*   29 aemulos
etiam *Acidalius* : etiam emulos *M, litterae* e *adiuncto fortasse transpositionis
signo*   31 ausuri *Lipsius* : visu|ri *M*   34 vespanum *M*   35 mores]
auctores *Lipsius* : mortales *Ölschläger*
    43. 1 adsensum *M, corr. M*[1]   4 facesisset *M*   8 praesentem
M, corr. M[1]   scrispus *M*, p *ex* q *corr. M*[1]   10 adcursum *M*

44   Proximo senatu, inchoante Caesare de abolendo dolore iraque et priorum temporum necessitatibus, censuit Mucianus prolixe pro accusatoribus; simul eos qui coeptam,
deinde omissam actionem repeterent, monuit sermone molli
5 et tamquam rogaret. patres coeptatam libertatem, postquam
obviam itum, omisere. Mucianus, ne sperni senatus iudicium
et cunctis sub Nerone admissis data impunitas videretur,
Octavium Sagittam et Antistium Sosianum senatorii ordinis
egressos exilium in easdem insulas redegit. Octavius Pon-
10 tiam Postuminam, stupro cognitam et nuptias suas abnuentem,
impotens amoris interfecerat, Sosianus pravitate morum multis exitiosus. ambo gravi senatus consulto damnati pulsique,
quamvis concesso aliis reditu, in eadem poena retenti sunt.
nec ideo lenita erga Mucianum invidia: quippe Sosianus ac
15 Sagitta viles, etiam si reverterentur: accusatorum ingenia et
opes et exercita malis artibus potentia timebantur.

45   Reconciliavit paulisper studia patrum habita in senatu
cognitio secundum veterem morem. Manlius Patruitus senator pulsatum se in colonia Seniensi coetu multitudinis et iussu
magistratuum querebatur; nec finem iniuriae hic stetisse:
5 planctum et lamenta et supremorum imaginem praesenti sibi
circumdata cum contumeliis ac probris, quae in senatum universum iacerentur. vocati qui arguebantur, et cognita causa
in convictos vindicatum, additumque senatus consultum quo
Seniensium plebes modestiae admoneretur. isdem diebus
10 Antonius Flamma *accusantibus* Cyrenensibus damnatur lege
repetundarum et exilio ob saevitiam.

46   Inter quae militaris seditio prope exarsit. praetoria-
nam militiam repetebant a Vitellio dimissi, pro Vespasiano

44. 8 Sagittam *Rhenanus*: sabi'num sagittam *M*   10 Postuminam
Urlichs: positū (i *del. M*[1]) ināstu procognitā *M*: Postumiam *vulgo*
15 reverterte|rentur *M*
    45. 2 Manlius] Matidius *Willems et Prosop.* ii. 118   patrūi|tus *M*,
notam del. M[1]: Patruinus *Lipsius, Willems*   10 accusantibus *hic add.*
Wurm, post Cyrenensibus *Heraeus*   cyrensibus *M*

congregati ; et lectus in eandem spem e legionibus miles promissa stipendia flagitabat. ne Vitelliani quidem sine multa
caede pelli poterant : sed immensa pecunia tanta vis homi- 5
num retinenda erat. ingressus castra Mucianus, quo rectius
stipendia singulorum spectaret, suis cum insignibus armisque
victores constituit, modicis inter se spatiis discretos. tum
Vitelliani, quos apud Bovillas in deditionem acceptos memoravimus, ceterique per urbem et urbi vicina conquisiti pro- 10
ducuntur prope intecto corpore. eos Mucianus diduci et
Germanicum Britannicumque militem, ac si qui aliorum exercituum, separatim adsistere iubet. illos primus statim a-
spectus obstupefecerat, cum ex diverso velut aciem telis et
armis trucem, semet clausos nudosque et inluvie deformis 15
aspicerent : ut vero huc illuc distrahi coepere, metus per
omnis et praecipua Germanici militis formido, tamquam ea
separatione ad caedem destinaretur. prensare commanipula-
rium pectora, cervicibus innecti, suprema oscula petere, ne
desererentur soli neu pari causa disparem fortunam pateren- 20
tur ; modo Mucianum, modo absentem principem, postremum
caelum ac deos obtestari, donec Mucianus cunctos eiusdem
sacramenti, eiusdem imperatoris milites appellans, falso ti-
mori obviam iret ; namque et victor exercitus clamore lacrimas eorum iuvabat. isque finis illa die. paucis post diebus 25

<hr>

46. 5 caede] mercede *Ritter*   depelli *Halm*   *post* pecunia *ordo in
Mediceo turbatus est.   sequitur enim* ferunt ne criminantium (c. 52) *usque
ad* defuisse crede (c. 53) *deinde* tanta vis hominum (c. 46) *usque ad*
sermone orasse (c. 52) *deinde* dicebatur audita interim (c. 54). *verbum*
credebatur (c. 53) *in duas partis discerptum erat* (crede|batur) *et dicebatur
ex altera parte discerpti vocabuli* credebatur *male expleta natum est. verum
ordinem restituit Agricola* : *ad* ne criminantium (52) *in margine* hinc in
alio filio *add.* M^1 pecunia terrebat qua (qua *Bipontini*) tanta *Bötticher*,
si *pro* qua *Nipperdey*   6 redimenda *Weissenborn*   *hinc usque ad* 54. 10
evanidam Medicei scripturam superscripsit plerumque M^2 10 urbes
M, *corr.* M^1 conquisiti M^1 : conquisita M, M^2 13 separati M
18 seperatione M destinarentur *det., Meiser*   pressare *Döderlein*
19 pectora] dexteras *malebat Acidalius* : dextras, complecti pectora *coni.
Nipperdey*   20 pauri|causam M : pari in causa *coni. Walther*   21
postremo *Agricola, Wölfflin, coll. A.* ii. 62   23 eius M

adloquentem Domitianum firmati iam excepere : spernunt oblatos agros, militiam et stipendia orant. preces erant, sed
quibus contra dici non posset ; igitur in praetorium accepti.
dein quibus aetas et iusta stipendia, dimissi cum honore, alii
30 ob culpam, sed carptim ac singuli, quo tutissimo remedio
consensus multitudinis extenuatur.

47   Ceterum verane pauperie an uti videretur, actum in
senatu ut sescentiens sestertium a privatis mutuum acciperetur, praepositusque ei curae Pompeius Silvanus. nec multo
post necessitas abiit sive omissa simulatio. abrogati inde le-
5 gem ferente Domitiano consulatus quos Vitellius dederat,
funusque censorium Flavio Sabino ductum, magna documenta
instabilis fortunae summaque et ima miscentis.

48   Sub idem tempus L. Piso pro consule interficitur. ea
de caede quam verissime expediam, si pauca supra repetiero
ab initio causisque talium facinorum non absurda. legio in
Africa auxiliaque tutandis imperii finibus sub divo Augusto
5 Tiberioque principibus proconsuli parebant. mox G.
Caesar, turbidus animi ac Marcum Silanum obtinentem Africam metuens, ablatam proconsuli legionem misso in eam
rem legato tradidit. aequatus inter duos beneficiorum numerus, et mixtis utriusque mandatis discordia quaesita aucta-
10 que pravo certamine. legatorum ius adolevit diuturnitate officii, vel quia minoribus maior aemulandi cura, proconsu-
lum splendidissimus quisque securitati magis quam potentiae
consulebant.

49   Sed tum legionem in Africa regebat Valerius Festus,

27 p̄cesserant *M*   28 recepti *Gerber*   30 quod *M*
    47. 1 uti|videretur *M* : ut ita videretur *John*   4 abrogati *det.* :
abroganti *M*   6 ductum] decretum *tentabat Wurm*   7 et ima
Agricola : etiam *M*
    48. 2 supra repetiero *Rhenanus* : sup petiero *M*   5 principibus
del. Opitz, coll. i. 89, *probante Heraeus*   6 turbidis *M, corr. M*[1]   ac]
ad *M*   10 ius *ut videtur M* : vis *M*[2], *vulgo*   12 splendissimus *M*
    49. 1 africam *M, corr. M*[1]

sumptuosae adulescentiae neque modica cupiens et adfini-
tate Vitellii anxius. is crebris sermonibus temptaveritne Pisonem ad res novas an temptanti restiterit, incertum, quoniam
secreto eorum nemo adfuit, et occiso Pisone plerique ad gra- 5
tiam interfectoris inclinavere. nec ambigitur provinciam et
militem alienato erga Vespasianum animo fuisse; et quidam
e Vitellianis urbe profugi ostentabant Pisoni nutantis Gallias,
paratam Germaniam, pericula ipsius et in pace suspecto tutius bellum. inter quae Claudius Sagitta, praefectus alae Pe- 10
trianae, prospera navigatione praevenit Papirium centurionem a Muciano missum, adseveravitque mandata interficiendi
Pisonis centurioni data: cecidisse Galerianum consobrinum
eius generumque; unam in audacia spem salutis, sed duo
itinera audendi, seu mallet statim arma, seu petita navibus 15
Gallia ducem se Vitellianis exercitibus ostenderet. nihil ad
ea moto Pisone, centurio a Muciano missus, ut portum Car-
thaginis attigit, magna voce laeta Pisoni omnia tamquam principi continuare, obvios et subitae rei miraculo attonitos ut
eadem adstreperent hortari. vulgus credulum ruere in fo- 20
rum, praesentiam Pisonis exposcere; gaudio clamoribusque
cuncta miscebant, indiligentia veri et adulandi libidine. Piso
indicio Sagittae vel insita modestia non in publicum egressus est neque se studiis vulgi permisit: centurionemque percontatus, postquam quaesitum sibi crimen caedemque com- 25
perit, animadverti in eum iussit, haud perinde spe vitae quam
ira in percussorem, quod idem ex interfectoribus Clodii Macri cruentas legati sanguine manus ad caedem proconsulis
rettulisset. anxio deinde edicto Carthaginiensibus increpitis,
ne solita quidem munia usurpabat, clausus intra domum, ne 30
qua motus novi causa vel forte oreretur.

2 cupuens *M*   et] sed *al.*, *M²* *linea tamen perducta*   8 ostentabat *M*,
corr. M¹   9 suspecto *Victorius* : suscepto *M*   10 Petrianae *Böcking* :
petrinae *M, coll.* i. 70   11 propera *Pluygers*   13 cedisse *M*   14
audaciam *M*   15 audiendi *M*   16 ostenderet, nihil . . . Pisone. *di-
stinxerunt plerique edd.*   18 omina *Acidalius, Halm*   21 exposcerent|
M, corr. M¹   22 veri *Rhenanus* : viri *M*

50   Sed ubi Festo consternatio vulgi, centurionis supplicium veraque et falsa more famae in maius innotuere, equites in necem Pisonis mittit. illi raptim vecti obscuro adhuc
coeptae lucis domum proconsulis inrumpunt destrictis gladiis,
5 et magna pars Pisonis ignari, quod Poenos auxiliaris Mau-
rosque in eam caedem delegerat. haud procul cubiculo obvium forte servum quisnam et ubi esset Piso interrogavere.
servus egregio mendacio se Pisonem esse respondit ac statim obtruncatur. nec multo post Piso interficitur; namque
10 aderat qui nosceret, Baebius Massa e procuratoribus Africae,
iam tunc optimo cuique exitiosus et inter causas malorum
quae mox tulimus saepius rediturus. Festus Adrumeto, ubi
speculabundus substiterat, ad legionem contendit praefe-
ctumque castrorum Caetronium Pisanum vinciri iussit pro-
15 prias ob simultates, sed Pisonis satellitem vocabat milites-
que et centuriones quosdam puniit, alios praemiis adfecit,
neutrum ex merito, sed ut oppressisse bellum crederetur.
mox Oeensium Lepcitanorumque discordias componit, quae
raptu frugum et pecorum inter agrestis modicis principiis,
20 iam per arma atque acies exercebantur; nam populus Oeen-
sis multitudine inferior Garamantas exciverat, gentem indo-
mitam et inter accolas latrociniis fecundam. unde artae Lep-
citanis res, lateque vastatis agris intra moenia trepidabant,
donec interventu cohortium alarumque fusi Garamantes et re-
25 cepta omnis praeda, nisi quam vagi per inaccessa mapalium
ulterioribus vendiderant.

51   At Vespasiano post Cremonensem pugnam et prosperos undique nuntios cecidisse Vitellium multi cuiusque
ordinis, pari audacia fortunaque hibernum mare adgressi,

50. 10 massae *M*   11 inter *Wex*: in *M*   12 adrime|to *M*
14 Caetronium *Orelli, coll. A.* i. 44: cetronium *M*   18 Oeensium
Lipsius: offensium| *M, item v.* 20   Leptitanorumque *vulgo, item v.* 22
vid. Andresen, Wochenschrift für klass. Philol. (1904), p. 142   19
raptum *M, corr. M*¹   ut inter *Cornelissen*   22 arte *M*

nuntiavere. aderant legati regis Vologaesi quadraginta milia
Parthorum equitum offerentes. magnificum laetumque tantis 5
sociorum auxiliis ambiri neque indigere: gratiae Vologaeso
actae mandatumque ut legatos ad senatum mitteret et pacem
esse sciret. Vespasianus in Italiam resque urbis intentus adversam de Domitiano famam accipit, tamquam terminos aetatis
et concessa filio egrederetur: igitur validissimam exercitus 10
partem Tito tradit ad reliqua Iudaici belli perpetranda.

Titum, antequam digrederetur, multo apud patrem 52
sermone orasse ferunt ne criminantium nuntiis temere accenderetur integrumque se ac placabilem filio praestaret.
non legiones, non classis proinde firma imperii munimenta
quam numerum liberorum; nam amicos tempore, fortuna, 5
cupidinibus aliquando aut erroribus imminui, transferri, de-
sinere: suum cuique sanguinem indiscretum, sed maxime
principibus, quorum prosperis et alii fruantur, adversa ad
iunctissimos pertineant. ne fratribus quidem mansuram concordiam, ni parens exemplum praebuisset. Vespasianus haud 10
aeque Domitiano mitigatus quam Titi pietate gaudens, bono
esse animo iubet belloque et armis rem publicam attollere:
sibi pacem domumque curae fore. tum celerrimas navium
frumento onustas saevo adhuc mari committit: quippe tanto
discrimine urbs nutabat ut decem haud amplius dierum fru- 15
mentum in horreis fuerit, cum a Vespasiano commeatus sub-
venere.

Curam restituendi Capitolii in Lucium Vestinum confert, 53
equestris ordinis virum, sed auctoritate famaque inter proceres. ab eo contracti haruspices monuere ut reliquiae prioris delubri in paludes aveherentur, templum isdem vestigiis

51. 4 Vologaesi, Vologaeso v. 6 *Nipperdey*: vologesi, vologeso *M*
milia *hic add.* b, *post* equitum *al.* : *om. M*   6 indegere *M*
52. 2 ferunt *hic posuerunt Bipontini* : *in Mediceo* dice|batur, *vid. ad
cap.* 46   4 perinde *det.*   monimenta *M*   5 nurum *M, corr.
M*¹   8 ali *M*   9 mansurum *M*   11 domitiono *M*   15
urs *M*
53. 1 conferte *M, corr. M*¹   3 harispices *M, item v.* 20
203

5 sisteretur: nolle deos mutari veterem formam. XI kalendas Iulias serena luce spatium omne quod templo dicaba-
tur evinctum vittis coronisque; ingressi milites, quis fausta
nomina, felicibus ramis; dein virgines Vestales cum pueris
puellisque patrimis matrimisque aqua e fontibus amnibusque
10 hausta perluere. tum Helvidius Priscus praetor, praeeunte
Plautio Aeliano pontifice, lustrata suovetaurilibus area et
super caespitem redditis extis, Iovem, Iunonem, Minervam
praesidesque imperii deos precatus uti coepta prosperarent
sedisque suas pietate hominum inchoatas divina ope attolle-
15 rent, vittas, quis ligatus lapis innexique funes erant, contigit;
simul ceteri magistratus et sacerdotes et senatus et eques et
magna pars populi, studio laetitiaque conixi, saxum ingens
traxere. passimque iniectae fundamentis argenti aurique stipes et metallorum primitiae, nullis fornacibus victae, sed ut
20 gignuntur: praedixere haruspices ne temeraretur opus saxo
aurove in aliud destinato. altitudo aedibus adiecta: id solum
religio adnuere et prioris templi magnificentiae defuisse credebatur.

54   Audita interim per Gallias Germaniasque mors Vitellii duplicaverat bellum. nam Civilis omissa dissimulatione
in populum Romanum ruere, Vitellianae legiones vel externum servitium quam imperatorem Vespasianum malle. Galli
5 sustulerant animos, eandem ubique exercituum nostrorum
fortunam rati, vulgato rumore a Sarmatis Dacisque Moesica
ac Pannonica hiberna circumsederi; paria de Britannia finge-

5 nollet *M*   6 omnem *M corr. M*[1]   7 victis *M*   cornisque *M, corr.*
M[2] : coronisque ingressi *sine distinctione nonnulli edd.*   9 aqua *Baiter* :
aquatrimis *M* : aqua trinis *Agricola* : aqua vivis *I. Gronovius et alii alia*
omnibusque *M*   10 perluere *Rhenanus* : pluere| *M*   11 Plautio
Ursinus : plauto *M*   lustratas *M*   suovetaurilibus *Lipsius* : bove
taurilibus *M*   aream *M*   12 s cespitem *M*, s *del. et in margine*
super *add. M*[1]   sextis *M, corr. M*[1]   13 coeptas *M*   14 pietates
M   17 laetitiaquae *M*   18 et auri que *M*   20 gignuntur
det. : signuntur| *M*   22 credebatur *Döderlein* : crede *M, vid. ad* c. 46
54. 1 et germaniasque *M*   7 circum sederit *M*, t *del. M*[1] : circumsideri *ed. Spirensis*

bantur. sed nihil aeque quam incendium Capitolii, ut finem
imperio adesse crederent, impulerat. captam olim a Gallis urbem, sed integra Iovis sede mansisse imperium : fatali nunc 10
igne signum caelestis irae datum et possessionem rerum
humanarum Transalpinis gentibus portendi superstitione vana
Druidae canebant. incesseratque fama primores Galliarum
ab Othone adversus Vitellium missos, antequam digrederentur, pepigisse ne deessent libertati, si populum Romanum 15
continua civilium bellorum series et interna mala fregissent.

Ante Flacci Hordeonii caedem nihil prorupit quo 55
coniuratio intellegeretur : interfecto Hordeonio commeavere
nuntii inter Civilem Classicumque praefectum alae Trevirorum. Classicus nobilitate opibusque ante alios : regium illi
genus et pace belloque clara origo, ipse e maioribus suis 5
hostis populi Romani quam socios iactabat. miscuere sese
Iulius Tutor et Iulius Sabinus, hic Trevir, hic Lingonus, Tutor
ripae Rheni a Vitellio praefectus ; Sabinum super insitam
vanitatem falsae stirpis gloria incendebat : proaviam suam
divo Iulio per Gallias bellanti corpore atque adulterio pla- 10
cuisse. hi secretis sermonibus animos ceterorum scrutari,
ubi quos idoneos rebantur conscientia obstrinxere, in colonia Agrippinensi in domum privatam conveniunt ; nam publice
civitas talibus inceptis abhorrebat ; ac tamen interfuere quidam
Vbiorum Tungrorumque. sed plurima vis penes Treviros ac 15
Lingonas, nec tulere moras consultandi. certatim procla-
mant furere discordiis populum Romanum, caesas legiones,
vastatam Italiam, capi cum maxime urbem, omnis exercitus
suis quemque bellis distineri : si Alpes praesidiis firmentur,

8 capitoliū *M, notam del. M*¹   11 pos|sionem *M*   12 super-
stionem sanam *M, corr. M*¹   13 druuidae *M*   14 othonem *M,
corr. M*¹

55. 6 socios *Mercerus* : socius *M* : socius iactabatur *Urlichs*   7
ille Trevir *Pichena*   Lingo *Nipperdey*   8 Sabinum *Weissenborn* :
sabinus *M* : sabinus... incendebatur *det., Meiser*   11 scrutati *Pichena,
Halm*   12 conscientiam *M, corr. M*¹   obstrixere *M*   13 publicae *M*

20 coalita libertate disceptaturas Gallias quem virium suarum terminum velint.

56   Haec dicta pariter probataque: de reliquiis Vitelliani exercitus dubitavere. plerique interficiendos censebant, turbidos, infidos, sanguine ducum pollutos: vicit ratio parcendi, ne sublata spe veniae pertinaciam accenderent: adlicien-
5 dos potius in societatem. legatis tantum legionum interfectis, ceterum vulgus conscientia scelerum et spe impunitatis facile accessurum. ea primi concilii forma missique per Gallias concitores belli; simulatum ipsis obsequium quo incautiorem Voculam opprimerent. nec defuere qui Voculae nuntia-
10 rent, sed vires ad coercendum deerant, infrequentibus infidisque legionibus. inter ambiguos milites et occultos hostis optimum e praesentibus ratus mutua dissimulatione et isdem quibus petebatur grassari, in coloniam Agrippinensem descendit. illuc Claudius Labeo, quem captum et [extra com-
15 mentum] amendatum in Frisios diximus, corruptis custodibus perfugit; pollicitusque, si praesidium daretur, iturum in Batavos et potiorem civitatis partem ad societatem Romanam retracturum, accepta peditum equitumque modica manu nihil apud Batavos ausus quosdam Nerviorum Baetasiorumque
20 in arma traxit, et furtim magis quam bello Canninefatis Marsacosque incursabat.

57   Vocula Gallorum fraude inlectus ad hostem contendit; nec procul Veteribus aberat, cum Classicus ac Tutor per speciem explorandi praegressi cum ducibus Germanorum pacta firmavere. tumque primum discreti a legionibus pro-

---

20 libertatem *M, corr. M*[1]   disceptaturas *Victorius*: discep|ras *M, in margine al.* despecturas *M*[1] : dispecturas *Rhenanus*
56. 1 reliquis *M*   4 aliciendo *M*   6 conscientiam *M, corr. M*[1]   7 consilii *al.*   13 artibus grassari *al.*   agripinensem *M*   14 Claudius *Puteolanus*: gladius *M*   extra commentum *secl. Nipperdey,* pro *glossa* extra commendatum *suspicatus*: *vid. W. Heraeus, Hermes,* 1886, p. 434   commentum] conventum *Agricola*: commeatum *Jacob*: motum *Meiser*: commilitium *Völker*   15 amandatum *vulgo*

prio vallo castra sua circumdant, obtestante Vocula non adeo 5
turbatam civilibus armis rem Romanam ut Treviris etiam
Lingonibusque despectui sit. superesse fidas provincias,
victores exercitus, fortunam imperii et ultores deos. sic olim
Sacrovirum et Aeduos, nuper Vindicem Galliasque singulis
proeliis concidisse. eadem rursus numina, eadem fata rupto- 10
res foederum expectarent. melius divo Iulio divoque Augusto notos eorum animos: Galbam et infracta tributa hostilis spiritus induisse. nunc hostis, quia molle servitium ; cum
spoliati exutique fuerint, amicos fore. haec ferociter locutus,
postquam perstare in perfidia Classicum Tutoremque videt, 15
verso itinere Novaesium concedit : Galli duum milium spatio
distantibus campis consedere. illuc commeantium centurionum militumque emebantur animi, ut (flagitium incognitum)
Romanus exercitus in externa verba iurarent pignusque tanti
sceleris nece aut vinculis legatorum daretur. Vocula, quam- 20
quam plerique fugam suadebant, audendum ratus vocata
contione in hunc modum disseruit :

'Numquam apud vos verba feci aut pro vobis solli- 58
citior aut pro me securior. nam mihi exitium parari libens
audio mortemque in tot malis [hostium] ut finem miseriarum
expecto : vestri me pudet miseretque, adversus quos non
proelium et acies parantur ; id enim fas armorum et ius ho- 5
stium est : bellum cum populo Romano vestris se manibus
gesturum Classicus sperat imperiumque et sacramentum Galliarum ostentat. adeo nos, si fortuna in praesens virtusque
deseruit, etiam vetera exempla deficiunt; quotiens Romanae
legiones perire praeoptaverint ne loco pellerentur? socii 10

57. 5 bocula *M*   9 haeduos *M*   10 numina *Rhenanus* :
nomina *M*   12 post Galbam *W. Heraeus*   13 indidisse *Ritter*
16 novaesio *M, corr. M*[1]   18 *sic interstinxit Constans* : (flagitium
incognitum Romani exercitus) *Halm* : (f. i. Romano exercitui) *Heraeus*
19 iuraret *Spengel*
58. 3 hostium (*scripturus erat ut librarius*) *secl. Acidalius, coll. v.* 5
hostium : solacium *Kiessling, Halm* : optimum *Meiser* : hospitium *Walter*
5 paratur *Spengel*   8. vos *Agricola, Spengel*

saepe nostri excindi urbis suas seque cum coniugibus ac liberis cremari pertulerunt, neque aliud pretium exitus quam
fides famaque. tolerant cum maxime inopiam obsidiumque
apud Vetera legiones nec terrore aut promissis demoventur:
15 nobis super arma et viros et egregia castrorum munimenta
frumentum et commeatus quamvis longo bello pares. pecunia
nuper etiam donativo suffecit, quod sive a Vespasiano sive a
Vitellio datum interpretari mavultis, ab imperatore certe Romano accepistis. tot bellorum victores, apud Geldubam, apud
20 Vetera, fuso totiens hoste, si pavetis aciem, indignum id quidem, sed est vallum murique et trahendi artes, donec e proximis provinciis auxilia exercitusque concurrant. sane ego
displiceam: sunt alii legati, tribuni, centurio denique aut
miles. ne hoc prodigium toto terrarum orbe vulgetur, vobis
25 satellitibus Civilem et Classicum Italiam invasuros. an, si ad
moenia urbis Germani Gallique duxerint, arma patriae infere-
tis? horret animus tanti flagitii imagine. Tutorine Treviro
agentur excubiae? signum belli Batavus dabit, et Germanorum catervas supplebitis? quis deinde sceleris exitus, cum
30 Romanae legiones contra derexerint? transfugae e transfu-
gis et proditores e proditoribus inter recens et vetus sacramentum invisi deis errabitis? te, Iuppiter optime maxime,
quem per octingentos viginti annos tot triumphis coluimus,
te, Quirine Romanae parens urbis, precor venerorque ut, si
35 vobis non fuit cordi me duce haec castra incorrupta et inte-
merata servari, at certe pollui foedarique a Tutore et Classico
ne sinatis, militibus Romanis aut innocentiam detis aut maturam et sine noxa paenitentiam.'

59   Varie excepta oratio inter spem metumque ac pu-

---

14 veteras *M*   15 vobis *Spengel*   17 suffecit *Lipsius*: sufficit *M*
23 displiceār *M*, r *del. M*[1]   24 miles, ne *distinxerunt plerique edd.*
26 infertis *M*, e *superscr. M*[1]   27 Tutorine *I. Gronovius*: tutor in *M*:
Tutori *dett.*: Tutorin *edd. plerique*   28 bat|vus *M*   et *del. Pichena*:
Gallorum et *Ritter*   30 contra aciem *Ritter*: aciem contra *Nipperdey*:
se contra *Madvig, Halm*   31 proditoris *M, corr. M*[1]   37 *sic distinxit Heraeus*: sinatis: militibus *vulgo*

dorem. digressum Voculam et de supremis agitantem liberti
servique prohibuere foedissimam mortem sponte praevenire.
et Classicus misso Aemilio Longino, desertore primae legionis, caedem eius maturavit; Herennium et Numisium legatos 5
vinciri satis visum. dein sumptis Romani imperii insignibus
in castra venit. nec illi, quamquam ad omne facinus durato,
verba ultra suppeditavere quam ut sacramentum recitaret:
iuravere qui aderant pro imperio Galliarum. interfectorem
Voculae altis ordinibus, ceteros, ut quisque flagitium nava- 10
verat, praemiis attollit.

   Divisae inde inter Tutorem et Classicum curae. Tutor
valida manu circumdatos Agrippinensis quantumque militum
apud superiorem Rheni ripam in eadem verba adigit, occisis
Mogontiaci tribunis, pulso castrorum praefecto, qui detracta- 15
verant: Classicus corruptissimum quemque e deditis pergere
ad obsessos iubet, veniam ostentantis, si praesentia sequerentur: aliter nihil spei, famem ferrumque et extrema passuros. adiecere qui missi erant exemplum suum.

   Obsessos hinc fides, inde egestas inter decus ac 60
flagitium distrahebant. cunctantibus solita insolitaque alimenta deerant, absumptis iumentis equisque et ceteris animalibus, quae profana foedaque in usum necessitas vertit.
virgulta postremo et stirpis et internatas saxis herbas vellen- 5
tes miseriarum patientiaeque documentum fuere, donec egregiam laudem fine turpi macularent, missis ad Civilem legatis
vitam orantes. neque ante preces admissae quam in verba
Galliarum iurarent: tum pactus praedam castrorum dat custodes qui pecuniam calones sarcinas retentarent et qui ipsos 10
levis abeuntis prosequerentur. ad quintum ferme lapidem

   59. 2 digressus *M, corr. M*¹   13 validam *M, corr. M*¹   agrip-
pienses *M*   14 occisi| *M*   15 detractaverant *ed. Spirensis*   16
Classicum *M, corr. M*¹ |editis *M, superscr.* di *M*¹   18 nihl *M*
passuris *Spengel*
   60. 3 assumptis *M*   10 sacircinas *M*   et qui *Agricola, Andresen:*
atqui *M:* atque *Pichena*   11 ferme *Wölfflin:* fere *M*

coorti Germani incautum agmen adgrediuntur. pugnacissi-
mus quisque in vestigio, multi palantes occubuere : ceteri
retro in castra perfugiunt, querente sane Civile et increpante
15 Germanos tamquam fidem per scelus abrumperent. simulata
ea fuerint an retinere saevientis nequiverit, parum adfirmatur. direptis castris faces iniciunt, cunctosque qui proelio
superfuerant incendium hausit.

61   Civilis barbaro voto post coepta adversus Romanos
arma propexum rutilatumque crinem patrata demum caede
legionum deposuit ; et ferebatur parvulo filio quosdam capti-
vorum sagittis iaculisque puerilibus figendos obtulisse. cete-
5 rum neque se neque quemquam Batavum in verba Galliarum
adegit, fisus Germanorum opibus et, si certandum adversus
Gallos de possessione rerum foret, inclutus fama et potior.
Munius Lupercus legatus legionis inter dona missus Veledae.
ea virgo nationis Bructerae late imperitabat, vetere apud
10 Germanos more, quo plerasque feminarum fatidicas et augescente superstitione arbitrantur deas. tuncque Veledae auctoritas adolevit ; nam prosperas Germanis res et excidium legionum praedixerat. sed Lupercus in itinere interfectus.
pauci centurionum tribunorumque in Gallia geniti reservan-
15 tur pignus societati. cohortium alarum legionum hiberna sub·
versa cremataque, iis tantum relictis quae Mogontiaci ac Vin-
donissae sita sunt.

62   Legio sexta decima cum auxiliis simul deditis a
Novaesio in coloniam Trevirorum transgredi iubetur, prae-
finita die intra quam castris excederet. medium omne tempus
per varias curas egere, ignavissimus quisque caesorum apud

12 coorti *Rhenanus* : cohorti *M*   14 increpantes *M*   16 fuerit *M*
17 direptis . . . hausit *ante* querente *v.* 14 *transposuit Haase*
  61. 1 cepta *M*   4 fingendos *M*   7 inclitus *M*   8 Veledae
Ryckius : velaedae *M, ut videtur, conf. v.* 22 *et Statius Silv.* i. 4. 90   11
arbitrantur *ed. Spirensis* : arbitrentur *M*   velaedae *M, ut vid<tur, sed
incertum ob evanidas huiusce paginae litteras*   15 societate *M,
corr. M¹*

Vetera exemplo paventes, melior pars rubore et infamia : 5
quale illud iter? quis dux viae? et omnia in arbitrio eorum
quos vitae necisque dominos fecissent. alii nulla dedecoris
cura pecuniam aut carissima sibimet ipsi circumdare, quidam expedire arma telisque tamquam in aciem accingi. haec
meditantibus advenit proficiscendi hora expectatione tristior. 10
quippe intra vallum deformitas haud perinde notabilis : de-
texit ignominiam campus et dies. revulsae imperatorum imagines, inhonora signa, fulgentibus hinc inde Gallorum vexillis ;
silens agmen et velut longae exequiae ; dux Claudius Sanctus effosso oculo dirus ore, ingenio debilior. duplicatur 15
flagitium, postquam desertis Bonnensibus castris altera se
legio miscuerat. et vulgata captarum legionum fama cuncti
qui paulo ante Romanorum nomen horrebant, procurrentes
ex agris tectisque et undique effusi insolito spectaculo nimium fruebantur. non tulit ala Picentina gaudium insultantis 20
vulgi, spretisque Sancti promissis aut minis Mogontiacum
abeunt ; ac forte obvio interfectore Voculae Longino, con-
iectis in eum telis initium exolvendae in posterum culpae
fecere : legiones nihil mutato itinere ante moenia Trevirorum
considunt.   25

Civilis et Classicus rebus secundis sublati, an colo- 63
niam Agrippinensem diripiendam exercitibus suis permitterent dubitavere. saevitia ingenii et cupidine praedae ad excidium civitatis trahebantur : obstabat ratio belli et novum
imperium inchoantibus utilis clementiae fama ; Civilem etiam 5
beneficii memoria flexit, quod filium eius primo rerum motu
in colonia Agrippinensi deprehensum honorata custodia ha-

62. 5 exemplum *Spengel*   8 ipsi| *M* : ipsis *Nipperdey*   13
inhonora *Victorius* : Inhora| *M* : indecora *Madvig, Halm*   hinc Ger-
manorum *Ritter*   14 scs *M*   16 flatium *M*   21 sancti *M*,
super i scripsit e *M*[1]
63 2 agrippiensem *M*   3 ingenii *Agricola secunda manu* ·
ingenti *M*   7 agrippiensi *M*   custodia habuerant *Wurm* : custodiae|
erant *M* : honorate custodierant *dett*

buerant. sed Transrhenanis gentibus invisa civitas opulentia
auctuque ; neque alium finem belli rebantur quam si promisca
10 ea sedes omnibus Germanis foret aut disiecta Vbios quoque
dispersisset.

64   Igitur Tencteri, Rheno discreta gens, missis legatis
mandata apud concilium Agrippinensium edi iubent, quae
ferocissimus e legatis in hunc modum protulit: 'redisse vos
in corpus nomenque Germaniae communibus deis et prae-
5 cipuo deorum Marti grates agimus, vobisque gratulamur quod
tandem liberi inter liberos eritis ; nam ad hunc diem flumina
ac terram et caelum quodam modo ipsum clauserant Romani
ut conloquia congressusque nostros arcerent, vel, quod con-
tumeliosius est viris ad arma natis, inermes ac prope nudi
10 sub custode et pretio coiremus. sed ut amicitia societasque
nostra in aeternum rata sint, postulamus a vobis muros coloniae, munimenta servitii, detrahatis (etiam fera animalia, si
clausa teneas, virtutis obliviscuntur), Romanos omnis in finibus vestris trucidetis (haud facile libertas et domini miscen-
15 tur) : bona interfectorum in medium cedant, ne quis occulere
quicquam aut segregare causam suam possit. liceat nobis
vobisque utramque ripam colere, ut olim maioribus nostris :
quo modo lucem diemque omnibus hominibus, ita omnis terras fortibus viris natura aperuit. instituta cultumque patrium
20 resumite, abruptis voluptatibus, quibus Romani plus adversus subiectos quam armis valent. sincerus et integer et servitutis oblitus populus aut ex aequo agetis aut aliis impe-
ritabitis.'

65   Agrippinenses sumpto consultandi spatio, quando
neque subire condiciones metus futuri neque palam aspernari condicio praesens sinebat, in hunc modum respondent:

9 auctumque *M, corr. M*¹   10 ubi hos *M*
   64. 2 agrippieniensium *M*   iuberent *M*   6 liber| *M*   7
terras *dett. et vulgo*   11 sit *al.*   12 vera *M*   17 ut licuit
olim *Andresen*   18 omnis] omnibus *Spengel*   19 institutam *M,
corr. M*¹   22 aliis] avis *M*

'quae prima libertatis facultas data est, avidius quam cautius
sumpsimus, ut vobis ceterisque Germanis, consanguineis 5
nostris, iungeremur. muros civitatis, congregantibus se cum
maxime Romanorum exercitibus, augere nobis quam diruere
tutius est. si qui ex Italia aut provinciis alienigenae in finibus
nostris fuerant, eos bellum absumpsit vel in suas quisque
sedis refugerunt. deductis olim et nobiscum per conubium 10
sociatis quique mox provenerunt haec patria est; nec vos
adeo iniquos existimamus ut interfici a nobis parentes fratres
liberos nostros velitis. vectigal et onera commerciorum re-
solvimus : sint transitus incustoditi sed diurni et inermes,
donec nova et recentia iura vetustate in consuetudinem ver- 15
tuntur. arbitrum habebimus Civilem et Veledam, apud quos
pacta sancientur.' sic lenitis Tencteris legati ad Civilem ac
Veledam missi cum donis cuncta ex voluntate Agrippinensium perpetravere; sed coram adire adloquique Veledam negatum : arcebantur aspectu quo venerationis plus inesset. 20
ipsa edita in turre; delectus e propinquis consulta respon-
saque ut internuntius numinis portabat.

Civilis societate Agrippinensium auctus proximas 66
civitates adfectare aut adversantibus bellum inferre statuit.
occupatisque Sunucis et iuventute eorum per cohortis composita, quo minus ultra pergeret, Claudius Labeo Baetasiorum
Tungrorumque et Nerviorum tumultuaria manu restitit, fretus 5
loco, quia pontem Mosae fluminis anteceperat. pugnabatur-
que in angustiis ambigue donec Germani transnatantes terga
Labeonis invasere; simul Civilis, ausus an ex composito,
intulit se agmini Tungrorum, et clara voce 'non ideo' inquit

65. 4 libertati *M*[1] : liberatis *coni. Andresen*   7 maximae *M*   8
provinciis cu| *M*, cu *del. M*[1]   11 sociatis *M*[1] *in margine* : societatis
M   14 incustoditis| *M*   15 vetustate in consuetudinem *Madvig* :
in vetustatem consuetudine *M*   vertantur *vulgo*   16 vel aedam *M*,
coll. c. 61   17 tenteris *M*   18 velaedam *M, item v.* 19   agrip-
piniensium *M*
66. 1 civili *M*   agripiniensium *M*   3 sunicis *M, corr. M*[1]   4
betasiorum *M*   6 ante ceperat *M*   7 ambiguae *M*   trana-
tantes *M*   9 intulisse *M*   non dō *M*

10 'bellum sumpsimus, ut Batavi et Treviri gentibus imperent:
procul haec a nobis adrogantia. accipite societatem : trans-
gredior ad vos, seu me ducem seu militem mavultis.' move-
batur vulgus condebantque gladios, cum Campanus ac Iuvena-
lis e primoribus Tungrorum universam ei gentem dedidere;
15 Labeo antequam circumveniretur profugit. Civilis Baetasios
quoque ac Nervios in fidem acceptos copiis suis adiunxit,
ingens rerum, perculsis civitatum animis vel sponte incli-
nantibus.

67   Interea Iulius Sabinus proiectis foederis Romani mo-
numentis Caesarem se salutari iubet magnamque et inconditam popularium turbam in Sequanos rapit, conterminam civitatem et nobis fidam; nec Sequani detractavere certamen.
5 fortuna melioribus adfuit: fusi Lingones. Sabinus festinatum
temere proelium pari formidine deseruit; utque famam exitii
sui faceret, villam, in quam perfugerat, cremavit, illic voluntaria morte interisse creditus. sed quibus artibus latebrisque
vitam per novem mox annos traduxerit, simul amicorum eius
10 constantiam et insigne Epponinae uxoris exemplum suo loco
reddemus. Sequanorum prospera acie belli impetus stetit.
resipiscere paulatim civitates fasque et foedera respicere,
principibus Remis, qui per Gallias edixere ut missis legatis
in commune consultarent, libertas an pax placeret.

68   At Romae cuncta in deterius audita Mucianum angebant, ne quamquam egregii duces (iam enim Gallum Annium et Petilium Cerialem delegerat) summam belli parum
tolerarent. nec relinquenda urbs sine rectore; et Domitiani
5 indomitae libidines timebantur, suspectis, uti diximus, Primo
Antonio Varoque Arrio. Varus praetorianis praepositus vim

14 e b : ei M : ex al.   15 bettasios M   17 rerum] virium Ru-
perti : post rerum add. tumultus ed. Spirensis, fiducia Völker, incrementum
Cornelissen   perculsit M
    67. 1 roma|nis M, corr. M¹   3 turba M   7 villa| M
    68. 2 ne quamquam Mercerus : nequaquam M   4 tolerarent
Mercerus : tolerare M   6 varrus M   praeposito M

atque arma retinebat : eum Mucianus pulsum loco, ne sine
solacio ageret, annonae praefecit. utque Domitiani animum
Varo haud alienum deleniret, Arrecinum Clementem, domui
Vespasiani per adfinitatem innexum et gratissimum Domi- 10
tiano, praetorianis praeposuit, patrem eius sub C. Caesare
egregie functum ea cura dictitans, laetum militibus idem
nomen, atque ipsum, quamquam senatorii ordinis, ad utraque munia sufficere. adsumuntur e civitate clarissimus quisque et alii per ambitionem. simul Domitianus Mucianusque 15
accingebantur, dispari animo, ille spe ac iuventa properus,
hic moras nectens quis flagrantem retineret, ne ferocia
aetatis et pravis impulsoribus, si exercitum invasisset, paci
belloque male consuleret. legiones victrices, octava, undecima,
decima tertia Vitellianarum unaetvicensima, e recens conscriptis 20
secunda Poeninis Cottianisque Alpibus, pars monte Graio tra-
ducuntur ; quarta decima legio e Britannia, sexta ac prima ex
Hispania accitae.

Igitur venientis exercitus fama et suopte ingenio ad mi-
tiora inclinantes Galliarum civitates in Remos convenere. 25
Trevirorum legatio illic opperiebatur, acerrimo instinctore
belli Iulio Valentino. is meditata oratione cuncta magnis imperiis obiectari solita contumeliasque et invidiam in populum
Romanum effudit, turbidus miscendis seditionibus et plerisque gratus vaecordi facundia.   30

At Iulius Auspex e primoribus Remorum, vim Ro- **69**
manam pacisque bona dissertans et sumi bellum etiam ab
ignavis, strenuissimi cuiusque periculo geri, iamque super
caput legiones, sapientissimum quemque reverentia fideque,
iuniores periculo ac metu continuit : et Valentini animum lau- 5
dabant, consilium Auspicis sequebantur. constat obstitisse

14 clarissimis *M*   15 ambitiones *M, corr. M*[1]   ,19 octava, undecima,
decima tertia *Mommsen* : uim. xj viij *M* : septima Claudia, undecima,
octava *Pfitzner, Ritterling* : octava, undecima *Nipperdey, Halm, vide* v. 14
22 prima] decima *Savilius, Halm*   27 iulio *b* : tulio *M, conf.* iii. **79**
imperii *M*

Treviris Lingonibusque apud Gallias, quod Vindicis motu
cum Verginio steterant. deterruit plerosque provinciarum
aemulatio : quod bello caput ? unde ius auspiciumque pete-
10 retur ? quam, si cuncta provenissent, sedem imperio lege-
rent ? nondum victoria, iam discordia erat, aliis foedera,
quibusdam opes virisque aut vetustatem originis per iurgia
iactantibus : taedio futurorum praesentia placuere. scribun-
tur ad Treviros epistulae nomine Galliarum ut abstinerent
15 armis, impetrabili venia et paratis deprecatoribus, si paeniteret : restitit idem Valentinus obstruxitque civitatis suae
auris, haud perinde instruendo bello intentus quam frequens
contionibus.

70   Igitur non Treviri neque Lingones ceteraeve rebel-
lium civitates pro magnitudine suscepti discriminis agere ;
ne duces quidem in unum consulere, sed Civilis avia Belgarum circumibat, dum Claudium Labeonem capere aut extur-
5 bare nititur ; Classicus segne plerumque otium trahens velut
parto imperio fruebatur ; ne Tutor quidem maturavit superiorem Germaniae ripam et ardua Alpium praesidiis claudere.
atque interim unaetvicensima legio Vindonissa, Sextilius Felix cum auxiliariis cohortibus per Raetiam inrupere ; accessit
10 ala Singularium excita olim a Vitellio, deinde in partis Vespasiani transgressa. praeerat Iulius Briganticus sorore Civilis
genitus, ut ferme acerrima proximorum odia sunt, invisus
avunculo infensusque. Tutor Trevirorum copias, recenti
Vangionum, Caeracatium, Tribocorum dilectu auctas, vete-
15 rano pedite atque equite firmavit, corruptis spe aut metu sub-
actis legionariis ; qui primo cohortem praemissam a Sextilio
Felice interficiunt, mox ubi duces exercitusque Romanus
propinquabant, honesto transfugio rediere, secutis Tribocis
Vangionibusque et Caeracatibus. Tutor Treviris comitanti-

69. 12 iurgia *Manutius* : Iuria *M*   13 fu|futurorum *M*
70. 4 caperet *M, corr. M*[1]   8 uram et vincensi|ma *M, corr. M*[1]
13 avonculo *M*   14 dilectum *M, corr. M*[1]   15 pedites| *M, corr.*
M[1]   metus| *M, corr. M*[1]   17 Romani *Rhenanus*   18 sicut Is *M*
216

bus, vitato Mogontiaco, Bingium concessit, fidens loco, quia 20
pontem Navae fluminis abruperat, sed incursu cohortium,
quas Sextilius ducebat, et reperto vado proditus fususque.
ea clade perculsi Treviri, et plebes omissis armis per agros
palatur: quidam principum, ut primi posuisse bellum viderentur, in civitates quae societatem Romanam non exuerant, 25
perfugere. legiones a Novaesio Bonnaque in Treviros, ut
supra memoravimus, traductae se ipsae in verba Vespasiani
adigunt. haec Valentino absente gesta; qui ubi adventabat
furens cunctaque rursus in turbas et exitium conversurus,
legiones in Mediomatricos, sociam civitatem, abscessere: 30
Valentinus ac Tutor in arma Treviros retrahunt, occisis Herennio ac Numisio legatis quo minore spe veniae cresceret
vinculum sceleris.

   Hic belli status erat cum Petilius Cerialis Mogontia- 71
cum venit. eius adventu erectae spes; ipse pugnae avidus
et contemnendis quam cavendis hostibus melior, ferocia verborum militem incendebat, ubi primum congredi licuisset,
nullam proelio moram facturus. dilectus per Galliam habitos 5
in civitates remittit ac nuntiare iubet sufficere imperio legiones: socii ad munia pacis redirent securi velut confecto
bello quod Romanae manus excepissent. auxit ea res Gallorum obsequium: nam recepta iuventute facilius tributa tole-
ravere, proniores ad officia quod spernebantur. at Civilis et 10
Classicus ubi pulsum Tutorem, caesos Treviros, cuncta hostibus prospera accepere, trepidi ac properantes, dum disper-
sas suorum copias conducunt, crebris interim nuntiis Valen-
tinum monuere ne summae rei periculum faceret. eo rapidius
Cerialis, missis in Mediomatricos qui breviore itinere legiones 15

21 potem *M*   Navae *Rhenanus*: navas *M*   fluminis *ex*
fruminis *corr. M¹*   23 perculsit *M*   26 perfugerent *M, corr. M¹*
27 ipsae *Ernesti*: ipsas *M*   30 absessere *M*   32 minores *M*,
corr. M¹
   71. 4 liguisset *M*   5 fac|turis *M*   8 ausit *M*   10 at] Ad
M   12 prospera *M, super* a *scr.* e *M¹*

in hostem verterent, contracto quod erat militum Mogontiaci
quantumque secum transvexerat, tertiis castris Rigodulum
venit, quem locum magna Trevirorum manu Valentinus insederat, montibus aut Mosella amne saeptum; et addiderat
20 fossas obicesque saxorum. nec deterruere ea munimenta
Romanum ducem quo minus peditem perrumpere iuberet,
equitum aciem in collem erigeret, spreto hoste, quem temere
collectum haud ita loco iuvari ut non plus suis in virtute foret. paulum morae in adscensu, dum missilia ho-
25 stium praevehuntur: ut ventum in manus, deturbati ruinae
modo praecipitantur. et pars equitum aequioribus iugis
circumvecta nobilissimos Belgarum, in quis ducem Valen-
tinum, cepit.

72　　　　Cerialis postero die coloniam Trevirorum ingressus
est, avido milite eruendae civitatis. hanc esse Classici, hanc
Tutoris patriam; horum scelere clausas caesasque legiones.
quid tantum Cremonam meruisse? quam e gremio Italiae
5 raptam quia unius noctis moram victoribus attulerit. stare
in confinio Germaniae integram sedem spoliis exercituum et
ducum caedibus ovantem. redigeretur praeda in fiscum: ipsis
sufficere ignis et rebellis coloniae ruinas, quibus tot castrorum excidia pensarentur. Cerialis metu infamiae, si licentia
10 saevitiaque imbuere militem crederetur, pressit iras: et paruere, posito civium bello ad externa modestiores. convertit
inde animos accitarum e Mediomatricis legionum miserabilis
aspectus. stabant conscientia flagitii maestae, fixis in terram
oculis: nulla inter coeuntis exercitus consalutatio; neque so-
15 lantibus hortantibusve responsa dabant, abditi per tentoria
et lucem ipsam vitantes. nec proinde periculum aut metus
quam pudor ac dedecus obstupefecerat, attonitis etiam victo-

---

17 traduxerat *Nipperdey*　　22 c̄ollem *M, notam del. M*[1]　　erigeret *b*:
frigeret *M*

72. 7 ducum *det.*: cum *M*　　9 ame|tu *M*: clementia an metu
Lipsius: moderatione an metu *Ritter*　　14 consalutatio *det.*: consul-
tatio *M*　　16 perinde *Beroaldus*

ribus, qui vocem precesque adhibere non ausi lacrimis ac
silentio veniam poscebant, donec Cerialis mulceret animos,
fato acta dictitans quae militum ducumque discordia vel 20
fraude hostium evenissent. primum illum stipendiorum et
sacramenti diem haberent: priorum facinorum neque imperatorem neque se meminisse. tunc recepti in eadem castra,
et edictum per manipulos ne quis in certamine iurgiove seditionem aut cladem commilitoni obiectaret.   25

   Mox Treviros ac Lingonas ad contionem vocatos ita 73
adloquitur: 'neque ego umquam facundiam exercui, et populi Romani virtutem armis adfirmavi: sed quoniam apud
vos verba plurimum valent bonaque ac mala non sua natura,
sed vocibus seditiosorum aestimantur, statui pauca disserere 5
quae profligato bello utilius sit vobis audisse quam nobis
dixisse. terram vestram ceterorumque Gallorum ingressi sunt
duces imperatoresque Romani nulla cupidine, sed maioribus
vestris invocantibus, quos discordiae usque ad exitium fati-
gabant, et acciti auxilio Germani sociis pariter atque hosti- 10
bus servitutem imposuerant. quot proeliis adversus Cimbros
Teutonosque, quantis exercituum nostrorum laboribus quove
eventu Germanica bella tractaverimus, satis clarum. nec ideo
Rhenum insedimus ut Italiam tueremur, sed ne quis alius
Ariovistus regno Galliarum potiretur. an vos cariores Civili 15
Batavisque et transrhenanis gentibus creditis quam maioribus eorum patres avique vestri fuerunt? eadem semper causa
Germanis transcendendi in Gallias, libido atque avaritia et
mutandae sedis amor, ut relictis paludibus et solitudinibus
suis fecundissimum hoc solum vosque ipsos possiderent: 20
ceterum libertas et speciosa nomina praetexuntur; nec quis-

22 sa|menti *M*, cra *add. M²*
  73. 1 contionum *M*   2 populus Romanus . . . adfirmavit *Nipperdey,*
Halm   3 adfirmavi *M¹*: adfirmavit *M*   quoniam] q̄ *M*: que *ut*
videtur superscr. M²   11 quod *M*   13 eventum *M, corr. M¹*   15
poteretur *Bekker, Döderlein*   civilis *M, corr. M¹*

quam alienum servitium et dominationem sibi concupivit ut
non eadem ista vocabula usurparet.'

74   'Regna bellaque per Gallias semper fuere donec in
nostrum ius concederetis. nos, quamquam totiens lacessiti,
iure victoriae id solum vobis addidimus, quo pacem tueremur;
nam neque quies gentium sine armis neque arma sine stipen-
5 diis neque stipendia sine tributis haberi queunt: cetera in
communi sita sunt. ipsi plerumque legionibus nostris prae-
sidetis, ipsi has aliasque provincias regitis; nihil separatum
clausumve. et laudatorum principum usus ex aequo quamvis procul agentibus: saevi proximis ingruunt. quo modo
10 sterilitatem aut nimios imbris et cetera naturae mala, ita luxum vel avaritiam dominantium tolerate. vitia erunt, donec
homines, sed neque haec continua et meliorum interventu
pensantur: nisi forte Tutore et Classico regnantibus mode-
ratius imperium speratis, aut minoribus quam nunc tributis
15 parabuntur exercitus quibus Germani Britannique arceantur.
nam pulsis, quod di prohibeant, Romanis quid aliud quam
bella omnium inter se gentium existent? octingentorum annorum fortuna disciplinaque compages haec coaluit, quae
convelli sine exitio convellentium non potest: sed vobis ma-
20 ximum discrimen, penes quos aurum et opes, praecipuae
bellorum causae. proinde pacem et urbem, quam victi victoresque eodem iure obtinemus, amate colite: moneant vos
utriusque fortunae documenta ne contumaciam cum pernicie
quam obsequium cum securitate malitis.' tali oratione gra-
25 viora metuentis composuit erexitque.

75   Tenebantur victore exercitu Treviri, cum Civilis et
Classicus misere ad Cerialem epistulas, quarum haec sententia fuit: Vespasianum, quamquam nuntios occultarent, ex-
cessisse vita, urbem atque Italiam interno bello consumptam,

---

74. 3 vobis] novi *Madvig*   16 pulsi *M*   dii *M*
75. 3 nuntios| occultarent *M* : nuntii occultarent *al.* : nuntius occulta-
retur *Heraeus olim et Wolff* : amici n. occultarent *Ritter* : Mucianus n.
occultaret *Nipperdey*

Muciani ac Domitiani vana et sine viribus nomina : si Cerialis 5
imperium Galliarum velit, ipsos finibus civitatium suarum con-
tentos ; si proelium mallet, ne id quidem abnuere. ad ea Cerialis Civili et Classico nihil : eum qui attulerat *et* ipsas epistulas ad Domitianum misit.

   Hostes divisis copiis advenere undique. plerique culpa- 10
bant Cerialem passum iungi quos discretos intercipere licuisset. Romanus exercitus castra fossa valloque circumdedit,
quis temere antea intutis consederat.

        Apud Germanos diversis sententiis certabatur. Civi- **76**
lis opperiendas Transrhenanorum gentis, quarum terrore
fractae populi Romani vires obtererentur : Gallos quid aliud
quam praedam victoribus ? et tamen, quod roboris sit, Belgas secum palam aut voto stare. Tutor cunctatione crescere 5
rem Romanam adfirmabat, coeuntibus undique exercitibus :
transvectam e Britannia legionem, accitas ex Hispania, ad-
ventare ex Italia ; nec subitum militem, sed veterem exper-
tumque belli. nam Germanos, qui ab ipsis sperentur, non iuberi, non regi, sed cuncta ex libidine agere ; pecuniamque ac 10
dona, quis solis corrumpantur, maiora apud Romanos, et neminem adeo in arma pronum ut non idem pretium quietis
quam periculi malit. quod si statim congrediantur, nullas esse
Ceriali nisi e reliquiis Germanici exercitus legiones, foede-
ribus Galliarum obstrictas. idque ipsum quod inconditam 15
nuper Valentini manum contra spem suam fuderint, alimentum illis ducique temeritatis : ausuros rursus venturosque in
manus non imperiti adulescentuli, verba et contiones quam
ferrum et arma meditantis, sed Civilis et Classici ; quos ubi
aspexerint, redituram in animos formidinem, fugam famem- 20
que ac totiens captis precariam vitam. neque Treviros aut

6 ipso *M*   7 malit *Ernesti, Halm*   8 civilis| *M, corr. M*[1]   et
ipsas *Ruperti* : ipsas *M* : ipsasque *Acidalius* : ipsis *Heraeus*
   76. 5 cunctatio nec| res gererem *M, super* g *scr.* c *M*[1]   12 non
om. *M, superscr. M*[1]   13 mallit *M*   14 reli|quis germanicis *M*
18 inperitia d. . . . . . . adulescentuli *M* : adulescentuli *bis scripturus erat*
20 famamque *M*

Lingonas benevolentia contineri : resumpturos arma, ubi metus abscesserit. diremit consiliorum diversitatem adprobata
Tutoris sententia Classicus, statimque exequuntur.

77   Media acies Vbiis Lingonibusque data ; dextro cornu
cohortes Batavorum, sinistro Bructeri Tencterique. pars montibus, alii viam inter Mosellamque flumen tam improvisi adsiluere ut in cubiculo ac lectulo Cerialis (neque enim
5 noctem in castris egerat) pugnari simul vincique suos audie-
rit, increpans pavorem nuntiantium, donec universa clades in
oculis fuit : perrupta legionum castra, fusi equites, medius
Mosellae pons, qui ulteriora coloniae adnectit, ab hostibus
insessus. Cerialis turbidis rebus intrepidus et fugientis manu
10 retrahens, intecto corpore promptus inter tela, felici temeritate et fortissimi cuiusque adcursu reciperatum pontem electa
manu firmavit. mox in castra reversus palantis captarum
apud Novaesium Bonnamque legionum manipulos et rarum
apud signa militem ac prope circumventas aquilas videt. in-
15 census ira 'non Flaccum' inquit, 'non Voculam deseritis :
nulla hic proditio ; neque aliud excusandum habeo quam quod
vos Gallici foederis oblitos redisse in memoriam Romani
sacramenti temere credidi. adnumerabor Numisiis et He-
renniis, ut omnes legati vestri aut militum manibus aut ho-
20 stium ceciderint. ite, nuntiate Vespasiano vel, quod propius
est, Civili et Classico, relictum a vobis in acie ducem : ve-
nient legiones quae neque me inultum neque vos impunitos
patiantur.'

78   Vera erant, et a tribunis praefectisque eadem inge-
rebantur. consistunt per cohortis et manipulos ; neque enim
poterat patescere acies effuso hoste et impedientibus tento-

---

22 benivolentia *M*   23 diversitate *M*, *supra* e *addita nota nescio qua*
adprobatam *M*   24 classibus *M*, *item* c. 79
    77. 3 alii *bis M, litteramque* a, *ut videtur, intra* alii alii *del. M*[1] : alii via
alii *Meiser, Halm*   inprovisi *Agricola* : inprovisa *M* : inproviso *Döderlein*
8 mosallae *M*   11 elelecta *M*   13 bonamque *M*   17 gallicis|
M, corr. M[1]   redisse in *Lipsius* : praedixerim *M*

riis sarcinisque, cum intra vallum pugnaretur. Tutor et Classicus et Civilis suis quisque locis pugnam ciebant, Gallos 5
pro libertate, Batavos pro gloria, Germanos ad praedam in-
stigantes. et cuncta pro hostibus erant, donec legio unaetvicensima patentiore quam ceterae spatio conglobata sustinuit ruentis, mox impulit. nec sine ope divina mutatis repente animis terga victores vertere. ipsi territos se cohor- 10
tium aspectu ferebant, quae primo impetu disiectae summis
rursus iugis congregabantur ac speciem novi auxilii fecerant.
sed obstitit vincentibus pravum inter ipsos certamen omisso
hoste spolia consectandi. Cerialis ut incuria prope rem adflixit, ita constantia restituit ; secutusque fortunam castra ho- 15
stium eodem die capit excinditque.

          Nec in longum quies militi data. orabant auxilium 79
Agrippinenses offerebantque uxorem ac sororem Civilis et
filiam Classici, relicta sibi pignora societatis. atque interim
dispersos in domibus Germanos trucidaverant ; unde metus
et iustae preces invocantium, antequam hostes reparatis viri- 5
bus ad spem vel ad ultionem accingerentur. namque et Civilis illuc intenderat, non invalidus, flagrantissima cohortium
suarum integra, quae e Chaucis Frisiisque composita Tol-
biaci in finibus Agrippinensium agebat : sed tristis nuntius
avertit, deletam cohortem dolo Agrippinensium, qui largis 10
epulis vinoque sopitos Germanos, clausis foribus, igne iniecto cremavere ; simul Cerialis propero agmine subvenit.
circumsteterat Civilem et alius metus, ne quarta decima legio adiuncta Britannica classe adflictaret Batavos, qua Oceano ambiuntur. sed legionem terrestri itinere Fabius Priscus 15
legatus in Nervios Tungrosque duxit, eaeque civitates in deditionem acceptae : classem ultro Canninefates adgressi sunt

78. 6 gloriam *M*   7 xxi *M*   8 conglovatā *M, notam del. M*[1]
14 incuriam *M*
    79. 3 relictasibi *M* : relictas ibi *coni. Andresen*   7 intenderet *M,
corr. M*[1]   8 integra quae e Chaucis *Pichena* : integraque et e
cauchis *M*   10 ad|avertit *M*, ad *del. M*[1]   16 ea aeque *M*

maiorque pars navium depressa aut capta. et Nerviorum
multitudinem, sponte commotam ut pro Romanis bellum ca-
20 pesseret, idem Canninefates fudere. Classicus quoque adversus equites Novaesium a Ceriale praemissos secundum
proelium fecit: quae modica sed crebra damna famam victoriae nuper partae lacerabant.

80   Isdem diebus Mucianus Vitellii filium interfici iubet,
mansuram discordiam obtendens, ni semina belli restinxisset.
neque Antonium Primum adsciri inter comites a Domitiano
passus est, favore militum anxius et superbia viri aequalium
5 quoque, adeo superiorum intolerantis. profectus ad Vespasianum Antonius ut non pro spe sua excipitur, ita neque
averso imperatoris animo. trahebatur in diversa, hinc meritis
Antonii, cuius ductu confectum haud dubie bellum erat, inde
Muciani epistulis: simul ceteri ut infestum tumidumque in-
10 sectabantur, adiunctis prioris vitae criminibus. neque ipse
deerat adrogantia vocare offensas, nimius commemorandis
quae meruisset: alios ut imbellis, Caecinam ut captivum ac
dediticium increpat. unde paulatim levior viliorque haberi,
manente tamen in speciem amicitia.

81   Per eos mensis quibus Vespasianus Alexandriae sta-
tos aestivis flatibus dies et certa maris opperiebatur, multa
miracula evenere, quis caelestis favor et quaedam in Vespasianum inclinatio numinum ostenderetur. e plebe Alexandrina
5 quidam oculorum tabe notus genua eius advolvitur, remedium
caecitatis exposcens gemitu, monitu Serapidis dei, quem dedita superstitionibus gens ante alios colit; precabaturque
principem ut genas et oculorum orbis dignaretur respergere
oris excremento. alius manum aeger eodem deo auctore

19 spontem *M, corr. M*[1]   20 Classibus *M*
   80. 2 ni] ne *M*   3 a] ad *M*   5 ad] a *M*   7 ad|verso *M*
10 priori *M*[2]   11 provocare *Agricola*   14 mante *M,* en *superscr. M*[1]
   81. 3 caelestis *Rhenanus*: celis ē *M*: celitum *b*   6 gemitu *suspi-*
cabatur Ernesti   dī *M*   dedita] de ta *M, superscr.* di *M*[1]   8
spergere *in rasura M*[2]   9 manu *det.*

224

ut pede ac vestigio Caesaris calcaretur orabat. Vespasianus 10
primo inridere, aspernari ; atque illis instantibus modo famam
vanitatis metuere, modo obsecratione ipsorum et vocibus
adulantium in spem induci : postremo aestimari a medicis iubet an talis caecitas ac debilitas ope humana superabiles
forent. medici varie disserere : huic non exesam vim lumi- 15
nis et redituram si pellerentur obstantia ; illi elapsos in pravum artus, si salubris vis adhibeatur, posse integrari. id fortasse cordi deis et divino ministerio principem electum ; denique patrati remedii gloriam penes Caesarem, inriti ludibrium penes miseros fore. igitur Vespasianus cuncta fortu- 20
nae suae patere ratus nec quicquam ultra incredibile, laeto
ipse vultu, erecta quae adstabat multitudine, iussa exequitur.
statim conversa ad usum manus, ac caeco reluxit dies. utrumque qui interfuere nunc quoque memorant, postquam nullum
mendacio pretium.   25

Altior inde Vespasiano cupido adeundi sacram se- 82
dem ut super rebus imperii consuleret : arceri templo cunctos
iubet. atque ingressus intentusque numini respexit pone tergum e primoribus Aegyptiorum nomine Basiliden, quem procul Alexandria plurium dierum itinere et aegro corpore de- 5
tineri haud ignorabat. percontatur sacerdotes num illo die
Basilides templum inisset, percontatur obvios num in urbe
visus sit ; denique missis equitibus explorat illo temporis mo-
mento octoginta milibus passuum afuisse : tunc divinam speciem et vim responsi ex nomine Basilidis interpretatus est.   10

Origo dei nondum nostris auctoribus celebrata : Ae- 83
gyptiorum antistites sic memorant, Ptolemaeo regi, qui Mace-
donum primus Aegypti opes firmavit, cum Alexandriae recens
conditae moenia templaque et religiones adderet, oblatum

13 estimari *M*   15 variae *M, conf. A.* i. 11   17 integrare *M, corr.*
M[1]   23 ac] at *Halm*   utrique *M, corr. M*[1]
   82. 6 percontatus *Hoffmann*
   83. 2 Ptolemeo *M, item* Ptolemeus *v.* 9

5 per quietem decore eximio et maiore quam humana specie
iuvenem, qui moneret ut fidissimis amicorum in Pontum missis effigiem suam acciret; laetum id regno magnamque et
inclutam sedem fore quae excepisset : simul visum eundem
iuvenem in caelum igne plurimo attolli. Ptolemaeus omine
10 et miraculo excitus sacerdotibus Aegyptiorum, quibus mos
talia intellegere, nocturnos visus aperit. atque illis Ponti et
externorum parum gnaris, Timotheum Atheniensem e gente
Eumolpidarum, quem ut antistitem caerimoniarum Eleusine
exciverat, quaenam illa superstitio, quod numen, interrogat.
15 Timotheus quaesitis qui in Pontum meassent, cognoscit urbem illic Sinopen, nec procul templum vetere inter accolas
fama Iovis Ditis : namque et muliebrem effigiem adsistere
quam plerique Proserpinam vocent. sed Ptolemaeus, ut sunt
ingenia regum, pronus ad formidinem, ubi securitas rediit,
20 voluptatum quam religionum adpetens neglegere paulatim
aliasque ad curas animum vertere, donec eadem species ter-
ribilior iam et instantior exitium ipsi regnoque denuntiaret
ni iussa patrarentur. tum legatos et dona Scydrothemidi regi
(is tunc Sinopensibus imperitabat) expediri iubet praecepit-
25 que navigaturis ut Pythicum Apollinem adeant. illis mare secundum, sors oraculi haud ambigua : irent simulacrumque
patris sui reveherent, sororis relinquerent.

84   Vt Sinopen venere, munera preces mandata regis
sui Scydrothemidi adlegant. qui *di*versus animi modo numen
pavescere, modo minis adversantis populi terreri ; saepe donis promissisque legatorum flectebatur. atque interim triennio
5 exacto Ptolemaeus non studium, non preces omittere : dignitatem legatorum, numerum navium, auri pondus augebat.

10 miracula *M*   12 pari *M, corr. M*[1]   13 Eleusine *I. F. Gronovius* :
eleusim *M*   18 ptolomeus *M, item* c. 84. 5. 10, 19, 20   ut|ut *M*
21 verteret| *M, corr. M*[1]   eadem caedem *M*   23 paterentur *M*
24 praecipitque *det., vulgo*   25 Pythium *det., Nipperdey*   27 patrui
coni. Heraeus
     84. 2 alegant *M*, l *superscr. M*[2]   diversus *Puteolanus* : versus *M,
Nipperdey*

tum minax facies Scydrothemidi offertur ne destinata deo
ultra moraretur : cunctantem varia pernicies morbique et
manifesta caelestium ira graviorque in dies fatigabat. advo-
cata contione iussa numinis, suos Ptolemaeique visus, in- 10
gruentia mala exponit : vulgus aversari regem, invidere Aegypto, sibi metuere templumque circumsedere. maior hinc
fama tradidit deum ipsum adpulsas litori navis sponte con-
scendisse : mirum inde dictu, tertio die tantum maris emensi
Alexandriam adpelluntur. templum pro magnitudine urbis 15
extructum loco cui nomen Rhacotis ; fuerat illic sacellum Se-
rapidi atque Isidi antiquitus sacratum. haec de origine et
advectu dei celeberrima. nec sum ignarus esse quosdam
qui Seleucia urbe Syriae accitum regnante Ptolemaeo, quem
tertia aetas tulit ; alii auctorem eundem Ptolemaeum, sedem, 20
ex qua transierit, Memphim perhibent, inclutam olim et veteris Aegypti columen. deum ipsum multi Aesculapium, quod
medeatur aegris corporibus, quidam Osirin, antiquissimum
illis gentibus numen, plerique Iovem ut rerum omnium po-
tentem, plurimi Ditem patrem insignibus, quae in ipso mani- 25
festa, aut per ambages coniectant.

At Domitianus Mucianusque antequam Alpibus pro- 85
pinquarent, prosperos rerum in Treviris gestarum nuntios
accepere. praecipua victoriae fides dux hostium Valentinus
nequaquam abiecto animo, quos spiritus gessisset, vultu ferebat. auditus ideo tantum ut nosceretur ingenium eius, 5
damnatusque inter ipsum supplicium exprobranti cuidam
patriam eius captam accipere se solacium mortis respondit.
sed Mucianus quod diu occultaverat, ut recens exprompsit :
quoniam benignitate deum fractae hostium vires forent, parum decore Domitianum confecto prope bello alienae gloriae 10

7 Scidrothe|midi *M*   9 manista *M*, fe *superscr. M²*   11 aversari
Muretus : adversari *M*   12 circumsedere *Lipsius*   16 Serapidi]
Osiridi *Savilius*   25 quae *Puteolanus* : queque *M*
85. 3 acceperunt *M, corr. M¹   post* Valentinus *add.* is *Bipontini*

interventurum. si status imperii aut salus Galliarum in discrimine verteretur, debuisse Caesarem in acie stare, Canninefatis Batavosque minoribus ducibus delegandos : ipse Luguduni vim fortunamque principatus e proximo ostentaret,
15 nec parvis periculis immixtus et maioribus non defuturus.

86   Intellegebantur artes, sed pars obsequii in eo ne de-
prehenderentur : ita Lugudunum ventum. unde creditur Domitianus occultis ad Cerialem nuntiis fidem eius temptavisse
an praesenti sibi exercitum imperiumque traditurus foret.
5 qua cogitatione bellum adversus patrem agitaverit an opes
virisque adversus fratrem, in incerto fuit : nam Cerialis
salubri temperamento elusit ut vana pueriliter cupientem.
Domitianus sperni a senioribus iuventam suam cernens modica quoque et usurpata antea munia imperii omittebat, sim-
10 plicitatis ac modestiae imagine in altitudinem conditus studiumque litterarum et amorem carminum simulans, quo velaret animum et fratris *se* aemulationi subduceret, cuius disparem mitioremque naturam contra interpretabatur.

14 ostentaret *Rhenanus* : ostentare| *M*   15 defuturos *M*
   86. 2 lugdunum *M*   9 ante ea *M*   12 fratris emulationi *M*
se *post* fratris *add. Halm, ante* subduceret *Kiessling*   subduceretur *dett.,*
Meiser   13 *post* interpretabatur *addita in codice* neque vos inpunitos
patiantur, *quae falso ex* c. 77 *repetuntur. habent et dett. hoc additamentum*

CORNELII TACITI
HISTORIARVM

LIBER V

EIVSDEM anni principio Caesar Titus, perdomandae 1
Iudaeae delectus a patre et privatis utriusque rebus militia
clarus, maiore tum vi famaque agebat, certantibus provinciarum et exercituum studiis. atque ipse, ut super fortunam
crederetur, decorum se promptumque in armis ostendebat, 5
comitate et adloquiis officia provocans ac plerumque in
opere, in agmine gregario militi mixtus, incorrupto ducis
honore. tres eum in Iudaea legiones, quinta et decima et
quinta decima, vetus Vespasiani miles, excepere. addidit e
Syria duodecimam et adductos Alexandria duoetvicensima- 10
nos tertianosque; comitabantur viginti sociae cohortes, octo
equitum alae, simul Agrippa Sohaemusque reges et auxilia
regis Antiochi validaque et solito inter accolas odio infensa
Iudaeis Arabum manus, multi quos urbe atque Italia sua
quemque spes acciverat occupandi principem adhuc vacuum. 15
his cum copiis finis hostium ingressus composito agmine,
cuncta explorans paratusque decernere, haud procul Hiero-
solymis castra facit.

Sed quoniam famosae urbis supremum diem tradituri 2
sumus, congruens videtur primordia eius aperire.

Iudaeos Creta insula profugos novissima Libyae insedisse

1. 2 privatis *Rhenanus*: p̄latis *M*   4 *ab* atque ipse *usque ad* sibi
ipsi reges c. 8. 12 *evanidam codicis scripturam superscripsit M²*   super
fortunam *Lipsius*: superiori unam *M*   10 abductos *det.*   alexan-
driam| *M, corr. M¹*   duoetvicensimano *M*   14 multique *Halm*
ex urbe *Nipperdey*   17 hieru|solimis *M*
2. 1 q̄ *M*   2 congruę *M*, ns *superscr. M¹*

memorant, qua tempestate Saturnus vi Iovis pulsus cesserit
5 regnis. argumentum e nomine petitur: inclutum in Creta
Idam montem, accolas Idaeos aucto in barbarum cognomento
Iudaeos vocitari. quidam regnante Iside exundantem per
Aegyptum multitudinem ducibus Hierosolymo ac Iuda proximas in terras exoneratam; plerique Aethiopum prolem, quos
10 rege Cepheo metus atque odium mutare sedis perpulerit.
sunt qui tradant Assyrios convenas, indigum agrorum populum, parte Aegypti potitos, mox proprias urbis Hebraeas-
que terras et propiora Syriae coluisse. clara alii Iudaeorum
initia, Solymos, carminibus Homeri celebratam gentem, con-
15 ditae urbi Hierosolyma nomen e suo fecisse.

3   Plurimi auctores consentiunt orta per Aegyptum
tabe quae corpora foedaret, regem Bocchorim adito Hammonis oraculo remedium petentem purgare regnum et id genus
hominum ut invisum deis alias in terras avehere iussum. sic
5 conquisitum collectumque vulgus, postquam vastis locis relictum sit, ceteris per lacrimas torpentibus, Moysen unum
exulum monuisse ne quam deorum hominumve opem expectarent utrisque deserti, sed sibimet duce caelesti crederent, primo cuius auxilio praesentis miserias pepulissent.
10 adsensere atque omnium ignari fortuitum iter incipiunt. sed
nihil aeque quam inopia aquae fatigabat, iamque haud procul
exitio totis campis procubuerant, cum grex asinorum agre-
stium e pastu in rupem nemore opacam concessit. secutus Moyses coniectura herbidi soli largas aquarum venas aperit. id le-
15 vamen; et continuum sex dierum iter emensi septimo pulsis
cultoribus obtinuere terras, in quis urbs et templum dicata.

---

4 pulsussus *M, corr. M*[1]   6 Idaeos] Iudeos *in textu et supra M*[2]   15
nomen e *Rhenanus*: nomine *M*
   3. 1 Plurimi . . . pepulissent *v.* 9, *transcripsit Orosius* i. 10   6
mosen *M*, y *superscr. M*[2]   8 utrique *M, corr. M*[1] utrisque deserti
om. Orosius   sed *dett., Orosius*: et *M*   duci *b, Orosius*: et duci
Weissenborn: sibimet duces (*Jacob*) caeleste (*Ritter olim*) crederent
Nipperdey: sibimet ducem caelestem crederent *Andresen*   9 prae-
sentes *Orosius*: credentes p̄sentes *M*   14 aquas *M, corr. M*[1]

Moyses quo sibi in posterum gentem firmaret, novos 4
ritus contrariosque ceteris mortalibus indidit. profana illic
omnia quae apud nos sacra, rursum concessa apud illos quae
nobis incesta. effigiem animalis, quo monstrante errorem
sitimque depulerant, penetrali sacravere, caeso ariete velut 5
in contumeliam Hammonis ; bos quoque immolatur, quoniam
Aegyptii Apin colunt. sue abstinent memoria cladis, quod ipsos
scabies quondam turpaverat, cui id animal obnoxium. longam olim famem crebris adhuc ieiuniis fatentur, et raptarum
frugum argumentum panis Iudaicus nullo fermento detinetur. 10
septimo die otium placuisse ferunt, quia is finem laborum tu-
lerit ; dein blandiente inertia septimum quoque annum ignaviae datum. alii honorem eum Saturno haberi, seu principia
religionis tradentibus Idaeis, quos cum Saturno pulsos et
conditores gentis accepimus, seu quod de septem sideribus, 15
quis mortales reguntur, altissimo orbe et praecipua potentia stella Saturni feratur, ac pleraque caelestium viam suam
et cursus septenos per numeros commeare.

Hi ritus quoquo modo inducti antiquitate defendun- 5
tur : cetera instituta, sinistra foeda, pravitate valuere. nam
pessimus quisque spretis religionibus patriis tributa et stipes
illuc congerebant, unde auctae Iudaeorum res, et quia apud
ipsos fides obstinata, misericordia in promptu, sed adver- 5
sus omnis alios hostile odium. separati epulis, discreti cubilibus, proiectissima ad libidinem gens, alienarum concubitu
abstinent ; inter se nihil inlicitum. circumcidere genitalia in-

---

4. 2 illis *Acidalius*   4 animalis] *superscr.* s. onagri M^2 5
|penetrali *M*: in penetrali *Ritter, Heraeus*   6 quoniam *Orellius* : q̃ *M* :
quem M^2, *dett.* : quia *Bipontini*   7 sues *M, corr.* M^1 meria *M,*
corr. M^2 11 diei *M*   14 Idaeis *Lipsius* : iudaeis *M*   15 de]
e *Novák, coll.* ii. 74. 6   16 mortales res *Wurm* : res mortales *Halm,*
suadente Nipperdey, qui ipse mortalia   17 viam *Bezzenberger* : vim *M*
18 cursum *dett.*   septenos *Halm* : septimos *M, Meiser*   commeare
dett. et fortasse sic volebat M^1 : commearent *M* : vim . . . comparent
Madvig: vim . . . compleant *Halm* : viam . . . commeent *Wölfflin*
5. 1 hi *ed. Spirensis* : is *M*   antiquitatem *M, corr.* M^1 4 congerebant *Puteolanus* : gerebant *M*   7 alienigenarum *Heinsius*

stituerunt ut diversitate noscantur. transgressi in morem
10 eorum idem usurpant, nec quicquam prius imbuuntur quam
contemnere deos, exuere patriam, parentes liberos fratres
vilia habere. augendae tamen multitudini consulitur; nam et
necare quemquam ex agnatis nefas, animosque proelio aut
suppliciis peremptorum aeternos putant: hinc generandi amor
15 et moriendi contemptus. corpora condere quam cremare e
more Aegyptio, eademque cura et de infernis persuasio, caelestium contra. Aegyptii pleraque animalia effigiesque com-
positas venerantur, Iudaei mente sola unumque numen in-
tellegunt: profanos qui deum imagines mortalibus materiis
20 in species hominum effingant; summum illud et aeternum
neque imitabile neque interiturum. igitur nulla simulacra urbibus suis, nedum templis sistunt; non regibus haec adulatio, non Caesaribus honor. sed quia sacerdotes eorum tibia
tympanisque concinebant, hedera vinciebantur vitisque au-
25 rea templo reperta, Liberum patrem coli, domitorem Orientis, quidam arbitrati sunt, nequaquam congruentibus institu-
tis. quippe Liber festos laetosque ritus posuit, Iudaeorum
mos absurdus sordidusque.

6   Terra finesque qua ad Orientem vergunt Arabia ter-
minantur, a meridie Aegyptus obiacet, ab occasu Phoenices
et mare, septentrionem e latere Syriae longe prospectant.
corpora hominum salubria et ferentia laborum. rari imbres,
5 uber solum : [exuberant] fruges nostrum ad morem praeterque
eas balsamum et palmae. palmetis proceritas et decor, balsamum modica arbor : ut quisque ramus intumuit, si vim ferri
adhibeas, pavent venae ; fragmine lapidis aut testa aperiuntur ;
umor in usu medentium est. praecipuum montium Libanum

11 pari|triam *M, corr. M*[1]   13 natis *Lipsius, Nipperdey*   15 condire
Triller, Heraeus   16 Aegyptio cura, eademque et *Heraeus*   cura
secl. Prammer   18 unum *b*   22 sistunt *Döderlein* : sunt *M* :
sinunt *I. F. Gronovius* : statuunt *Gudeman*   23 is honor *Döderlein*
24 continebantur *M*   25 in templo *Ritter, Halm*
   6. 1 arabiam *M, corr. M*[1]   2 faenices *M*   5 exuberant *del.*
Lipsius : exuperant *M*[1]   9 humor *M*

erigit, mirum dictu, tantos inter ardores opacum fidumque 10
nivibus; idem amnem Iordanen alit funditque. nec Iordanes
pelago accipitur, sed unum atque alterum lacum integer per-
fluit, tertio retinetur. lacus immenso ambitu, specie maris,
sapore corruptior, gravitate odoris accolis pestifer, neque
vento impellitur neque piscis aut suetas aquis volucris pati- 15
tur. inertes undae superiacta ut solido ferunt; periti im-
peritique nandi perinde attolluntur. certo anni bitumen ege-
rit, cuius legendi usum, ut ceteras artis, experientia docuit.
ater suapte natura liquor et sparso aceto concretus innatat;
hunc manu captum, quibus ea cura, in summa navis tra- 20
hunt: inde nullo iuvante influit oneratque, donec abscindas.
nec abscindere aere ferrove possis: fugit cruorem vestem-
que infectam sanguine, quo feminae per mensis exolvun-
tur. sic veteres auctores, sed gnari locorum tradunt undan-
tis bitumine moles pelli manuque trahi ad litus, mox, ubi 25
vapore terrae, vi solis inaruerint, securibus cuneisque ut
trabes aut saxa discindi.

Haud procul inde campi quos ferunt olim uberes 7
magnisque urbibus habitatos fulminum iactu arsisse; et manere vestigia, terramque ipsam, specie torridam, vim frugi-
feram perdidisse. nam cuncta sponte edita aut manu sata,
sive herba tenus aut flore seu solitam in speciem adolevere, 5
atra et inania velut in cinerem vanescunt. ego sicut inclitas
quondam urbis igne caelesti flagrasse concesserim, ita ha-
litu lacus infici terram, corrumpi superfusum spiritum, eoque
fetus segetum et autumni putrescere reor, solo caeloque

11 agmen *M, punctis del. et superscr.* amnem *M²* 16 inertes *Heinsius*:
Incertes *M, littera* s *erasa*: incertae *dett.* 17 *post* anni *bis superscr.*
tempore *M²* 25 trai *M, corr. M¹*

7. 1 haud . . . perdidisse *v.* 4 *et* ego *v.* 6 . . . reor *v.* 9 *citat Orosius* i. 5
2 ictu *b* sed *Orosius* 3 torrida *M*: solidam *Orosius* 5 sive]
ubi *Madvig, Nipperdey* herba tenus aut flore *Rhenanus*: herbas tenues
aut| flores *M* solitam] solidam *Salmasius, quam coniecturam confirmari
lectione Orosii* v. 3 *Ernesti arbitrabatur* 6 qatra *M, littera* q *erasa*:
putria *Thomas*: taetra *Meiser* inclutas *dett., Orosius*: Indi|cas *M* 7
alitu *M* 8 terram et corrumpi reor *Orosius*

10 iuxta gravi. et Belius amnis Iudaico mari inlabitur, circa cuius os lectae harenae admixto nitro in vitrum excoquuntur.
modicum id litus et egerentibus inexhaustum.

8   Magna pars Iudaeae vicis dispergitur, habent et op-
pida ; Hierosolyma genti caput. illic immensae opulentiae
templum, et primis munimentis urbs, dein regia, templum
intimis clausum. ad fores tantum Iudaeo aditus, limine prae-
5 ter sacerdotes arcebantur. dum Assyrios penes Medosque
et Persas Oriens fuit, despectissima pars servientium : postquam Macedones praepolluere, rex Antiochus demere superstitionem et mores Graecorum dare adnisus, quo minus
taeterrimam gentem in melius mutaret, Parthorum bello pro-
10 hibitus est ; nam ea tempestate Arsaces desciverat. tum Iudaei Macedonibus invalidis, Parthis nondum adultis (et Romani procul erant), sibi ipsi reges imposuere; qui mobilitate
vulgi expulsi, resumpta per arma dominatione fugas civium,
urbium eversiones, fratrum coniugum parentum neces alia-
15 que solita regibus ausi superstitionem fovebant, quia honor
sacerdotii firmamentum potentiae adsumebatur.

9   Romanorum primus Cn. Pompeius Iudaeos domuit
templumque iure victoriae ingressus est : inde vulgatum nulla
intus deum effigie vacuam sedem et inania arcana. muri
Hierosolymorum diruti, delubrum mansit. mox civili inter
5 nos bello, postquam in dicionem M. Antonii provinciae ces-
serant, rex Parthorum Pacorus Iudaea potitus interfectus-
que a P. Ventidio, et Parthi trans Euphraten redacti : Iudaeos C. Sosius subegit. regnum ab Antonio Herodi datum

10 et] at *Ritter, Halm*   Belius *Meiser* : bel Ius *M* : bellus *superscr. M²* :
Belus *Rhenanus*   11 nitro] vitro *in rasura M*   12 sed *Rhenanus*
    8. 3 primis] trinis *malebat Ernesti*   dein regia *Mercerus*: de | Ingia
M   6 persaxas *M*   7 praepolluere *Halm*: praepotuere *M*   10
nam ... desciverat '*additamentum imperiti hominis*' *credebat Ernesti*
12 si *M*, bi *superscr. M²*   13 volgis epulsi *M* : pulsi *vel* depulsi
Andresen
    9. 4 inter nos *Agricola* : Interno *M*, '*civili vel* interno *spurium videtur*'
Ernesti   5 Orientis provinciae *Ritter* : provinciae Orientis *Heraeus*

victor Augustus auxit. post mortem Herodis, nihil expectato
Caesare, Simo quidam regium nomen invaserat. is a Quin- 10
tilio Varo obtinente Syriam punitus, et gentem coercitam liberi Herodis tripertito rexere. sub Tiberio quies. dein iussi
a C. Caesare effigiem eius in templo locare arma potius
sumpsere, quem motum Caesaris mors diremit. Claudius,
defunctis regibus aut ad modicum redactis, Iudaeam provin- 15
ciam equitibus Romanis aut libertis permisit, e quibus Antonius Felix per omnem saevitiam ac libidinem ius regium
servili ingenio exercuit, Drusilla Cleopatrae et Antonii nepte
in matrimonium accepta, ut eiusdem Antonii Felix progener,
Claudius nepos esset.   20

Duravit tamen patientia Iudaeis usque ad Gessium 10
Florum procuratorem : sub eo bellum ortum. et comprimere
coeptantem Cestium Gallum Syriae legatum varia proelia ac
saepius adversa excepere. qui ubi fato aut taedio occidit,
missu Neronis Vespasianus fortuna famaque et egregiis mi- 5
nistris intra duas aestates cuncta camporum omnisque praeter Hierosolyma urbis victore exercitu tenebat. proximus
annus civili bello intentus quantum ad Iudaeos per otium
transiit. pace per Italiam parta et externae curae rediere :
augebat iras quod soli Iudaei non cessissent ; simul manere 10
apud exercitus Titum ad omnis principatus novi eventus ca-
susve utile videbatur.

Igitur castris, uti diximus, ante moenia Hierosoly- 11
morum positis instructas legiones ostentavit : Iudaei sub ipsos
muros struxere aciem, rebus secundis longius ausuri et, si
pellerentur, parato perfugio. missus in eos eques cum expe-

10 Simo *Ernesti* : simon *M*   16 Romanis⌐ .R. *M*   17 per omnia
M, corr. in textu et in margine M[1]   19 ma|trimonia acepta *M*
  10. 2 bellu ortu *M, corr. M*[2]   3 recaeptantem *M, corr. M*[1]   4
excipere *M*   6 intra *Rhenanus* : inter *M*   7 hierosolymam *M*[2]
9 parta *det.* : parata *M*   et *del. Acidalius*   redire *M*   10 ces-
sessent *M, corr. M*[1]   12 utili *M,* s *add. M*[1] : utilius *Pichena*
  11. 2 ipso muro *Wagner*   3 acies *M, corr. M*[1]

5 ditis cohortibus ambigue certavit; mox cessere hostes et sequentibus diebus crebra pro portis proelia serebant, donec adsiduis damnis intra moenia pellerentur. Romani ad obpugnandum versi; neque enim dignum videbatur famem hostium opperiri, poscebantque pericula, pars virtute, multi ferocia 10 et cupidine praemiorum. ipsi Tito Roma et opes voluptatesque ante oculos; ac ni statim Hierosolyma conciderent, morari videbantur. sed urbem arduam situ opera molesque firmaverant, quis vel plana satis munirentur. nam duos collis in immensum editos claudebant muri per artem obliqui aut in- 15 trorsus sinuati, ut latera obpugnantium ad ictus patescerent. extrema rupis abrupta, et turres, ubi mons iuvisset, in sexagenos pedes, inter devexa in centenos vicenosque attollebantur, mira specie ac procul intuentibus pares. alia intus moenia regiae circumiecta, conspicuoque fastigio turris 20 Antonia, in honorem M. Antonii ab Herode appellata.

12   Templum in modum arcis propriique muri, labore et opere ante alios; ipsae porticus, quis templum ambibatur, egregium propugnaculum. fons perennis aquae, cavati sub terra montes et piscinae cisternaeque servandis imbri- 5 bus. providerant conditores ex diversitate morum crebra bella: inde cuncta quamvis adversus longum obsidium; et a Pompeio expugnatis metus atque usus pleraque monstravere. atque per avaritiam Claudianorum temporum empto iure muniendi struxere muros in pace tamquam ad bellum, 10 magna conluvie et ceterarum urbium clade aucti; nam pervicacissimus quisque illuc perfugerat eoque seditiosius agebant. tres duces, totidem exercitus: extrema et latissima

5 ambiguae *M*   15 obpugnatium *M*   16 sexagenos *Bekker*: sexaginta *M*   17 vicenos *Haase*
12. 2 opere *det.*: opera *M*   3 cavati ... montes *ante* fons *posuit Nipperdey*   5 praeviderant *det.*   6 adversus quamvis *Heraeus*   8 atque *secl. Novák*   10 tum magna *Jacob*, mox magna *Ritter, plenius* ad bellum *distinguentes*   conluvie M^1: conlubie *M*: conluvies *Nipperdey*   11 seditiosiusius *M*

moenium Simo, mediam urbem Ioannes [quem et Bargioram
vocabant], templum Eleazarus firmaverat. multitudine et armis Ioannes ac Simo, Eleazarus loco pollebat: sed proelia 15
dolus incendia inter ipsos, et magna vis frumenti ambusta.
mox Ioannes, missis per speciem sacrificandi qui Eleazarum
manumque eius obtruncarent, templo potitur. ita in duas factiones civitas discessit, donec propinquantibus Romanis
bellum externum concordiam pareret. 20

Evenerant prodigia, quae neque hostiis neque vo- 13
tis piare fas habet gens superstitioni obnoxia, religionibus
adversa. visae per caelum concurrere acies, rutilantia arma
et subito nubium igne conlucere templum. apertae repente delubri fores et audita maior humana vox excedere 5
deos; simul ingens motus excedentium. quae pauci in metum trahebant: pluribus persuasio inerat antiquis sacerdo-
tum litteris contineri eo ipso tempore fore ut valesceret
Oriens profectique Iudaea rerum potirentur. quae ambages
Vespasianum ac Titum praedixerat, sed vulgus more hu- 10
manae cupidinis sibi tantam fatorum magnitudinem interpre-
tati ne adversis quidem ad vera mutabantur. multitudinem
obsessorum omnis aetatis, virile ac muliebre secus, sexcenta
milia fuisse accepimus: arma cunctis, qui ferre possent, et
plures quam pro numero audebant. obstinatio viris feminis- 15
que par; ac si transferre sedis cogerentur, maior vitae metus quam mortis. hanc adversus urbem gentemque Caesar
Titus, quando impetus et subita belli locus abnueret, aggeri-
bus vineisque certare statuit: dividuntur legionibus munia
et quies proeliorum fuit, donec cuncta expugnandis urbibus 20
reperta apud veteres aut novis ingeniis struerentur.

13 quem et B. vocabant *secl. Bipontini*: *post* Simo *Salinerius transtulit*
Bargioram *Rhenanus*: barba|gioram *M*   14 *et* 15 alazarus *M*   firma-
verant ... pollebant *Ritter*   17 lazarum *M*, a *superscr. M¹*
  13. 3 rutilanta *M, corr. M¹*   4 expertae *M, sed ex in rasura M²*
9 poterentur *Döderlein coll.* iii. 52   10 praedixerant *al., Meiser*   11
magnitudine *M*   13 hominis *M*   sexus *M²* sescenta *vulgo*
21 *ad hunc versum scripsit in margine* deest *m. recentior*

14   At Civilis post malam in Treviris pugnam reparato
per Germaniam exercitu apud Vetera castra consedit, tutus
loco, et ut memoria prosperarum illic rerum augescerent barbarorum animi. secutus est eodem Cerialis, duplicatis copiis
5 adventu secundae et tertiae decimae et quartae decimae legionum; cohortesque et alae iam pridem accitae post victoriam
properaverant. neuter ducum cunctator, sed arcebat latitudo
camporum suopte ingenio umentium; addiderat Civilis obli-
quam in Rhenum molem, cuius obiectu revolutus amnis ad-
10 iacentibus superfunderetur. ea loci forma, incertis vadis
subdola et nobis adversa: quippe miles Romanus armis gravis et nandi pavidus, Germanos fluminibus suetos levitas armorum et proceritas corporum attollit.

15   Igitur lacessentibus Batavis ferocissimo cuique nostrorum coeptum certamen, deinde orta trepidatio, cum prae-
altis paludibus arma equi haurirentur. Germani notis vadis
persultabant, omissa plerumque fronte latera ac terga circum-
5 venientes. neque ut in pedestri acie comminus certabatur, sed
tamquam navali pugna vagi inter undas aut, si quid stabile
occurrebat, totis illic corporibus nitentes, vulnerati cum integris, periti nandi cum ignaris in mutuam perniciem implicabantur. minor tamen quam pro tumultu caedes, quia non ausi
10 egredi paludem Germani in castra rediere. eius proelii eventus utrumque ducem diversis animi motibus ad maturandum
summae rei discrimen erexit. Civilis instare fortunae, Cerialis abolere ignominiam: Germani prosperis feroces, Romanos pudor excitaverat. nox apud barbaros cantu aut cla-
15 more, nostris per iram et minas acta.

14. 1 mala *M*   2 castra *om. Lipsius*   4 ceriales *M, corr. M*[1]
5 tertiae decimae] xiii *Filow*: xuj *M coll.* iv. 68.   *post* secundae et *idem*
sextae et *supplendum censuit* (Klio, 1906 *sechstes Beiheft*, pp. 29 ff.): *pro*
xuj *coni.* sextae *Mercerus*
    15. 3 armae qui auri|rentur *M*, h *superscr. M*[1]   5 comminus minus
M : comminus eminus *I. Gronovius*   7 illuc *Madvig, Halm*   volne-
ratis *M*   9 ceres| *M*   12 cerealis *M, item* c. 16. 1, 7   13
Ignominia| *M, corr. M*[2] : ignominiam properabat *Nipperdey*   15 minis
Gudeman

Postera luce Cerialis equite et auxiliariis cohortibus 16
frontem explet, in secunda acie legiones locatae, dux sibi
delectos retinuerat ad improvisa. Civilis haud porrecto agmine, sed cuneis adstitit: Batavi Cugernique in dextro, laeva
ac propiora flumini Transrhenani tenuere. exhortatio du- 5
cum non more contionis apud universos, sed ut quosque
suorum advehebantur. Cerialis veterem Romani nominis
gloriam, antiquas recentisque victorias; ut perfidum ignavum victum hostem in aeternum exciderent, ultione magis
quam proelio opus esse. pauciores nuper cum pluribus cer- 10
tasse, ac tamen fusos Germanos, quod roboris fuerit: superesse qui fugam animis, qui vulnera tergo ferant. pro-
prios inde stimulos legionibus admovebat, domitores Britanniae quartadecimanos appellans; principem Galbam sextae legionis auctoritate factum; illa primum acie secundanos 15
nova signa novamque aquilam dicaturos. hinc praevectus
ad Germanicum exercitum manus tendebat, ut suam ripam,
sua castra sanguine hostium reciperarent. alacrior omnium
clamor, quis vel ex longa pace proelii cupido vel fessis
bello pacis amor, praemiaque et quies in posterum spera- 20
batur.

Nec Civilis silentem struxit aciem, locum pugnae 17
testem virtutis ciens: stare Germanos Batavosque super vestigia gloriae, cineres ossaque legionum calcantis. quocumque oculos Romanus intenderet, captivitatem clademque
et dira omnia obversari. ne terrerentur vario Trevirici 5
proelii eventu: suam illic victoriam Germanis obstitisse, dum

16. 4 astitit *M*   5 flumini *Nipperdey*: fluminis *M*   8 antiquas
om. b   victorias memorabat *Nipperdey*: victorias iactare *Van der Vliet*
9 excinderent *dett., vulgo*   *a verbo* magis *usque ad* versicoloribus c. 23. 5
*vetus aliquis vir doctus (M²) scripturam pallore extinctam haud dissimilibus
litteris renovavit*   14 sexta| *M²*   16 praevectos *M²*: pervectus
Agricola   18 alacer *Agricola*: alacris *Nipperdey*   20 sperabantur
dett., Halm

17. 1 silens instruxit *Pichena, Halm*: silentio struxit *Muretus*: silenter
struxit *Lipsius*   2 sciens *M²*   5 omina *dett.*   6 eventum
M, corr. M¹   victoriam] avaritiam *Acidalius*: incuriam *Herbst*

omissis telis praeda manus impediunt: sed cuncta mox prospera et hosti contraria evenisse. quae provideri astu ducis
oportuerit, providisse, campos madentis et ipsis gnaros, palu-
10 des hostibus noxias. Rhenum et Germaniae deos in aspectu: quorum numine capesserent pugnam, coniugum parentum patriae memores: illum diem aut gloriosissimum inter
maiores aut ignominiosum apud posteros fore. ubi sono armorum tripudiisque (ita illis mos) adprobata sunt dicta, sa-
15 xis glandibusque et ceteris missilibus proelium incipitur, neque nostro milite paludem ingrediente et Germanis, ut eli-
cerent, lacessentibus.

18　　　Absumptis quae iaciuntur et ardescente pugna pro-
cursum ab hoste infestius: immensis corporibus et praelon-
gis hastis fluitantem labantemque militem eminus fodiebant;
simul e mole, quam eductam in Rhenum rettulimus, Bructe-
5 rorum cuneus transnatavit. turbata ibi res et pellebatur socia-
rum cohortium acies, cum legiones pugnam excipiunt sup-
pressaque hostium ferocia proelium aequatur. inter quae
perfuga Batavus adiit Cerialem, terga hostium promittens, si
extremo paludis eques mitteretur: solidum illa et Cugernos,
10 quibus custodia obvenisset, parum intentos. duae alae cum
perfuga missae incauto hosti circumfunduntur. quod ubi clamore cognitum, legiones a fronte incubuere, pulsique Germani Rhenum fuga petebant. debellatum eo die foret, si Romana classis sequi maturasset: ne eques quidem institit, re-
15 pente fusis imbribus et propinqua nocte.

19　　　Postera die quartadecima legio in superiorem pro-

8 contrarie venisse *M²*　　9 previse *M²* *in rasura, litt.* p, *quod Meiser
memorat, fuit primitus caudata sc.* pro: p̄vise *in margine M²*: provisa
Agricola　　paludes *secl. Eussner*　　10 noxios *Eussner*　　11
capesceret *M²*　　12 in maiores *Nipperdey*　　14 mos] mox *M²*　　15
missibus *M²*, *corr. eadem manus*　　16 illicerent *Herwerden*　　17
lacescentibus *M²*
　　18. 1 absumptisque *M²*　　3 |astis *M²*　　5 stranatavit *M²*, *in
margine scr.* trans *M¹*: tranatavit *vulgo*　　7 interque *M²*　　8
batanus *M²*　　9 inmitteretur *Halm*　　gugervos *M²*

vinciam Gallo Annio missa: Cerialis exercitum decima ex
Hispania legio supplevit: Civili Chaucorum auxilia venere.
non tamen ausus oppidum Batavorum armis tueri, raptis quae
ferri poterant, ceteris iniecto igni, in insulam concessit, gna- 5
rus deesse navis efficiendo ponti, neque exercitum Romanum aliter transmissurum: quin et diruit molem a Druso Germanico factam Rhenumque prono alveo in Galliam ruentem,
disiectis quae morabantur, effudit. sic velut abacto amne
tenuis alveus insulam inter Germanosque continentium terra- 10
rum speciem fecerat. transiere Rhenum Tutor quoque et
Classicus et centum tredecim Trevirorum senatores, in quis
fuit Alpinius Montanus, quem a Primo Antonio missum in Gallias superius memoravimus. comitabatur eum frater D. Alpinius; simul ceteri miseratione ac donis auxilia concibant 15
inter gentis periculorum avidas.

    Tantumque belli superfuit ut praesidia cohortium 20
alarum legionum uno die Civilis quadripertito invaserit, decimam legionem Arenaci, secundam Batavoduri et Grinnes
Vadamque, cohortium alarumque castra, ita divisis copiis
ut ipse et Verax, sorore eius genitus, Classicusque ac Tu- 5
tor suam quisque manum traherent, nec omnia patrandi fiducia, sed multa ausis aliqua in parte fortunam adfore: simul
Cerialem neque satis cautum et pluribus nuntiis huc illuc
cursantem posse medio intercipi. quibus obvenerant castra
decimanorum, obpugnationem legionis arduam rati egres- 10
sum militem et caedendis materiis operatum turbavere, occiso praefecto castrorum et quinque primoribus centurionum
paucisque militibus: ceteri se munimentis defendere. in-

---

    19. 2 Annio *Puteolanus*: ani|mo M^2 3 caucorum M^2 4 oppida
al.   Batavodurum *Lipsius*   7 diluit M^2 8 facta M^2
    20. 2 legionem modie M^2 quadripertito *Ernesti*: quadripertita M^2
4 divi|si M^2 6 traheret M^2 8 pluris M^2 13 ceteris emi-
nentis M^2 defenderant *Halm*   interim *b*: |a interim M^2, *litteram* a
secundum Andresen ab ambiguum *v.* 15 *praecepit librarius*: et interim
dett., Meiser

terim Germanorum manus Batavoduri interrumpere inchoa-
15 tum pontem nitebantur : ambiguum proelium nox diremit.
21   Plus discriminis apud Grinnes Vadamque. Vadam
Civilis, Grinnes Classicus obpugnabant : nec sisti poterant
interfecto fortissimo quoque, in quis Briganticus praefectus
alae ceciderat, quem fidum Romanis et Civili avunculo in-
5 fensum diximus. sed ubi Cerialis cum delecta equitum manu
subvenit, versa fortuna ; praecipites Germani in amnem agun-
tur. Civilis dum fugientis retentat, agnitus petitusque telis
relicto equo transnatavit ; idem Veraci effugium : Tutorem
Classicumque adpulsae luntres vexere. ne tum quidem
10 Romana classis pugnae adfuit, et iussum erat, sed obstitit
formido et remiges per alia militiae munia dispersi. sane
Cerialis parum temporis ad exequenda imperia dabat, subitus consiliis set eventu clarus : aderat fortuna, etiam ubi artes
defuissent ; hinc ipsi exercituique minor cura disciplinae. et
15 paucos post dies, quamquam periculum captivitatis evasisset,
infamiam non vitavit.
22   Profectus Novaesium Bonnamque ad visenda castra, quae hiematuris legionibus erigebantur, navibus remea-
bat disiecto agmine, incuriosis vigiliis. animadversum id
Germanis et insidias composuere : electa nox atra nubibus,
5 et prono amne rapti nullo prohibente vallum ineunt. prima
caedes astu adiuta : incisis tabernaculorum funibus suismet
tentoriis coopertos trucidabant. aliud agmen turbare classem, inicere vincla, trahere puppis ; utque ad fallendum si-

14 interrumpere *Kiessling* : inrumpere| M^2 : rumpere *I. Gronovius*   15
vox M^2

21. 3 interfacto M^2 brigantibus M^2 5 duximus M^2 6
versa fortuna praecipites *sine distinctione vulgo*   8 tnataum| M^2, a
super pr. t *add. eadem manus, conf.* c. 18   Veraci *Ritter* : germani M^2 :
Veracis *I. Gronovius*   9 lyn|tres M^2 : lintres *vulgo, item c.* 23
transvexere *Halm* : avexere *Heraeus*   10 et] ut *ed. Spirensis* : etsi
Spengel   12 exequendi M^2 13 set] et *Heinsius, Halm*   16
mutavit M^2

22. 1 bonamque M^2 6 intercisis *Ritter*   7 toriis M^2

lentio, ita coepta caede, quo plus terroris adderent, cuncta
clamoribus miscebant. Romani vulneribus exciti quaerunt 10
arma, ruunt per vias, pauci ornatu militari, plerique circum
brachia torta veste et strictis mucronibus. dux semisomnus
ac prope intectus errore hostium servatur: namque praetoriam navem vexillo insignem, illic ducem rati, abripiunt. Cerialis alibi noctem egerat, ut plerique credidere, ob stuprum 15
Claudiae Sacratae mulieris Vbiae. vigiles flagitium suum
ducis dedecore excusabant, tamquam iussi silere ne quietem eius turbarent; ita intermisso signo et vocibus se quoque in somnum lapsos. multa luce revecti hostes captivis
navibus, praetoriam triremem flumine Lupia donum Vele- 20
dae traxere.

Civilem cupido incessit navalem aciem ostentandi: 23
complet quod biremium quaeque simplici ordine agebantur;
adiecta ingens luntrium vis, tricenos quadragenosque ferunt,
armamenta Liburnicis solita; et simul captae luntres
sagulis versicoloribus haud indecore pro velis iuvabantur. 5
spatiům velut aequoris electum quo Mosae fluminis os amnem Rhenum Oceano adfundit. causa instruendae classis
super insitam genti vanitatem ut eo terrore commeatus Gallia adventantes interciperentur. Cerialis miraculo magis quam
metu derexit classem, numero imparem, usu remigum, gu- 10

10 romanis M^2 11 ornatu *b* : ornati| M^2 15 noctem] nave| M^2 :
alia navi (*det.*) noctem *Candidus* : alia in nave *Wurm* : aliter quam in
nave *Van der Vliet*   16 Vbiae *Rhenanus* : ubi e M^2, e *in* et *mutavit
eadem manus*   et vigiles *Walther*   20 vele|de M^2, *fuit, ut videtur,*
velaedae *coll.* iv. 61

23. 1 invasi incessit M^2 : inanis incessit *Pichena* : inde incessit *Heinsius, Ritter*   3 lyntrium *M*   quadragenosve *Spengel*   ferunt
Müller : serunt *M in loco evanido* : *super* serunt armamenta *scr.* seva
momenta M^2 : ferentium *Bipontini* : vexere *Meiser* : tricenos . . . ferunt
secl. Müller   *post* quadragenosque *lacunam notaverunt Ritter, Halm*
4 quis armamenta *olim Heraeus*   solite *M*   captae] aptae *Bipontini* :
actae *Heraeus* ; *post* captae *lacunam notaverunt Nipperdey, Halm*
lyn|tros *M*   5 *post* versicoloribus (*conf.* c. 16) *evanidam codicis scri-
pturam superscripsit man. recentior* (M^2) *usque ad* inter c. 25. 2   10
remigium *M*

bernatorum arte, navium magnitudine potiorem. his flumen
secundum, illi vento agebantur: sic praevecti temptato levium telorum iactu dirimuntur. Civilis nihil ultra ausus trans
Rhenum concessit: Cerialis insulam Batavorum hostiliter po-
15 pulatus agros villasque Civilis intactas nota arte ducum sinebat, cum interim flexu autumni et crebris per aequinoctium imbribus superfusus amnis palustrem humilemque insulam in faciem stagni opplevit. nec classis aut commeatus
aderant, castraque in plano sita vi fluminis differebantur.

24   Potuisse tunc opprimi legiones et voluisse Germanos, sed dolo a se flexos imputavit Civilis; neque abhorret
vero, quando paucis post diebus deditio insecuta est. nam
Cerialis per occultos nuntios Batavis pacem, Civili veniam
5 ostentans, Veledam propinquosque monebat fortunam belli,
tot cladibus adversam, opportuno erga populum Romanum
merito mutare: caesos Treviros, receptos Vbios, ereptam
Batavis patriam; neque aliud Civilis amicitia partum quam
vulnera fugas luctus. exulem eum et extorrem recipientibus
10 oneri, et satis peccavisse quod totiens Rhenum transcende-
rint. si quid ultra moliantur, inde iniuriam et culpam, hinc
ultionem et deos fore.

25   Miscebantur minis promissa; et concussa Transrhenanorum fide inter Batavos quoque sermones orti: non
prorogandam ultra ruinam, nec posse ab una natione totius
orbis servitium depelli. quid profectum caede et incendiis
5 legionum nisi ut plures validioresque accirentur? si Vespasiano bellum navaverint, Vespasianum rerum potiri: sin populum Romanum armis vocent, quotam partem generis humani Batavos esse? respicerent Raetos Noricosque et cete-

11 magnitudinem *M, corr. M¹*   12 provecti *Puteolanus, Nipperdey*
16 aequinoctium *Orellius*: equin . . tium *in rasura M, superscr.* per-
tinacium *et deinde del. M²*   17 animis *M* : amnis *M²*
    24. 5 velaedam *M*: vel edam *M²*   8 partum *Ritter*: paratum *M*
11 iuriam *M*: iniuriam *M²*
    25. 5 plures] fures *M*   6 naverint *M, corr. M¹*   7 provocent *det.*

rorum onera sociorum : sibi non tributa, sed virtutem et viros
indici. proximum id libertati ; et si dominorum electio sit, 10
honestius principes Romanorum quam Germanorum feminas
tolerari. haec vulgus, proceres atrociora : Civilis rabie semet in arma trusos ; illum domesticis malis excidium gentis
opposuisse. tunc infensos Batavis deos, cum obsiderentur
legiones, interficerentur legati, bellum uni necessarium, fe- 15
rale ipsis sumeretur. ventum ad extrema, ni resipiscere in-
cipiant et noxii capitis poena paenitentiam fateantur.

 Non fefellit Civilem ea inclinatio et praevenire sta- 26
tuit, super taedium malorum etiam spe vitae, quae plerumque magnos animos infringit. petito conloquio scinditur Na-
baliae fluminis pons, in cuius abrupta progressi duces, et
Civilis ita coepit : 'si apud Vitellii legatum defenderer, ne- 5
que facto meo venia neque dictis fides debebatur ; cuncta
inter nos inimica : hostilia ab illo coepta, a me aucta erant :
erga Vespasianum vetus mihi observantia, et cum privatus
esset, amici vocabamur. hoc Primo Antonio notum, cuius
epistulis ad bellum actus sum, ne Germanicae legiones et 10
Gallica iuventus Alpis transcenderent. quae Antonius epistulis, Hordeonius Flaccus praesens monebat : arma in Germania movi, quae Mucianus in Syria, Aponius in Moesia,
Flavianus in Pannonia * * *

26. 2 etiam *post* plerumque *transtulit Acidalius* spem *M* plerum-
que| *M* : plerumque et *Meiser* 5 vitellium *M* : Vitellianum *Döderlein*,
Halm 7 inimica, hostilia, ab *distinguunt alii* auctae *M* 9 essem
M, corr. M[1] 13 movit *M* 14 pan|nia *M* *Desinit codex in prima
folii columna et ante eius finem*

FRAGMENTA HISTORIARVM

1. Sulpicius Severus Chron. ii. 30. 3. Iudaei obsidione
clausi, quia nulla neque pacis neque deditionis copia dabatur,
ad extremum fame interibant, passimque viae oppleri cada-
veribus coepere, victo iam officio humandi : quin omnia ne-
5 fanda esca super ausi ne humanis quidem corporibus peperce-
runt, nisi quae eiusmodi alimentis tabes praeripuerat.

2. Sulpicius Severus Chron. ii. 30. 6. Fertur Titus adhibito
consilio prius deliberasse an templum tanti operis everteret.
etenim nonnullis videbatur aedem sacratam ultra omnia mor-
10 talia inlustrem non oportere deleri, quae servata modestiae
Romanae testimonium, diruta perennem crudelitatis notam
praeberet. at contra alii et Titus ipse evertendum in primis
templum censebant quo plenius Iudaeorum et Christianorum
religio tolleretur : quippe has religiones, licet contrarias sibi,
15 isdem tamen ab auctoribus profectas; Christianos ex Iudaeis
extitisse : radice sublata stirpem facile perituram.

3. Orosius vii. 9. 7. Sescenta milia Iudaeorum eo bello
interfecta Cornelius et Suetonius referunt.

4. Orosius vii. 3. 7. Deinde, ut verbis Cornelii Taciti loquar,
20 sene Augusto Ianus patefactus, dum apud extremos terrarum
terminos novae gentes saepe ex usu et aliquando cum damno
quaeruntur, usque ad Vespasiani duravit imperium. hucusque
Cornelius.

5. Orosius vii. 19. 4. Gordianus . . . Iani portas aperuit:

---

1 *Vide Bernays, de chronicis Sulpicii Severi*, p. 53   8 *Cf. Oros.*
vii. 9 'quod (templum) postquam in potestatem redactum opere atque
antiquitate suspexit, diu deliberavit utrum tamquam incitamentum hostium
incenderet an in testimonium victoriae reservaret'   17 *Cf. Hist.* v.
13 'multitudinem obsessorum sescenta milia fuisse accepimus': *Suetonius
de interfectis tacet.*

246

quas utrum post Vespasianum et Titum aliquis clauserit, nemi- 25
nem scripsisse memini, cum tamen eas ab ipso Vespasiano
post annum apertas Cornelius Tacitus prodat.

6. Orosius vii. 10. 4. Nam quanta fuerint Diurpanei, Dacorum regis, cum Fusco duce proelia quantaeque Romanorum
clades, longo textu evolverem, nisi Cornelius Tacitus, qui hanc 30
historiam diligentissime contexuit, de reticendo interfectorum
numero et Sallustium Crispum et alios auctores quam plurimos
sanxisse et se ipsum idem potissimum elegisse dixisset.

7. Orosius vii. 34. 5. Theodosius . . maximas illas Scythicas
gentis formidatasque cunctis maioribus, Alexandro quoque illi 35
Magno, sicut Pompeius Corneliusque testati sunt, evitatis . . .,
hoc est Alanos Hunos et Gothos, incunctanter adgressus
magnis multisque proeliis vicit.

8. Servii Comment. in Verg. Aen. iii. 399. Hi vero (Locri),
qui iuxta Delphos colunt, Ozolae nuncupantur . . . qui autem 40
Lybiam delati sunt, Nasamones appellantur, ut Cornelius
Tacitus refert, oriundi a Naryciis etc.

INDEX NOMINVM

249

INDEX NOMINVM

Belgica, i 12, 58, 59.
Belius, v 7.
Benignus, v. Orfidius.
Berenice, ii 2, 81.
Berytus. ii 81.
Betuus Cilo, i 37.
Bingium, iv 70.
Blaesus, v. Iunius, Pedius.
Bocchoris, v 3.
Boii, ii 61.
Bolanus, v. Vettius.
Bonna, Bonnensis, iv 19. 20, 25, 62, 70, 77 ; v 22.
Bononia, ii 53, 67, 71.
Bovillae, iv 2, 46.
Brigantes, iii 45.
Briganticus, v. Iulius.
Brinno, iv 15, 16.
Britanni, Britannus, i 70; iii 45; iv 74.
Britannia, i 2, 6, 52, 59 ; ii 11, 27, 65, 66, 86, 97 ; iii 2, 15, 35, 44, 70 ; iv 12, 25, 54, 68, 76 ; v 16.
Britannicus (adj.), i 9, 43, 61 ; ii 32, 37, 57, 100 ; iii 1, 22, 41 ; iv 15, 46, 79.
Brixellum, ii 33, 39, 51, 54.
Brixiana porta, iii 27.
Bructeri, iv 21, 61, 77 ; v 18.
Brundisium, ii 83.
Bruti, iv 8.
Burdo, v. Iulius.
Byzantium, ii 83 ; iii 47.

Cadius Rufus, i 77.
Caecilius Simplex, ii 60 ; iii 68.
Caecina Alienus, i 52, 53, 61, 67, 68, 70, 89 ; ii 11, 17-27, 30, 31, 41, 43, 51, 55, 56, 59, 67, 70, 71, 77, 92, 93, 95, 99-101 ; iii 8, 9, 13-15, 31, 32, 36, 37, 40; iv 31, 80.
Caecina, v. Licinius.
Caecina Tuscus, iii 38.
Caelius Sabinus, i 77.
Caeracates, iv 70.
Caesar Augustus, v. Augustus.
Caesar, Caesaris vocabulum, i 62 ; ii 62, 80 ; iii 58, 86.
Caesar, divus Iulius, i 42, 50, 86, 90 ; iii 37, 66, 68 ; iv 55, 57.

Caesarea, ii 79.
Caesares, i 5, 16, 89 ; ii 6 ; iii 72 ; v 5.
Caesariensis Mauretania, ii 50, 59.
Caetronius Pisanus, iv 50.
Calabria, ii 83.
Calenus, v. Iulius.
Caligula, v. Gaius Caesar.
Calpurnius Asprenas, ii 9.
Calpurnius Galerianus, iv 11, 49.
Calpurnius Repentinus, i 56, 59.
Calvia Crispinilla, i 73.
Calvisius Sabinus, i 48.
Camerinus Scribonianus, v. Scribonianus.
Camillus Scribonianus, i 89 ; ii 75.
Campania, i 2, 23 ; iii 58-60, 63, 66, 77 ; iv 3.
Campanus, iv 66.
Camurius, i 41.
Caninius Rebilus, iii 37.
Canninefates, iv 15, 16, 19, 32, 56, 79, 85.
Capito, v. Fonteius, Vergilius.
Capitolina arx, iii 71.
Capitolium, i 2, 33, 39, 40, 47, 71, 86 ; ii 89 ; iii 69-72, 75, 78, 81 ; iv 4, 9, 53, 54.
Cappadocia, i 78 ; ii 6, 81.
Capua, iii 57 ; iv 3.
Caratacus, iii 45.
†Carecina, iv 5.
Carmelus, ii 78.
Carsulae, iii 60.
Carthaginienses, iv 49.
Carthago, i 76 ; iv 49.
Cartimandua, iii 45.
Carus, v. Iulius.
Casperius Niger, iii 73.
Caspiarum claustra, i 6.
Cassius, C., ii 6.
Cassius Longus, iii 14.
Castores, ii 24.
Catones, iv 8.
Catulus, v. Lutatius.
Celer, v. Egnatius.
Celsus, v. Marius.
Cepheus, v 2.
Ceriales ludi, ii 55.
Cerialis, v. Petilius, Turullius.

INDEX NOMINVM

Certus, v. Quintius.
Cestius Gallus, v 10.
Cestius Severus, iv 41.
Cetrius Severus, i 31.
Chatti, iv 12, 37.
Chauci, iv 79; v 19.
Chobus, iii 48.
Christiani, Fr. 2.
Cilix, ii 3.
Cilo, v. Betuus.
Cimbri, iv 73.
Cingonius Varro, i 6, 37.
Cinna, L., iii 51, 83.
Cinyras, Cinyrades, ii 3.
Civilis, v. Iulius.
Classicus, v. Iulius.
Claudia Sacrata, v 22.
Claudiana, legio septima, v. Legio.
Claudiana tempora, v 12.
Claudii, i 16; ii 48.
Claudius Apollinaris, iii 57, 76, 77.
Claudius Caesar, i 10, 16, 48, 52, 77, 89; ii 75, 76; iii 44, 45, 66; v 9.
Claudius Cossus, i 69.
— Drusus, v 19.
— Faventinus, iii 57.
— Iulianus, iii 57, 76, 77.
— Labeo, iv 18, 56, 66, 70.
— Marcellus, i 15.
— Pyrrhicus, ii 16.
— Sagitta, iv 49.
— Sanctus, iv 62.
— Severus, i 68.
— Victor, iv 33.
Clemens, v. Arrecinus, Suedius.
Cleopatra, v 9.
Clodius Macer, i 7, 11, 37, 73; ii 97; iv 49.
Cluviae, iv 5.
Cluvius Rufus, i 8, 76; ii 58, 65; iii 65; iv 39, 43.
Cocceianus, v. Salvius.
Cocceius Proculus, i 24.
Coelius, v. Roscius.
Coenus, ii 54.
Collina porta, iii 82.
Concordiae aedes, iii 68.
Corbulo, v. Domitius.
Cordus, v. Iulius.

Corinthus, ii 1.
P. Cornelius, iii 34.
Cornelius Aquinus, i 7.
— Dolabella, i 88; ii 63, 64.
— Fuscus, ii 86; iii 4, 12, 42, 66; iv 4; Fr. 6.
— Laco, i 6, 13, 14, 19, 26, 33, 39, 46.
— Marcellus, i 37.
— Martialis, iii 70, 71, 73.
— Orfitus, iv 42.
— Primus, iii 74.
— Sulla Dictator, v. Sulla.
— Tacitus, i 1.
Corsica, Corsi, ii 16.
Cossus, v. Claudius.
Costa, v. Pedanius.
Cottianae Alpes, v. Alpes.
Crassi, ii 72; iv 42.
M. Crassus, triumvir, i 15.
Crassus, v. M. Licinius, Scribonianus.
Cremerensis clades, ii 91.
Cremona, ii 17, 22-4, 67. 70, 100; iii 14, 18, 19, 22, 26, 27, 31-4, 40, 46, 49, 53. 54, 60, 72.
Cremonenses, Cremonensis, ii 70; iii 15, 19, 21, 26, 30, 32, 34, 41, 46, 48, 60; iv 2, 31, 51.
Crescens, i 76.
Creta, v 2.
Crispina, i 47.
Crispinus, i 58.
Crispinilla, v. Calvia.
Crispinus, v. Varius.
Crispus, v. Vibius.
Cugerni, iv 26; v 16, 18.
Curtii lacus, i 41; ii 55.
Curtius Montanus, iv 40, 42, 43.
Cynica secta, iv 40.
Cyprus, ii 2.
Cyrenenses, iv 45.
Cythnus, ii 8, 9.

Dacia, iii 53.
Dacus, Daci, i 2; iii 46; iv 54; Fr. 6.
Dalmatae, iii 12, 50.
Dalmatia, i 76; ii 11, 32, 86.
Dalmaticus exercitus, ii 86.
Danuvius, iii 46.

252

INDEX NOMINVM

INDEX NOMINVM

Legio V, Macedonica, v 1.
— VI, Ferrata, ii 83 ; iii 46.
— VI, Victrix, i 16 ; iii 44 ; iv 68, 76 ; v 16.
— VII, Claudiana, ii 85 ; iii 9, 21, 27.
— VII, Galbiana, i 6 ; ii 11, 67, 86 ; iii 7, 10, 21, 22, 25, 27, 29 ; iv 39.
— VIII, Augusta, ii 85 ; iii 10, 21, 27 ; iv 68.
— IX, Hispana, iii 22.
— X, Fretensis, v 1.
— X, Gemina, ii 58 ; iii 44 ; iv 76 ; v 19, 20.
— XI, Claudia, ii 11, 67 ; iii 50 ; iv 68.
— XII, Fulminata, v 1.
— XIII, Gemina, ii 11, 24, 43, 44, 67, 86 ; iii 1, 7, 21, 27, 32 ; iv 68 ; v 14.
— XIV, Gemina Martia Victrix, i 59, 64 ; ii 11, 27, 32, 43, 54, 66, 68, 86 ; iii 13 ; iv 68, 76, 79 ; v 14, 16, 19.
— XV, Apollinaris, v 1.
— XV, Primigenia, i 41, 55 ; ii 100 ; iii 22, 23 ; iv 35, 36.
— XVI, Gallica, i 55 ; ii 100 ; iii 22 ; iv 26, 57, 62, 70, 72, 77.
— XX, Valeria Victrix, i 60 ; iii 22.
— XXI, Rapax, i 61, 67 ; ii 43, 100 ; iii 14, 18, 22, 25 ; iv 68, 70, 78.
— XXII, Deiotariana, v 1.
— XXII, Primigenia, i 18, 55, 56 ; ii 100 ; iii 22 ; iv 24, 37.
Lepcitani, iv 50.
Leuci, i 64.
Libanus, v 6.
Liber, v 5.
Libertatis atrium, i 31.
Liburnicae naves, ii 16, 35 ; iii 12, 14, 42, 43, 47, 48, 77 ; v 23.
Libya, v 2 ; Fr. 8.
Licinianus, v. Piso.
Licinius Caecina, ii 53.
M. Licinius Crassus, i 14.
M. Licinius Crassus, filius eius qui praecedit, i 48 ; iv 42.

Licinius Mucianus, i 10, 76 ; ii 4, 5, 7, 74, 76-84, 95 ; iii 1, 8, 25, 46, 47, 49, 52, 53, 63, 66, 75, 78 ; iv 4, 11, 24, 39, 44, 46, 49, 68, 75, 80, 85 ; v 26.
Licinius Proculus, i 46, 82, 87 ; ii 33, 39, 40, 44, 60.
Liguria, ii 15.
Ligurum cohors, ii 14.
Ligus femina, ii 13.
Lingones, Lingonus, i 53, 54, 57, 59, 64, 78 ; ii 27 ; iv 55, 57, 67, 69, 70, 73, 76, 77.
Locri, Fr. 8.
Longinus, v. Aemilius, Pompeius.
Longus, v. Cassius.
Lucania, ii 83.
Lucceius Albinus, ii 58, 59.
Luceria, iii 86.
Lucilius Bassus, ii 100, 101 ; iii 12, 13, 36, 40 ; iv 3.
Lucus, i 66.
Lugdunensis, i 51, 59, 64, 65 ; ii 59.
Lugdunum, i 59, 64, 74 ; ii 59, 65 ; iv 85, 86.
Lupercus, v. Munius.
Lupia, v 22.
Lupus, v. Numisius.
Lusitani, i 70.
Lusitania, i 13, 21.
Lutatia nobilitas, i 15.
Lutatius Catulus, iii 72.

Macedones, iv 83 ; v 8.
Macedonica, v. Legio.
Macer, v. Clodius, Marcius.
Maevius Pudens, i 24.
Magnus, Pisonis frater, i 48.
Manlius Patruitus, iv 45.
— Valens, i 64.
Mansuetus, v. Iulius.
Marcellus, v. Claudius, Cornelius, Eprius, Romilius.
Marcianus, v. Icelus.
Marcius Macer, ii 23, 35, 36, 71.
Marcodurum, iv 28.
Mariccus, ii 61.
Marinus, v. Valerius.
C. Marius, ii 38.

256

INDEX NOMINVM